# 跨越边界的艰难之旅：三位当代奇卡纳作家研究

## Arduous Journeys of Border Crossing: A Study of Three Contemporary Chicana Writers

李毅峰 著

南开大学出版社

天津

图书在版编目(CIP)数据

跨越边界的艰难之旅：三位当代奇卡纳作家研究 / 李毅峰著. —天津：南开大学出版社，2020.4
ISBN 978-7-310-05898-3

Ⅰ.①跨… Ⅱ.①李… Ⅲ.①安娜·卡斯蒂略—人物研究②桑德拉·西斯内罗斯—人物研究③丹尼斯·查维兹—人物研究 Ⅳ.①K837.125.6

中国版本图书馆 CIP 数据核字(2019)第 231324 号

## 版权所有　侵权必究

跨越边界的艰难之旅：三位当代奇卡纳作家研究
KUAYUE BIANJIE DE JIANNAN ZHI LÜ:
SANWEI DANGDAI QIKANA ZUOJIA YANJIU

南开大学出版社出版发行
出版人：陈　敬
地址：天津市南开区卫津路 94 号　　邮政编码：300071
营销部电话：(022)23508339　营销部传真：(022)23508542
http://www.nkup.com.cn

北京虎彩文化传播有限公司印刷　全国各地新华书店经销
2020 年 4 月第 1 版　　2020 年 4 月第 1 次印刷
230×155 毫米　16 开本　17.25 印张　2 插页　238 千字
定价:52.00 元

如遇图书印装质量问题，请与本社营销部联系调换，电话:(022)23508339

本研究得到天津商业大学"外国语言学及应用语言学"重点学科经费支持。

# 目 录

序 ……………………………………………………………………… 1
前 言 …………………………………………………………………… 1
导 论 …………………………………………………………………… 1
 一、研究意义 ……………………………………………………… 1
 二、国内外研究状况述评 ………………………………………… 5
 三、边界理论及其理论对话 …………………………………… 21
 四、本书结构 …………………………………………………… 34
## 第一章 边界女性的生存状态 …………………………………… 36
 第一节 种族和阶级歧视 ……………………………………… 36
 第二节 性别压迫 ……………………………………………… 41
 第三节 含混文化身份的焦虑 ………………………………… 47
 第四节 奇卡纳女性主义及"奇卡纳文学复兴" ……………… 50
## 第二章 安娜·卡斯蒂略：不惧怕言说 ………………………… 56
 第一节 "蛇裙女神"式的圣母 ……………………………… 59
  一、走向"蛇裙女神状态" …………………………………… 61
  二、寻找以母亲为联系纽带的女性阿兹特兰 ……………… 67
 第二节 女性气概：通向情欲的完整自我 …………………… 70
 第三节 阶级、环境正义与后殖民生态观 …………………… 78
  一、环境正义及美国环境正义运动 ………………………… 78
  二、奇卡诺社区所遭受的环境非正义 ……………………… 82
  三、墨西哥裔女性所遭受的环境非正义 …………………… 85
 第四节 族裔与女性身份建构之旅 …………………………… 88
  一、回归历史和传统 ………………………………………… 91
  二、写信 ……………………………………………………… 96

三、姐妹情谊 ............................................................. 104
　　四、后现代写作手法 ................................................. 109
　小　结 ................................................................................. 114
第三章　桑德拉·西斯内罗斯：为了那些无法走出去的人 ........ 118
　第一节　坐在窗前的女人·呼喊的女人·马林奇 ........... 123
　　一、坐在窗前的女人 ................................................. 123
　　二、呼喊的女人 ......................................................... 126
　　三、马林奇 ................................................................. 133
　第二节　女性身体书写 ..................................................... 140
　　一、女性身体与身体写作 ......................................... 140
　　二、女性身体的有用性及（不）可见性 ................. 143
　　三、禁忌与身体写作 ................................................. 148
　第三节　"不要跟墨西哥人结婚"中阶级观的折射 ........... 152
　第四节　跨越边界的身份追寻之旅 ................................. 161
　　一、美墨边界，"家在哪里？" ................................. 168
　　二、生死边界，"无着无落" ..................................... 171
　　三、"蛇头"的经历 ..................................................... 173
　　四、跨越边界，找到归属 ......................................... 176
　小　结 ................................................................................. 179
第四章　丹尼斯·查维兹：成长与服务的意义 ........................ 182
　第一节　女性情谊 ............................................................. 186
　第二节　爱情与婚姻之伤 ................................................. 201
　第三节　谦卑而又高贵的"服务者" ................................. 212
　第四节　成长与奇卡纳女性精神性的寻求之旅 ............. 221
　　一、"通俗崇高"与奇卡纳精神性 ............................. 221
　　二、成长、"服务"的真谛与奇卡纳女性精神性的寻求 ...... 226
　　三、小说形式与成长主题 ......................................... 235
　小　结 ................................................................................. 238
结　语 ....................................................................................... 241
引用文献 ................................................................................... 247
后　记 ....................................................................................... 263

# 序

  李毅峰的专著《跨越边界的艰难之旅：三位当代奇卡纳作家研究》即将付梓，应她之邀我欣然为其作序。

  2010年9月，李毅峰进入北外在我的指导下攻读美国小说研究方向的博士学位。入校后，她就一直积极思考博士论文的研究课题。她以前主要做美国非裔和亚裔文学研究，有一定的少数族裔文学研究基础。但是，当时国内对美国非裔、亚裔、印第安裔文学的研究都已有不少相关的研究成果，她觉得自己在这些领域不可能有新的突破。她在天津商业大学指导自己的学生做毕业论文的时候，有学生做了关于桑德拉·西斯内罗斯《芒果街上的小屋》的研究，她觉得选题非常新颖，学生的论文打开了她的视野，让她发现了美国墨西哥裔文学这个少数族裔文学研究的新领域。她经过初步研究之后发现，墨西哥裔文学研究在国内还是一个新兴的领域，大有探索的空间。与我讨论几次后，她决定博士论文就做美国墨西哥裔文学研究。她之前所做的少数族裔文学研究都是关于女性的，因此她又将自己的研究范围缩小到美国墨西哥裔女性文学，墨西哥裔女性文学在学术界有一个专有名词：奇卡纳文学。确定了研究的对象后，她开始着手查找资料，墨西哥裔文学当时在国内还是个较新的领域，对于她来说更是一个全新的世界，国内的研究资料很少，国外的研究成果也不算丰硕，因此查找资料的过程并不容易。经过了一学期的查找、阅读之后，她最终确定了具体的研究对象：安娜·卡斯蒂略（Ana Castillo）、桑德拉·西斯内罗斯（Sandra Cisneros）和丹尼斯·查维兹（Denise Chávez）。这几位作家在美国墨西哥裔女作家中知名度较高，而且这三位作家和多米尼加裔女作家茱莉亚·阿尔瓦雷斯（Julia Alvaréz）曾被美国的《名利场》杂志冠以美国拉美裔文学"四姐妹"的称号，也足以说明她们文学创作的成就。查找资料及确定研究对象后，李毅峰对于研究有了一定的信心，当时山东大学的李保杰老师正好在北外做博士后研究，她在国内美国墨西哥裔文学研究方面开创了先河，是这一领域的先行者，她也给李毅峰提供了一些宝贵的建议，这更加坚定了她将这一研究进行下去的信心。

经过两年半的潜心研究，李毅峰的博士论文终于成稿。在博士论文的基础上进行修改后，有了这本专著。本书的题目"跨越边界的艰难之旅"中的"边界"这一概念不仅指美国和墨西哥之间地理上的边界线，它还具有多重隐喻意义，喻指种族、性别、性属、阶级等界限。因此，本书题目可以阐释为：生活在边界地区的奇卡纳女性在跨越真实意义上的美墨边界的同时，也跨越了种族、性别、性属、阶级等边界，追寻自己的身份认同。本书借用了美国墨西哥裔理论家格洛丽亚·安扎尔杜瓦的边界概念，主要运用了女性主义、后殖民主义、创伤、生态批评等文学批评理论，对几位作家的相关作品进行了较为深入的解读。

本书的主体部分共有四章，第一章总体介绍美国奇卡纳女性所面对的种族、性别、阶级等的困境；其它三章分别论述三位作家及其作品。三位作家虽然都属于政治意识强烈的奇卡纳作家，但是她们的风格却是迥异的，而且政治主张也不尽相同。本书的三位作家按照卡斯蒂略、西斯内罗斯和查维兹这样的顺序排列，并不是随意的，而是出于一定的考虑。卡斯蒂略在三人中对于种族、性别、阶级歧视的批判最为激烈；西斯内罗斯则经历了从对抗到包容的嬗变过程；查维兹最为温和、包容。章节顺序这么排列，不仅体现出奇卡纳作家的不同政治主张，也体现出这些政治主张在奇卡纳作家中的一个动态变化过程。三个主体章节的结构对称，每章都包含四个小节和一个"小结"，每小节都分别聚焦于性别、性属、阶级、身份等四个主题。本书第二章探讨的作品涉及安娜·卡斯蒂略的《远离上苍》及《米斯基亚瓦拉书简》两部小说；第三章涉及桑德拉·西斯内罗斯的长篇小说《芒果街上的小屋》《卡拉米洛披肩》及短篇小说集《喊女溪故事集》中的三个短篇小说：《喊女溪》《不要跟墨西哥人结婚》及《小小奇迹，信守诺言》；第四章探讨丹尼斯·查维兹的《爱上佩德罗·因方特》及《天使的面孔》两部长篇小说。通过探讨三位作家及其作品中女性人物跨越边界的努力，揭示了奇卡纳女性所面对的多重困境及她们所采取的生存策略。

目前，国内学界虽在美国少数族裔文学研究方面成果叠出，但是对于美国拉美裔文学和墨西哥裔文学的研究还有待深入，我相信这本书的出版对于国内在这两方面的研究会有一定的推动作用。本书涉及的三位作家中，国内学界对西斯内罗斯的研究较多，对其他两位作家及其作品则涉猎很少，本书的研究具有一定的创新意义。李毅峰在书中对作品进行了细读，分析非常细腻深入，可读性和说理性都较强。另外，本书关于三位作家的三个章节，都分别以作家在接受采访时所说的话作为章节标题，这些标题言简意赅地概括了作者的写作思想，这种章节命名法也是本书的亮点之一。

李毅峰是一个有悟性、有韧性、肯钻研的年轻学者，在担任繁重的教学和行政任务的同时不忘学术研究，不断有新的研究成果问世，难能可贵！我相信《跨越边界的艰难之旅：三位当代奇卡纳作家研究》的出版既是她的学术研究的一个结点，也是她的学术研究的又一个起点。我期待着李毅峰新的学术研究成果的问世。

是为序。

北京外国语大学　　郭棲庆
2020 年 3 月 24 日于北京

# 前　言

从 20 世纪 80 年代开始，美国出现了"奇卡纳文学复兴"，奇卡纳理论家、作家和评论家纷纷发出强有力的声音。其中，格洛丽亚·安扎尔杜瓦是奇卡纳女性主义理论的先驱者，她在其著作《边土：新混血女性》中赋予了"边界"一词丰富的含义，她的"边界"概念不仅指美墨边界，还具有种族、性别、性属、阶级等等方面的比喻性意义。本书运用安扎尔杜瓦的"边界"概念，认为美墨边界分隔了两个国家、两个世界、两种文化、两种语言，因而它为生活在边界两边的人们带来自我的分裂及身份的不确定性，奇卡纳女性对她们不确定的身份充满焦虑，因此她们跨越边界，追寻身份认同。本书还借用安扎尔杜瓦边界概念的比喻意，认为边界是限制，是种族主义、父权制、宗教及资本主义强加在墨西哥裔女性身上的各种束缚。边界这条分界线，分隔了白色／棕色、富有／贫穷、第一世界／第三世界、男／女、好女人／坏女人、贞女／荡妇等等二元对立面，奇卡纳女性跨越边界，即跨越重重限制和束缚来挑战及颠覆二元对立思想。边界两边形成了边土地带，安扎尔杜瓦认为这片土地是开放、包容、可以带来无限可能性的所在，类似于霍米·巴巴的阈限空间和爱德华·索亚的第三空间，奇卡纳女性跨越边界，进入边土地带，进入超越与消弭二元对立的"蛇裙女神状态"，成为充满灵活性、包容性及拥有杂糅身份的"新混血女性"。因此，本书题目中的"跨越边界"概念包含三重寓意：跨越边界，追寻身份认同；跨越边界，挑战及颠覆种族主义、父权制、宗教及资本主义强加于奇卡纳女性身上的束缚和限制；跨越边界，进入边土地带，成为"新混血女性"。

本书选取了拉美裔文学"四姐妹"中的三位墨西哥裔作家——安娜·卡斯蒂略、桑德拉·西斯内罗斯和丹尼斯·查维兹来进行研究，她们是奇卡纳作家中的优秀代表。

作为族裔作家,身份问题是三位作家共同关注的问题。除了身份追寻的主题之外,三位作家的写作风格各有不同:安娜·卡斯蒂略最为激进,尖锐,丹尼斯·查维兹最为温和、包容,而桑德拉·西斯内罗斯则介于两者之间。

安娜·卡斯蒂略的写作主要体现了对制度化压迫的愤怒与激烈的反抗,她曾经说过要"不惧怕言说",她在写作中实践着这种写作宗旨。相较于其他两位作家,她有着更为强烈的反抗意识。她作品中的女性人物身上有着马林奇的影子,她们努力跨越各种界限和束缚,对抗强加于奇卡纳女性身上的种族、性别、性、宗教及阶级等压迫。

桑德拉·西斯内罗斯在早期的作品《芒果街上的小屋》中,通过主人公埃斯佩朗莎之口说出了自己的写作誓言:写作,"为了那些无法走出去的人们"。西斯内罗斯的写作思想经过了两次转折:第一次转折是从较为温和转向反抗,第二次转折则是从激烈的反抗转向"新混血女性"的包容意识。从早期作品《芒果街上的小屋》中埃斯佩朗莎较为柔弱无力的反抗,到《喊女溪》中克里奥费拉迈出勇敢的反抗步伐,再到《卡拉米洛披肩》中拉拉最终意识到奇卡纳女性的杂糅身份,桑德拉·西斯内罗斯的作品涵盖了反抗、包容及身份追寻三种模式。

丹尼斯·查维兹在三位作家中最为温和。她致力于"书写生活、爱和苦难后的蜕变,以及服务的意义"。她认为女性可以通过丰富的精神世界和高尚的道德来获得一种"玛利亚精神",来与父权制中的"大男子主义"相抗衡。她的作品体现的不是二元对立式的针锋相对,而是"新混血女性意识"的灵活与包容。

本书从性别、性属、阶级及身份追寻四个视角,分别对三位作家及其作品进行评析,探讨三位作家及其作品中女性人物跨越边界的努力,试图揭示奇卡纳女性在面对多重困境时所运用的生存策略。

# 导 论

## 一、研究意义

进入21世纪,国内外国文学研究界对美国文学的研究可谓硕果累累,尤其是对于少数族裔文学的研究,更是百家争鸣。但是,在众多的少数族裔文学研究成果中,却鲜见拉美裔或墨西哥裔文学研究的影子。北京外国语大学金莉教授指出:"多元化已成为大势所趋,而我国的美国文学研究仍倾向于谨慎而保守地关注经典作家而相对忽视了其他群体。……众多其他作家还没有得到应有的注意,形成一种重视高峰而忽视平原的态势。要全面理解美国文学,就要认识到美国文学的多元性质,进一步拓展我国美国文学研究的范围,加强对除了华裔和非裔之外的其他族裔的作家的研究。"(金莉、李芳,2012:52-53)金莉教授认为,中国学者对于印第安文学、墨西哥裔文学、加勒比海裔文学等少数族裔文学的研究还处于非常薄弱的阶段。作为墨西哥裔文学重要组成部分的奇卡纳文学是非常具有研究意义和价值的。

2010年人口普查数据显示,到2010年4月1日为止,美国的人口总数为3.087亿,而其中5050万(16%)为拉美裔,也就是说,美国人口中大约每6人中就有一个拉美裔,拉美裔还继续保持着人口最多、人口增长速度最快的少数族裔的位置。而属于拉美裔中一个群体的墨西哥裔有3180万人,占到拉美裔人口的63%,是拉美裔中的第一大群体。在这样的情形下,墨西哥裔的声音成为拉美裔文学及美国少数族裔声音中重要的、不可或缺的一部分。塞缪尔·亨廷顿在《我们是谁?》一书中提出:对美国盎格鲁-新教文化构成最大挑战的是拉美文化,尤其是墨西哥文化,由于拉美裔人口的迅速增长,他忧虑"墨西哥及拉美人持续不断升高的移民率加上他们不易被美国社会和文化同化,使得美国最终会变成一个拥有两种语言、两种文化和两个民族的国家"。(Huntington,2004:256)虽然亨廷顿在这里宣扬了拉美威胁论,但从另一个侧面也可以看出,拉美裔尤其是墨西哥裔在美国社会中占据着越来越重要的地位。在全球化的时代背景下,想要更好地了解美国社会,就要了解作为其重要组成部分的美国文学;而想要更好地了解美国文学,则要全面考察其多元化的文学;想要更好地了解多元化的美国文学,就一定不能忽视墨西哥裔美国文学的声音。而奇卡纳文学又是墨西哥裔文学中一个强有力的分支。

要了解奇卡纳文学,我们必须先明确"奇卡纳"一词的含义。比"奇卡纳"一词内涵更宽泛、涵盖内容更多的是 Hispanic、Latino 和 Chicano 等几个词语。在国内,研究者把 Hispanic 翻译为西裔或西语裔,把 Latino 翻译成拉美裔、拉丁美洲裔、拉丁裔。在美国,Latino 和 Hispanic 这两个词是通用的,它们具有相同的含义。美国 2010 年人口普查官方网站对"拉美裔"所下的定义为:来自古巴、墨西哥、波多黎各等南美洲、中美洲,或其他源于西班牙文化出身的人。

奇卡诺(Chicano)这个词语指涉的范围比拉美裔/西语裔要小很多,它专指拉美裔中的墨西哥裔这一群体。很多美国学者都考究了奇卡诺这一词语的来历,最具说服力的说法是这一词语来源于 Mexicano(发音为 me-chi-cano)一词,用来指西班牙、土著和盎格鲁三种血统的混血后代,该词更多强调的是墨西哥身份,后来该词就逐渐演变成了"奇卡诺"一词。"奇卡诺"最初是上层和中产阶级墨西哥裔美国人对贫穷的、刚刚移民到美国来的墨西哥人的一种轻蔑称呼,"但是这个词后来词义有了变化,被墨西哥裔美国人用来形容他们杂糅的特征"。(Madsen,2000:7)因此,奇卡诺"泛指定居在美国的有西班牙、土著和盎格鲁血统的混血之人"。(Madsen,2000:7)在 20 世纪 60 年代的"奇卡诺运动"中,激进主义者使用这个词来展现他们的文化自豪感,一种"棕色人种自豪"(Brown

Pride），强调他们的土著文化之根。

奇卡纳（Chicana）是奇卡诺的阴性形式，指美国墨西哥裔女性。但是，这个词有着强烈的政治意味，这一词语"有强烈的女性主义关怀或女性主义意识，它关注生活在高度父权制的奇卡诺文化中，生活在天主教和奇卡诺家庭的重重束缚之下的墨西哥裔女性，同时还对白人主流女性主义者将她们排除在性别研究之外感到不满"。（Madsen，2000：10）奇卡纳女性主义理论家和作家安娜·卡斯蒂略将奇卡纳定义为：居住在美国的、拥有棕色皮肤、具有政治意识的墨西哥裔女性。（Castillo，1995：34）有时候可以见到奇卡纳这个词语与"美国墨西哥裔女性"混用，在本书中，奇卡纳指具有政治意识的美国墨西哥裔女性。

从20世纪80年代开始，美国出现了"奇卡纳文学复兴"，奇卡纳理论家、作家和评论家纷纷发出自己强有力的声音。这个时期，涌现出了格洛丽亚·安扎尔杜瓦（Gloria Anzaldúa）、切丽·莫拉加（Cherríe Moraga）和安娜·卡斯蒂略（Ana Castillo）等等重要的奇卡纳文学理论家，还有一批优秀的奇卡纳作家，如桑德拉·西斯内罗斯（Sandra Cisneros）、安娜·卡斯蒂略（卡斯蒂略既是理论家，也是作家）、丹尼斯·查维兹（Denise Chávez）等等。她们的作品或入选《诺顿美国文学选集》，或获得各种文学大奖，越来越为读者所熟悉。她们在作品中反映了墨西哥裔女性作为少数族裔、作为女性在盎格鲁文化及父权制的奇卡诺文化中所遭受的压迫，试图赋予她们力量，替她们发声，为她们寻找出路。同时，她们的作品不仅是地域性的、片面性的对墨西哥裔女性生存状况的反映，也是对少数族裔女性生存之道的探索和人类普遍情感的反映。研究奇卡纳文学，能够使得我们更好地了解墨西哥裔女性的生存状态，还能够让我们更好地了解美国少数族裔文学、美国多元文化。

近年来，奇卡纳文学研究在美国渐成繁荣之势，研究主要集中于安扎尔杜瓦、莫拉加、西斯内罗斯、卡斯蒂略等作家和理论家的作品，但是从众声喧嚣的背后可以看到，美国奇卡纳文学研究也有一些不足之处，主要表现为：视角较为单一；所解读的作家和作品重复性较大；对作品的评论较为滞后，主要集中于 2000 年前发表的作品，而对于 21 世纪后发表的新作则罕有评论。在中国，奇卡纳文学研究还处于萌芽状态。从中国知网的搜索结果可以看出，目前国内对于奇卡纳文学的研究主要或者说仅仅局限在对桑德拉·西斯内罗斯的研究上，确切地说，是集中在对西斯内罗斯的《芒果街上的小屋》的研究，而对于卡斯蒂略和查维兹的研究则寥寥可数。从国内外奇卡纳文学的研究现状来看，奇卡纳文学尚有很大的研究空间。

本书选择了安娜·卡斯蒂略、桑德拉·西斯内罗斯、丹尼斯·查维兹这三位作家进行研究。原因有三：首先，她们是奇卡纳文学"三姐妹"。1994 年，美国的主流媒体《名利场》杂志把西斯内罗斯、卡斯蒂略、查维兹及多米尼加裔女作家茱莉亚·阿尔瓦雷斯（Julia Alvaréz）称作拉丁裔作家"四姐妹"（Las Girlfriends），因为她们是"互相汲取营养的拉美裔作家"（Brown-Guillory，1999：31），同时她们也是拉丁裔女作家运动的中坚力量。本书选取了"四姐妹"中的三位墨西哥裔作家，对她们进行研究。这三位作家是学术界公认的奇卡纳作家中的优秀代表，她们都曾获多项文学奖项，还都曾获得过"美国图书奖"（American Book Award by Before Columbus Foundation）。其次，她们的创作具有很多共性，因此她们极具可比性。黛博拉·麦迪森（Deborah L. Madsen）将奇卡纳女性写作的特征归纳为几点：杂糅的文化身份/分裂的主体性；对女性性欲的控制；记忆与女性的榜样：圣母、马林奇和哭泣的女人；将性别压迫与种族和阶级压迫联系在一起；使用杂糅的文学形式（Madsen，2000：6）。以上几点在三位作家的作品中都有体现。除此之外，她们还有一个非常明显的共性，即她们都喜欢用成长小说的模式来讲述女性人物的故事，三位作家的代表作品几乎全部遵循成长小说的叙事模式，来反映族裔女性探求身份认同的过程。再次，三位作家有不同的写作风格。卡斯蒂略非常激进和具有批判性，她在作品中对父权制、天主教、种族歧视和阶级不平等现象进行了激烈的批评。西斯内罗斯较卡斯蒂略来说相对温和，她的作品有对不平等现象的批判，也有安扎尔杜瓦倡导的包容的"新混血女性意识"。查维兹最为温和,她并不提倡激烈的对抗,而是倡导女性的爱、牺牲和包容,并由此获得精神上的优越感。三位作家代表着奇卡纳作家中的不同风格,她们为墨西哥裔女性提供了不同的生存策略。对三位作家的考察,能够使我们更加全面地了解奇卡纳文学。

## 二、国内外研究状况述评

### (一)国内奇卡纳文学研究现状①

在中国,奇卡纳文学研究尚处于萌芽阶段。在中国期刊网上输入"Chicana"一词,可以找到博士论文两篇,分别是吉林大学吕娜撰写的《当代奇卡纳代表作家研究》(2009)及山东大学张莉撰写的《桑德拉·希斯内罗丝文学作品中的奇卡纳身份建构》(2013),此外还有十多篇硕士及期刊论文。笔者也撰写了关于奇卡纳文学的博士论文(北京外国语大学,2013)。另外,山东大学李保杰老师的博士论文(2009)及分别出版于2011年和2014年的著作《当代奇卡诺文学中的边疆叙事》《当代美国拉美裔文学研究》中,也涉及了一部分奇卡纳文学。

吕娜的博士论文将安扎尔杜瓦、西斯内罗斯和卡斯蒂略及其经典作品作为研究对象,"挖掘了当代墨西哥裔女性作家在奇卡纳文学中建构其文化身份等方面所付诸的努力,并试图探求她们在文学创作中表现出的鲜明主题、与众不同的内容和写作风格,从而呈现它不同于奇卡诺文学和其他少数族裔女性文学的特征"。(吕娜,2009:摘要)张莉的博士论文以西斯内罗斯的小说和诗歌作为研究对象,探讨了奇卡纳女性族群、性别及阶级身份的建构,认为"希斯内罗丝通过作品清晰再现了奇卡纳女性的失语状态,赋予她们主体的声音,建构了一种富于理想化的奇卡纳身份。……在作品中建构的奇卡纳身份突出奇卡纳的主体地位和她们对美国社会更好的适应"。(张莉,2013:摘要)

---

① 由于国内奇卡纳文学研究尚处于萌芽阶段,未成体系,故对于许多人名、书名及相关术语的翻译,学界尚未统一。笔者在提及和引述国内先行研究时完全保留了各研究的题名和原文,故本部分的用词和表述难免有不统一之处,还请读者见谅。

在李保杰的《当代奇卡诺文学中的边疆叙事》一书中,她将奇卡诺文学分为三个阶段,分别是:同化阶段(主要见于奇卡诺文学的早期),反抗阶段和融合阶段。李保杰将奇卡纳作家安娜·卡斯蒂略的作品《米斯基亚瓦拉书简》和桑德拉·西斯内罗斯的《喊女溪》归于反抗阶段。她认为《米斯基亚瓦拉书简》体现了女性对父权统治的反抗,西斯内罗斯的短篇小说集《喊女溪》则体现了奇卡纳对拉美文化的反抗,李保杰将"拉美文化"阐释为"变白"的意识,她所说的反抗拉美文化,意为"对变白意识的反抗,去寻找被压抑的土著身份,不同的文化元素间形成一种和谐的平衡"。(李保杰,2011:149)在阐述融合阶段的代表作品时,李保杰认为奇卡纳女性主义理论家格洛丽亚·安扎尔杜瓦的著作《边土:新混血女性》是融合阶段的代表,安扎尔杜瓦为奇卡诺提供了在面对多重身份时寻求"文化杂糅的边疆身份"的策略。在《当代美国拉美裔文学研究》中,李保杰以《芒果街上的小屋》和《喊女溪》为例,探讨拉美裔多重身份的构建,还以《边土:新混血女性》为例,探讨了其边疆叙事。

关于奇卡纳文学的研究论文,笔者选取了近年来发表于外国文学类及外语类核心期刊的论文来进行概述。国内目前对于桑德拉·西斯内罗斯的研究相对于其他奇卡纳作家来说较多。石平萍在《开辟女性生存的新空间——析桑德拉·西斯内罗斯的〈芒果街的房子〉》(载《外国文学》2005年第3期)一文中,将作品界定为一部成长小说,认为主人公埃斯佩朗莎在成长的过程中,逐渐将自己建构为一个父权制传统无法界定的女性自我,她既是具有悲天悯人之心的圣母瓜达卢佩,也是叛逆的马林奇,她一直坚持"走出芒果街,然后回来,用写作替失语的女人们发声"的信念,同时又抛开一切男性社会为女性制定的清规戒律,成为"自己——从肉体到精神——的主人"(石平萍,2005:29)。周维贵、赵莉华的《〈芒果街上的小屋〉的空间表征与身份建构》(载《当代外国文学》2016年第3期)中,作者认为芒果街代表了种族和阶级隔离的社会空间,而房子则是彰显性别压迫的家庭空间,"通过反思和解构强势集团与男性的空间表征，敏锐的埃斯佩朗莎逐渐完成了对自我身份的建构"。（周维贵、赵莉华，2016：42）笔者发表的论文《西斯内罗斯〈卡拉米洛披肩〉中的"新混血女性意识"》（载《外国文学》2015年第3期），认为桑德拉·西斯内罗斯的小说《卡拉米洛披肩》很好地诠释了安扎尔杜瓦的"新混血女性意识"。小说的女主人公拉拉深刻地感受着"身如飘萍，无着无落"的痛苦，通过讲述已逝祖母的故事，她帮助祖母跨越了生死边界，自己也因此终于跨越了种族、文化、阶级的"边界"，"拉拉披上披肩的一瞬间，……她认识到了杂糅是奇卡诺文化的特色，对自己的文化之根，她应该好好地爱惜、珍藏"。（李毅峰，2015：60）李保杰的论文《从墨西哥女性原型看桑德拉·西斯奈罗斯小说中女性形象的嬗变》（载《天津外国语大学学报》2010年第4期）选取了西斯内罗斯的《芒果街上的小屋》《喊女溪》和《卡拉米洛披肩》作为分析对象，她认为这三部小说体现了西斯内罗斯对圣母所代表的传统女性形象从认同到质疑再到颠覆的轨迹。郑小倩的《缄默者的声音：——析〈女喊溪的故事〉中人物话语的表达形式》（载《当代外国文学》2010年第3期）通过女性主义叙事学的研究方法，分析了西斯内罗斯的短篇小说《喊女溪》。文章综合分析了文本中人物话语的表达形式，特别是自由间接话语和自由直接话语，探讨了女主人公从缄默到发声的艰难历程。

除了关于西斯内罗斯的研究外，笔者在中国期刊网找到了关于格洛丽亚·安扎尔杜瓦的两篇核心期刊论文：韩颖的《安扎杜尔"新梅斯蒂扎意识"的理论嬗变》（载《国外文学》2013年第1期）及刘玉的《种族、性别和后现代主义——评美国墨西哥裔女作家格洛丽亚·安扎尔杜和她的〈边土：新梅斯蒂扎〉》（载《当代外国文学》2004年第3期）。韩颖的《安扎杜尔"新梅斯蒂扎意识"的理论嬗变》梳理了安扎尔杜瓦的几部重要作品，厘清了"新梅斯蒂扎意识"一词的含义，及安扎尔杜瓦的思想从"新梅斯蒂扎意识"到"尼潘特拉"（即夹缝状态）的发展过程，认为"前者偏重于梅斯蒂扎跨种族、跨性别、跨文化、跨语言、跨宗教的身份，而后者则更偏重于具备这种身份的人所应起到的作用"。（韩颖，2013：60）刘玉的《种族、性别和后现代主义——评美国墨西哥裔女作家格洛丽亚·安扎尔杜和她的〈边土：新梅斯蒂扎〉》评介了安扎尔杜瓦的《边土：新混血女性》，认为这部作品为读者展现了一次探寻之旅，指引读者进入了一片新土地，即边土地带，发现一种新的人类——"新梅斯蒂扎"及其新身份。她认为安扎尔杜瓦的边土既是一个越界者的天堂，又是一个缥缈的乌托邦。

在 2016 年 11 月召开的主题为"美国族裔文学"的第 18 届全国美国文学年会上，发言专家均认为目前国内的拉美裔文学研究尚处于萌芽阶段。属于拉美裔文学一个分支的奇卡纳文学也处于这样的境况之中。因为处于刚刚起步的阶段，国内奇卡纳文学研究有一些地方亟待提高，笔者归纳如下：1. 各自为政，未成体系。表现最为明显的就是关于人名、书名及术语的翻译尚未统一，如 Sandra Cisneros，国内翻译往往音同字不同，有人将 Cisneros 译成希斯内罗丝，有人则译成西斯内罗斯，还有人译为西斯奈罗斯。还有 Gloria Anzaldúa，有人将 Anzaldúa 译为安扎尔杜瓦，有人译为安扎杜尔，有人译为安莎杜瓦。书名如西斯内罗斯的 Caramelo，有人译为《拉拉的褐色披肩》，有人译为《棕色披肩》，有人则音译为《卡拉米洛披肩》。关于术语的翻译，有人将 Chicana 一词翻译为奇哥娜，有人译为奇卡纳，有人则译为奇卡娜；有人将 mestiza 音译为梅斯蒂扎，有人则意译为混血女性等等，诸如此类。2. 研究范围不广。就中国期刊网上可以搜到的论文来看，对于桑德拉·西斯内罗斯的研究较多，尤其集中于她的《芒果街上的小屋》，其次是对安扎尔杜瓦的研究，其他的作家如本书研究的安娜·卡斯蒂略、丹尼斯·查维兹等作家，国内研究则基本未涉及。3. 研究较为滞后，对于奇卡纳作家的新作研究不够。例如对于西斯内罗斯的研究多集中于其早期发表的作品，而对于其发表于 2002 年的 Caramelo，则研究较少，对于其发表于 2014 年的新作 Have You Seen Marie?（《你见过玛丽吗？》）则几乎无人研究。4. 研究划界不清。笔者在参加第 18 届全国美国文学年会时，被划分到拉美裔文学研究小组参加讨论，而拉美裔文学研究其实是一个较为宽泛的概念，参加小组讨论的组员的论文涉及古巴裔、多米尼加裔、墨西哥裔、加勒比海裔等，概念混杂，纠结不清。而墨西哥裔文学研究，则又可细分为奇卡诺文学、奇卡纳文学。综上，国内奇卡纳文学研究存在概念模糊及界线划定不清的情况，因此亟待改进。

综上所述，国内的奇卡纳文学研究甚至是拉美裔文学研究，亟须学术带头人来厘清概念，统一说法。

**（二）国外奇卡纳文学研究现状**

美国奇卡纳文学研究主要有几个特点：1. 没有专门研究某位奇卡纳作家的专著；2. 对于作家的研究较为集中于西斯内罗斯身上；3. 对作品的研究相对滞后，目前的大部分研究主要集中于对作家20世纪80年代后至21世纪前的作品的研究；4.研究视角较为单一，主要从奇卡纳女性主义视角切入。下面笔者将从奇卡纳女性主义视角、身份问题、比较视角、文学边界研究视角及其他视角等五个方面，对国外奇卡纳文学研究做一下大致梳理。

**1. 奇卡纳女性主义视角**

莫拉加和安扎尔杜瓦在1981年出版了合编的一本文集，题为《称作我脊背的这座桥：激进有色人种女性书写》（*This Bridge Called My Back: Writings by Radical Women of Color*），这是一部具有划时代意义的著作。这本书的出版，标志着作为有色人种女性主义/第三世界女性主义一部分的奇卡纳女性主义的诞生。奇卡纳女性主义理论在文学、艺术创作及文学批评方面得到了很好的践行。由于奇卡纳女性主义批评在奇卡纳文学批评中占据主流，其方法各异，纷繁复杂，笔者在这里试图将其归纳为四点：（1）批判奇卡诺文化中的好女人/坏女人、贞女/妓女的二元对立思想，揭示女性在奇卡诺文化中遭受父权制及天主教等各种压迫的境遇及赞扬作家作品反抗压迫的努力；（2）将文学作品中的女性人物阐释为墨西哥历史、神话或传说中女性原型形象，赋予其强大力量；（3）探究文学作品中奇卡纳女性之间的关系，例如母女关系、姐妹情谊等等；（4）赞美文学作品中作家对女性身体、欲望及性行为的大胆言说。笔者将按照以上四点来分别对奇卡纳女性主义批评进行综述，为了论述方便，下面笔者将此四点分别简写为反抗、女性原型、女性关系、身体／性欲。

（1）反抗

很多学者阐述过奇卡纳女性对抗多重压迫的策略，还有一些奇卡纳文学评论家试图将奇卡纳文学分成不同的类别。切拉·桑多瓦尔（Chela Sandoval）在她的著作《被压迫者的方法论》（Methodology of the Oppressed）中阐述了她的观点：第三世界女性应该具有"抗争意识"（oppositional consciousness），来对抗霸权话语；作为"他者"，她们应该"学会认同、发展、控制意识形态的各种手段，学会与意识形态决裂，同时又从意识形态内部言说"（Sandoval，2000：45）。她还给出了"抗争意识"的五种形式，分别是：平等权利（equal rights）、革命者（revolutionary）、至上主义者（supremacist）、分离主义者（separatist）、差异模式（differential modes）。其中的差异模式提倡第三世界属下女性根据不同的情形，自如地在不同身份间穿梭的能力，她认为这种"变色龙"式的能力是作为属下的女性应该具有的生存机制。她提出的前四种"抗争意识"都是第三世界女性反抗种族主义、性别主义、阶级主义的策略，而她的差异模式则显然与安扎尔杜瓦的"新混血女性意识"有着异曲同工之处，她们都强调的是女性能够像变色龙一样适应自己生存的环境，在不同的身份之间游走，包容差异。

在《倾听声音：女性和家庭及安娜·卡斯蒂略的〈远离上苍〉》（"Hearing the Voices: Women and Home and Ana Castillo's *So Far from God*"）一文中，卡梅拉·迪莉娅·兰萨（Carmela Delia Lanza）用贝尔·胡克斯的家庭空间（homeplace）理论分析了安娜·卡斯蒂略的《远离上苍》，她认为卡斯蒂略在小说中为处于种族和性别世界中的有色人种女性构建了一个"反抗场所"（site of resistance），即家庭。她指出，"卡斯蒂略这部小说中的家庭空间充满着政治反抗。这个空间为有色人种女性提供了精神及政治成长的机会，而这种机会在白人至上的文化中是很少的"。（Lanza，1998：66）凯莉·里昂·约翰逊（Kelly Lyon Johnson）则将此观点拓展到了卡斯蒂略的三部小说,在文章《边土的暴力:安娜·卡斯蒂略小说中向家庭空间的跨越》("Violence in the Borderlands: Crossing to the Home Space in the Novels of Ana Castillo")中,她认为"跨越边界的混血女性遭受着社会的、政治的和性的暴力。卡斯蒂略的小说中,男性用暴力控制女性的性行为,规定了女性的空间。而她在小说中建构了家庭空间,在这里混血女性可以对抗压迫和暴力。虽然跨越边界是很危险的,但是只有跨越边界,女性才能到达她们的家庭空间,从而逃离男性的控制和暴力"。(Johnson,2004:39-40)

(2) 女性原型

重要的奇卡纳文学评论家泰伊·戴安娜·瑞博莱多(Tey Diana Rebolledo)在《雪中歌唱的女人们》(*Women Singing in the Snow*)(1995)一书中,追溯了奇卡纳文学从1848年至1995年的发展历史,探讨了主要奇卡纳作家的作品、重要的神话故事和原型形象,及主要的理论问题,展示了奇卡纳作家探寻主体性和身份的方式,她们在争取发出自己声音时所做的努力和挣扎,和她们在写作中大肆突破奇卡纳文化对女性的禁忌。

瑞博莱多在书中介绍了奇卡诺文化中三种主要的女性原型形象:①圣母瓜达卢佩;②马林奇和"哭泣的女人",及蛇裙女神;③17世纪的修女作家胡安娜·克鲁兹(Sor Juana Inés de la Cruz)和墨西哥革命中的"女战士"(*soledaderas*)。他在书中介绍了这些女性被奇卡纳女性主义者从历史及神话传说中挖掘出来,并塑造为具有反抗精神的女性偶像的过程,并且列举了奇卡纳作家的相应作品。她认为"现存的神话传说不能够满足(作家将女性塑造为)积极、精力充沛的正面形象的要求,(因此)女作家们选择了神话和原型、历史和文化中的女英雄,这些形象与传统女性形象不同。她们会为自己创造新的偶像,或者将现有的偶像赋予不同的品质和特征"。(Rebolledo,1995:49)除了上面这些经常在奇卡纳文学作品中出现的女性形象之外,瑞博莱多还探讨了另一位在奇卡诺文学中非常重要的女性形象:女巫医。她认为女巫医是奇卡纳精神性(spirituality)重要的组成部分,在奇卡诺/纳文学作品中,她一直扮演着非常强大的角色。

杰奎琳·道尔（Jacqueline Doyle）在《萦绕边土的鬼魂：西斯内罗斯〈喊女溪〉中"哭泣的女人"》（"Haunting the Borderlands: La Llorona in Sandra Cisneros's 'Woman Hollering Creek'"）中认为西斯内罗斯根据"哭泣的女人"的故事塑造了女主人公，但是却让她最后发出了自己愤怒的呼喊，将"哭泣的女人"无力的哭泣变成了克里奥费拉愤怒的呼喊，重新演绎了"哭泣的女人"的故事，赋予了克里奥费拉强大的力量。

在《西斯内罗斯〈芒果街上的小屋〉中马林奇及圣母瓜达卢佩的双重形象》（"The 'Dual'-ing Images of la Malinche and la Virgen de Guadalupe in Cisneros's *The House on Mango Street*"）一文中，莱斯利·佩蒂（Leslie Petty）认为在《芒果街上的小屋》中，西斯内罗斯改编了圣母瓜达卢佩和"背叛者""坏女人"马林奇的故事，通过女性视角重新审视这些神话故事，西斯内罗斯揭露了这两位女性原型形象有多么虚伪和偏狭。"她塑造了埃斯佩朗莎这个人物，想象出这样一个主人公，她不仅反驳了马林奇作为背叛者的陈词滥调，也反驳了圣母瓜达卢佩作为养育者的老套，同时也抛弃了这两个形象所倡导的女性的被动性（passivity）。因此，埃斯佩朗莎超越了好／坏二元对立，成为奇卡纳女性的新偶像：独立、自主的艺术家，她的房子驻在她的内心里。"（Petty，2000：123）

珍·怀亚特（Jean Wyatt）在《不做马林奇：桑德拉·西斯内罗斯〈不要跟墨西哥人结婚〉和〈喊女溪〉中性别的边界协调》（"On Not Being La Malinche: Border Negotiations of Gender in Sandra Cisneros's 'Never Marry a Mexican' and 'Woman Hollering Creek'"）中，将西斯内罗斯的两篇短篇小说进行了比较，她认为《喊女溪》再现了边界生存积极的一面——改变的可能性。但是边界生存还可能是令人无奈的（disabling）：在《不要跟墨西哥人结婚》中，边界这个模棱两可的空间带来困惑，并且最终使得性别的定义更加遵循男强女弱的刻板模式。怀亚特同样也对《喊女溪》中的克里奥费拉抱着否定的态度，她认为克里奥费拉将自己等同于"哭泣的女人"，以至于她容忍了长久以来丈夫/父权制对她的压迫,而她自我表达的力量也仅限于一声哀号。怀亚特赞赏的是短篇小说集《喊女溪故事集》中的另一个故事《小小奇迹,信守诺言》("Little Miracles, Kept Promises")中罗莎里奥(Rosario)的做法,她最初对圣母瓜达卢佩抱着一种排斥与拒绝的态度,但是她并没有停留在这个极端,而是重新审视她,拥抱她,将她重新构建为一个她自己可以理解、信仰并且当作榜样的形象。(Wyatt,1995:266)

(3)女性关系

很多奇卡纳作家的作品都涉及身份追寻,而身份追寻的最终结果是获得自我认识(self-knowledge),并且最终意识到她们与家庭里女性成员和女性朋友的联系。莫拉加在《爱在战时》(*Loving in the War Years*)中阐述了自己与母亲及母亲的文化产生认同的经历。她认为奇卡纳女性和女同性恋者的出路就是建立一种女性主义-同性恋的家庭模式。卡斯蒂略也在《屠杀梦想者》(*Massacre of the Dreamers*)中表达了建立以母亲为联系纽带的家庭及社区模式的理想。

克里斯蒂娜·埃雷拉(Cristina Herrera)在她的博士论文《当代奇卡纳文学中的母亲与女儿》(*Mothers and Daughters in Contemporary Chicana Literature*,2008)中认为"母女关系是奇卡纳文学中的一个关键问题"(Herrera,2008:2)。她在文中分析了西斯内罗斯、查维兹及卡斯蒂略的作品,她认为作品中女儿对母亲的价值观及行为方式的抵触,对于她们形成女性自我非常重要。女儿们起初拒绝将母亲作为自己的典范,但是最后都认识到必须重新与母亲产生认同才能够获得对生活的洞察力。在另一篇论文中,埃雷拉分析了奇卡纳女性之间的友谊。她认为这个主题一直为文学批评者所忽略,其中尤以奇卡纳和拉丁裔女性文学为最。她在文中以查维兹的《爱上佩德罗·因方特》(*Loving Pedro Infante*)为例,分析了奇卡纳女性的友谊。她认为女主人公与她最好的朋友之间的友谊是小说的主题之一,闺中密友在女主人公的自我塑造(self-creation)过程中起到了不可或缺的帮助作用。埃雷拉认为她们的友谊让她们能够对抗盎格鲁和奇卡诺文化对棕色女性(奇卡纳)的性别、经济、性及种族压迫。

（4）身体/性欲

奇卡诺父权制的文化及天主教压抑女性的性欲，女性对自己的身体和欲望必须是缄默的、不能言说的，因此，对于身体和性欲的言说成为奇卡纳女性主义者重要的反抗武器。很多奇卡纳文学作品中对身体和性欲有大胆直白的描写，很多奇卡纳文学批评家在著作或文章中也把视线集中在奇卡纳女性的性欲和同性恋行为上。其中最为著名的有诺玛·阿拉尔孔（Norma Alarcón）、伊冯·雅柏-贝哈拉诺（Yvonne Yarbro-Bejarano）、艾玛·佩雷斯（Emma Pérez）和卡拉·特鲁西略（Carla Trujillo）等。

作为第三女性出版社（Third Woman Press）的创立者，诺玛·阿拉尔孔对奇卡纳女性主义写作的出版和传播起到了积极的作用。她曾发表《你让我成为什么样的情人，妈妈？》（"What Kind of Lover Have You Made Me, Mother?"）、《〈称作我脊背的这座桥〉的理论主题》（"The Theoretical Subject of *This Bridge Called My Back*"）等文章，将奇卡纳同性恋置于奇卡纳女性主义的中心地位。卡拉·特鲁西略则将奇卡纳理论家的论文及作家和诗人的一些文学作品结集成册，分别于1991年和1998年主编了《奇卡纳女同性恋》（*Chicana Lesbians*）及《当代奇卡纳理论》（*Living Chicana Theory*）两本文集，为奇卡纳同性恋理论及文学创作的发展和繁荣起到了推动作用。《奇卡纳女同性恋》中收录了奇卡纳女同性恋批评的奠基者伊冯·雅柏-贝哈拉诺及艾玛·佩雷斯的文章。伊冯·雅柏-贝哈拉诺的文章《解构女同性恋身体》（"Deconstructing the Lesbian Body"）解读了莫拉加作品中的女同性恋身体，她认为莫拉加在作品中将女同性恋的身体"肢解"（dismantle）①，同性恋欲望和同性恋身体成为"协调（negotiation）与建构/解构（(de) construction）之地、安扎尔杜瓦的'边土'、流动与转化（flux and translation）的'第三空间'"。（Yarbro-

---

① 此处"肢解"为比喻意。莫拉加在不同作品中分别论述了女同性恋者身体的不同部位，如嘴唇/阴唇、头部等等，意在表达女性通过嘴和性行为来言说自己的反抗，或者解构西方思想中心灵/身体的二元对立。

Bejarano，1991：144）伊冯·雅柏-贝哈拉诺认为这种不断"肢解"与重构女同性恋身体的过程正是探求奇卡纳"不断变化及多重身份"（shifting and multiple identity）意义的过程，而这种探求意义的过程远比给出一个确定的含义重要。艾玛·佩雷斯的文章《性欲与话语》（"Sexuality and Discourse"）用心理分析理论及福柯的话语理论论述了奇卡纳女性受到的社会及性压迫，"她在文中构建了奇卡纳同性恋的'空间与语言'（sistos y lenguas，spaces and languages），对于奇卡纳同性恋文学的研究是富有成效的"。（Esquibel，2006：17）

瑞博莱多在《雪中歌唱的女人们》中考察了很多颠覆好女人传统形象的叛逆作家及作家笔下的叛逆人物。她认为在一些奇卡纳作家的作品里，塑造不乖的女孩（troublemaker）形象，是对奇卡诺文化所提倡的乖巧、顺从的女孩形象的颠覆；在一些作家的作品里，有大胆的、对女性独特经历的描写，例如月经、哺乳、生产、卫生棉等等，这对父权制及天主教是一种极大的挑战；还有很多作家写了女同性恋情，这是对奇卡诺文化及异性恋主义的一种大胆的反叛；还有一些作品，将女性的活动空间从私人空间（例如厨房、卧室灯）拓展到公共空间，从厨房拓展到了街道，女性不再囿于男性为自己划定的空间而做顺从、隐忍的妻子。

卡特里奥纳·鲁埃达·艾思琪贝尔（Catriona Rueda Esquibel）在《她大刀在手：阅读奇卡纳同性恋者》（*With Her Machete in Her Hand: Reading Chicana Lesbians*）中解读了一些奇卡纳同性恋作品，值得一提的是，她在其中名为"少女时代的回忆：奇卡纳同性恋小说"的一章中，将西斯内罗斯和查维兹的成长小说《芒果街上的小屋》与《最后的菜单女孩》定位为同性恋小说，这一点是非常特别的。艾思琪贝尔认为这些小说"在少女友谊中包含着性欲（erotic）因素"（Esquibel，2006：95），她将此称为"激情的友谊"（passionate friendships），她认为这一点是其他学者所忽略的，"（通过将这些小说阐释为同性恋小说）可以将奇卡纳同性恋文学拓展到宣称是同性恋者的作者之外"（Esquibel，2006：95）。笔者认为，艾思琪贝尔将西斯内罗斯和查维兹这两部女性成长小说牵强附会地归类为同性恋小说，难免失之偏颇。脱离奇卡纳女性遭受种族、经济、性别及性压迫的语境，单独为谈论同性恋而谈同性恋，就失去了其研究意义。

进入21世纪后，很多新生的研究力量，尤其是墨西哥裔学者投身到奇卡纳文学研究中来，有的学者出版了专著专门论述奇卡纳文学中女性的身体问题，例如特蕾西·罗伯茨-坎普斯（Traci Roberts-Camps）在《墨西哥和奇卡纳女作家性别化的自我意识：女性身体作为政治反抗的工具》（*Gendered Self-Consciousness in Mexican and Chicana Women Writers*）中研究了四位当代墨西哥和奇卡纳女作家的作品对女性身体的再现，从女性身体空间及其遭受的暴力、女性的"卑贱"及女性对国家进步的作用、女性身体的肉欲、女性身体的可见及隐形（(in) visibility）四个方面分析了作品中女性身体的描述。

**2. 身份问题**

在《雪中歌唱的女人们》中，瑞博莱多探讨了一个非常重要的问题，即身份问题。她认为奇卡纳作家一直在寻求着"我是谁？我如何看待自己？别人如何看待我？"这些问题的答案。奇卡纳的身份非常复杂，很多奇卡纳文学作品表现了这种身份不断变动的感受。瑞博莱多认为，安扎尔杜瓦在《边土：新混血女性》中清晰地表现了奇卡纳所处的紧张、冲突及身份变动（shifting）状态，她"非常赞同这些变动，认为它们来自一种反抗的立场，一种在殖民统治下生存的需要，她认为奇卡纳可以选择任何有用的策略"（Rebolledo，1995：103）。瑞博莱多还认为为自己命名（naming）也是奇卡纳构建自己身份的策略，"很多作家将命名视为一种自我界定（self-definition）的方式"，对很多奇卡纳作家来说，"抓住主体性（subjectivity）的一种主要方式是接受你自己，接受你所有的名字——奇卡纳、女孩、女同性恋者等等"（Rebolledo，1995：106）。她很赞同安扎尔杜瓦接受自己"五个种族混血"身份，因为只有接受不同才能使得奇卡纳生存下来。瑞博莱多还研究了奇卡纳作品中关于女性童年时期就开始的自我追寻。很多奇卡纳文学作品都是成长小说，例如西斯内罗斯的《芒果街上的小屋》,因此关于童年时期奇卡纳对自己身份问题的思考在很多文学作品里都可以找到。瑞博莱多认为,"这些身份追寻的最终结果是获得自我认识(self-knowledge),并且理解了塑造她们的重要事件和关系。很多奇卡纳文学作品有一个让人惊讶的共同点,就是最终意识到她们与家庭里女性成员和女性朋友的联系"(Rebolledo,1995:108)。在童年时期的身份追寻中,瑞博莱多认为奇卡纳会意识到因为自己的种族和性别身份而被边缘化或被剥夺话语权。

在博士论文《现代有色人种女作家未发出／无回信的书信体小说》(*The Unsent/Unanswered Letter in Epistolary Fiction by Modern Writers of Color*,1994)中,刘凯玲比较了四部书信体小说,她认为这些小说中性别、体裁、文化和种族问题交织在一起。这四部小说中包括奇卡纳作家卡斯蒂略的书信体小说《米斯基亚瓦拉书简》。在论文中,刘凯玲将书信的书写者／故事的叙述者特丽莎三次墨西哥之行称为追求身份认同和女性气质(womanhood,即女性追求自由和自我决定权)之旅。她认为特丽莎追求女性气质之旅是失败的,她的追寻身份之旅也并未让她明白自己的身份归属,但是写信却让她获得了自我认识。刘凯玲认为"通过写信,双重边缘化的女主人公恢复了掌控自己文本(textuality)和性(sexuality)的力量。收信人是写信人的镜像,这个能够让她自省的镜像,不仅可以让她得到滋养她的女性之间的情谊,而且能够帮她从自我憎恨转向自我爱惜"。(Liu,1994:129)

### 3. 比较视角

很多评论家将奇卡纳作家的作品与其他作品进行了比较解读,最常见的是将奇卡纳作家与其他少数族裔,如华裔、非裔和印第安作家的作品进行比较。玛雅·梅·瑞恩(Marya Mae Ryan)在博士论文《性别与社区:托尼·莫里森、谭恩美、桑德拉·西斯内罗斯和路易斯·厄德里克小说中的妇女主义及女性主义视角》(*Gender and Community: Womanist and Feminist Perspectives in the Fiction of Toni Morrison, Amy Tan, Sandra Cisneros, and Louise Erdrich*,1995)

中比较了四位少数族裔作家的作品，她将女性主义分为自由女性主义、激进女性主义和妇女主义／第三世界女性主义三种类型，她认为莫里森、西斯内罗斯和厄德里克更多关注的是种族和性别问题，因而将她们归类为妇女主义／第三世界女性主义者，而她认为谭恩美主要关注的是性别问题，因而将其归类为自由女性主义者。①

罗斯玛丽·迪基（Rosemary Dickey）则在博士论文《转向过去：一种非裔和奇卡诺现代身份形成的新介质》（*Progressive Turns to the Past: a New Medium for African American and Chicano Modern Identity Formation*，2001）中将两位非裔作家和两位奇卡诺作家进行了比较，在论文中，她认为后现代世界中人们遭受到身份危机，想要有一种稳定的、连贯的、可行的、个体的身份是一种奢侈，而对于生活在安扎尔杜瓦所谓的"边土"之人更是如此，因为他们身上背负着两种或更多种文化和种族传统。迪基认为由于非裔和奇卡诺的特殊身份和经历，非裔作家和奇卡诺作家渐进地、动态地转向"过去"，并通过他们文化中传统的元素和实践，来帮助他们构建身份。

在《母亲的处境：阅读金索瓦、卡斯蒂略、厄德里克和尾关》（*Maternal Conditions: Reading Kingsolver, Castillo, Erdrich, and Ozeki*）中，梅丽莎·舒非尔（Melissa Schoeffel）比较了四位来自不同种族的女作家作品中的母亲，她认为：在父权制体系之中，母亲们和她们的孩子处于"没有防护"（no defense）的境遇之中，她们处在为孩子而活还是保持自我的矛盾中，处在养育的工作（the work of mothering）和母亲的工作（the mother's work）的矛盾中，她们采取了"政治化"（politicization）和有意识的反抗的策略来应对父权制。

### 4. 文学边界研究视角

边界研究，"聚焦于各种边界现象及其影响，探究边界在社会生活中的影响"。（李保杰，2011：34）20 世纪初期，边界研究成为社

---

① 笔者认为，每位作家在每部作品里可能表达不同的思想，或者每位作家自己的思想经历一个发展变化的过程，因而这样笼统地将作者归类是较为危险的，容易将作者类型化、将作品的理解片面化。

会学研究中的一种系统的研究方法,并且开始逐渐发展起来。早期的边界研究主要集中于社会和经济问题,后来又逐渐发展到心理学及文学等领域。20世纪80年代,格洛丽亚·安扎尔杜瓦出版了《边土:新混血女性》,成为文学边界研究最重要的奠基者,《边土:新混血女性》也成了文学边界研究的基石,"她的《边土》被认为是迄今为止最系统的边界研究理论作品之一"。(李保杰,2011:36)她拓展了边界/边土的含义,认为边土不只是地理学意义上的,还有"心理边土、性边土和精神边土(等等)",她将边界从地理学意义拓展到了种族、阶级及性别等层面,大大开阔了边界研究的领域。因为边界研究领域众多,笔者在这里只集中综述与奇卡纳文学研究相关的文学边界研究。

德裔美国学者莫妮卡·考普(Monika Kaup)在《奇卡诺和奇卡纳文学对北美边界的重写》(*Rewriting North American Borders in Chicano and Chicana Narrative*)中从边界研究的视角探讨了奇卡诺文学,她将奇卡诺文学分为美国本土叙事(nation-based narrative)和移民叙事(migrant narrative)①两种形式,她认为本土叙事以反抗为主,而移民叙事则主要关注空间上的迁移(spatial mobility)和种族身份(ethnic identity)的变化。考普认为,作为上述两种叙事的结合体,奇卡纳文学涉及一个重要问题,即"家"(familia, home),家庭生活(domesticity)。她在著作中研究了安扎尔杜瓦、莫拉加、卡斯蒂略及西斯内罗斯等奇卡纳作家/理论家②的作品,认为她们的作品都遵循一个相似的模式:离家(即离开父亲和兄弟统治的

---

① 美国的奇卡诺(墨西哥裔美国人)有两种,一种原本是墨西哥人,但是由于美墨《瓜达卢佩-伊达尔戈条约》签订后,得克萨斯、新墨西哥、加利福尼亚和亚利桑那等这些原本属于墨西哥的领土被割让给美国,于是居住在这里的墨西哥人一夜之间被美国殖民,成了美国人,莫妮卡·考普将这些人的文学称为本土叙事;另外一部分奇卡诺则是从墨西哥移民到美国的,莫妮卡·考普将这种文学称为移民叙事。

② 奇卡纳重要作家如安扎尔杜瓦和莫拉加强调奇卡纳文化杂糅的身份,正如她们将多种文化背负于一身的身份一样,她们在写作中也秉承了杂糅的风格,她们的作品可以说是将虚构、非虚构、历史、自传、诗歌、散文等等形式融为一体的大杂烩,因此她们的作品有时候被评论家拿来当作文学作品分析,有时候又被拿来当作理论运用。

家庭）—归家。与其他的少数族裔女性一样，奇卡纳女性对家的态度是非常矛盾的，她们一方面将家看作庇护所、避风港，认为家可以为她们遮挡外面世界（racism）的风雨；但另一方面，家庭又是男性占统治地位的地方，她们在这里充分体会到了男性的压迫。

著名拉美裔女性文学研究专家黛博拉·卡斯蒂略（Debra A. Castillo）与人合著的作品《边界女性：边界书写》(Border Women: Writing from La Frontera) 采用了一个非常新颖的视角，在书中她们将来自于边界两边即美国墨西哥裔女作家和墨西哥女作家的作品进行了对比性的阅读，通过这种跨国视角，她们想要建立一种奇卡纳和墨西哥女作家的对话，并且"重建一种跨国的、女性中心的边界理论"。（Castillo & Córdoba，2002：28）克劳迪亚·萨多斯基-史密斯（Claudia Sadowski-Smith）则将边界概念从美墨边界拓展到了美国的其他区域，她在《边界小说：全球化、帝国与美国边界书写》(Border Fictions: Globalization, Empire, and Writing at the Boundaries of the United States) 一书中不仅探讨了奇卡纳／诺写作，还探讨了"亚洲边界跨越"（即亚裔小说的边界跨越问题）、"印第安边界理论"（即印第安小说的边界视角）、墨西哥小说、英语写作中的边界叙事，通过这种研究方式，作者希望为北美研究或美洲间研究（inter-American）做出自己的贡献。

### 5. 其他视角

除上述主要视角外，奇卡纳文学批评还运用了一些其他的视角，例如后现代主义视角、魔幻现实主义视角等等。评论家罗萨拉·桑切斯（Rosaura Sanchéz）在《后现代主义与奇卡诺文学》("Postmodernism and Chicano Literature"）中认为奇卡诺文学家是反后现代的，因为他们一直囿于本质主义话语，在作品中一再探讨奇卡诺身份问题，并将其作为奇卡诺文学与其他文学决定性的差别，因此她得出结论：奇卡诺文学将会处于后现代主义的外围。评论家伊丽莎白·摩尔曼-约之维克（Elisabeth Mermann-Jozwiak）在《后现代方言：奇卡纳文学与后现代修辞》(Postmodern Vernaculars: Chicana Literature and Postmodern Rhetoric) 中论述了一种"奇卡纳后现代主义"。通过分析一些后现代主义理论家对于后现代主义的定义,她认为这些理论家完全将后现代主义与政治割裂开来,他们一直从形式与内容两方面来论述后现代主义,认为后现代主义与政治是无关的,她将此称为"高雅"(high)后现代主义。通过解读一些奇卡纳作家的作品,她指出奇卡纳作家在遮蔽政治现实的"高雅"后现代主义与现代性所倡导的人文精神之间开辟了一条道路。她之所以将自己的著作称作"后现代方言",是因为正如方言是标准语言的一种变形一样,奇卡纳后现代主义是"标准语言"(高雅后现代主义)的一种地域性的变形。(Mermann-Jozwiak,2005:12)她在书中论述了安扎尔杜瓦、西斯内罗斯、卡斯蒂略等作家的作品,指出了她们作品中的奇卡纳后现代主义特征。她认为奇卡纳文学与后现代主义话语有很多重合、交叉的地方,例如奇卡纳文学中文学体裁的模糊、语码转换、对消弭边界及界限的倡导、第三世界女性身份的流动性和变化性与德勒兹和瓜塔里的精神分裂的论述的重合等等。因此,她认为奇卡纳文学不仅与后现代主义话语有重合之处,而且还为后现代主义的发展开辟了新的方向。(Mermann-Jozwiak,2005:16)

魔幻现实主义因加西亚·马尔克斯的《百年孤独》而声名大振以来,就成了拉美作家及拉美裔美国作家的标签,很多拉美裔美国作家的作品都被贴上了这一标签,例如卡斯蒂略,很多分析她作品的文章都将其《远离上苍》归类为魔幻现实主义小说。在《"绝望者的抗辩":安娜·卡斯蒂略〈远离上苍〉中的集体力量与魔幻现实主义》("'The Pleas of the Desperate': Collective Agency Versus Magical Realism in Ana Castillo's *So Far From God*")一文中,评论者认为《远离上苍》是一部非常具有政治意味的小说,她在文章中探讨了卡斯蒂略如何通过魔幻现实主义的手法来达到她的政治诉求。

### 三、边界理论及其理论对话

#### (一)边界与边土

边界,在这里特指19世纪40年代美墨战争后根据《瓜达卢佩-伊达尔戈条约》(the Treaty of Guadalupe Hidalgo)确立的美墨国界线。它的总长度约为 1950 英里（3138 千米），边界线两边大约 62 英里（99.8 千米）的土地被认为是边界区（border region），形成了约 242182 平方英里（63 万平方千米）的土地，它涉及美国的加利福尼亚、亚利桑那、新墨西哥及得克萨斯 4 个州和墨西哥的 6 个州，美国的 24 个县和墨西哥的 34 个市（区）。它是全世界最繁忙的国界线，每年大约有 3 亿 5 千万人次跨越这条边界。安扎尔杜瓦说过："美墨边界是一条 1950 英里长的裸露的伤口，……在这里第三世界与第一世界发生摩擦,鲜血淋漓。伤口还未结痂，又会重新流血。……两个世界的生命之血融合，形成了第三个国家——一种边界文化。"（Anzaldúa，1987：3）

美国学者一直有研究美墨边界的传统，早期的边界研究是社会学意义上的研究，"旧式的边界研究历史更悠久，但是研究涉及的空间范围相对狭窄。它研究的是字面意义上的领土边界，通常都是双边领土"。（Spener and Staudt，1998：14）而 20 世纪 70 年代以来，文学中的边界研究从传统的社会学边界研究中分离出来，"它的研究范围很广，涉及挑战现代主义观念的空间、时间和哲学等领域"。（Spener and Staudt，1998：14）安扎尔杜瓦奠定了文学边界研究理论基础，她拓展了边界／边土的含义，认为边土不只有地理学意义上的含义，还有"心理边土、性边土和精神边土（等等）"含义，"只要两种或多种文化并存，不同种族的人共同生活在同一地域，上、中、下不同的阶层相互接触，或者两个人之间距离缩小、关系日趋亲密，边土（borderlands）就会出现"。（Anzaldúa，1987：preface）"那些被禁者与被阻者（the prohibited and the forbidden）是这里（边界）的居民。那些越界者（Los atravesados）居住在这里：斜视的（squint-eyed[①]）、堕落的、同性恋者（queer）、让人讨厌的、杂种[②]（the

---

① Squint-eyed 一词有两种含义：一种指眼部疾病，斜视；另一种指"恶意的"。在这里，安扎尔杜瓦可能有一语双关之意，一方面指生活在这里的人是身体上有问题的，另一方面指边界的人们充满敌意。

② 安扎尔杜瓦在原文用的是 mongrel 一词，该词是混血儿之意，也可以含有贬义，指"杂种"，在这里，安扎尔杜瓦论述的是那些遭受歧视的"非正常"的越界者，因而在歧视他们的人的眼里，他们是杂种。因此笔者在这里将此词译为"杂种"。

mongrel)、黑白混血儿(mulatto)、印第安人与白人混血儿(half-breed)、半死不活的(the half dead);总之,那些越界者(cross over, pass over),或者那些跨越了'正常'边界(的人居住在这里)。"(Anzaldúa,1987:3)安扎尔杜瓦在《边土:新混血女性》①中以一个工人阶级出身的有色人种女同性恋者身份(working-class lesbian of color)批判了美国社会中白人对于墨西哥裔的种族歧视及阶级压迫,批判了奇卡诺文化中男性对女性的压迫及同性恋恐惧症,她赋予了"边界"地理学意义之外的比喻性意义。安扎尔杜瓦所指的边界除了指有形的、物质的、地理学意义上的美国与墨西哥之间的那条"1950英里长的"边界外,还有种族、阶级、性别及性的界限等等方面的喻义。因为安扎尔杜瓦的《边土:新混血女性》的出版,边界的概念拓展到了"几乎跟分界线(boundary)和界限(limit)有关的每个心理及地理的空间"(Michaelsen & Johnson,1997:1-2),而文学中的边界研究在此之后占据了重要位置。安扎尔杜瓦《边土:新混血女性》的精髓有二:其一,她拓展了边界一词的内涵,使这个词语不仅拥有美墨边界线之意,还赋予了其种族、阶级、性别、性等多重喻义;其二,她倡导"新混血女性意识"这种包容差异性的思想,为边界女性的生存提供了有指导意义的参考。

(二)边界与第三世界女性主义

无论是美国的还是欧洲的女性主义理论家,她们的理论都是存在"盲点"的(Saldívar-Hull,2000:36)。她们只将白人女性考虑在内,完全忽略了有色人种女性的生存体验。与此同时,当奇卡诺运动中的男性积极分子在为追寻失落的"阿兹特兰"而奋起斗争的时候,他们却完全忘记了在他们身边一起并肩作战的女性,他们认为种族和阶级问题是奇卡诺运动应该关注并为之奋斗的问题。奇卡纳女性主义理论家中有一些社会主义女性主义理论家,例如德

---

① 书的英文名是 *Borderlands/La Frontera: The New Mestiza*。Mestiza,是西班牙语 mestizo 的阴性形式,有些地方将 mestizo 一词音译为梅斯蒂索,其含义为混血儿,指欧洲人与美洲印第安人的混血后代。Mestiza 一词指欧洲人与美洲印第安人的女性混血后代。有些地方将 mestiza 音译为梅斯蒂扎,笔者根据其含义,在书中将 new mestiza 意译为新混血女性,指能够包容差异,能够跨越种族与性别身份的分界,能够将不同文化杂糅于一身的女性。

尔·卡斯蒂略（Del Castillo）和索尼娅·洛佩兹（Sonia López），她们对阶级问题的关注要多过对性别问题的关注，她们认为种族和性别问题对于解放被压迫与被剥削的奇卡诺和奇卡纳至关重要。重要的奇卡纳文学评论家索尼娅·萨尔迪瓦-胡尔认为奇卡纳女性应该发展来自自己亲身体验的女性主义理论，她号召奇卡纳女性向黑人女性学习，创造属于自己的女性主义，她将之称为奇卡纳女性主义，并认为其是第三世界女性主义的重要组成部分。她提出了"边界女性主义"（feminism on the border）的概念，认为"边界女性主义者应该认识到面对我们的文化中性别主义与同性恋恐惧症的紧迫性；我们的政治现实要求我们面对制度化的种族主义，同时也要与经济剥削抗争"。（Saldívar-Hull，2000：36）她特别推崇奇卡纳女性主义理论家安扎尔杜瓦和莫拉加，认为她们开创了奇卡纳女性主义的先河。她认为她们不仅重视奇卡纳女性的种族及阶级压迫，而且也强调奇卡纳女性在奇卡诺文化中遭受的性别及性的压迫。她认为安扎尔杜瓦"认同的不是父权制的阿兹特兰，而是女性主义的蛇裙女神状态"（Saldívar-Hull，2000：64），她创造了一个反抗男性"阿兹特兰"的女性"反阿兹特兰"。她将安扎尔杜瓦称作"混血女性"女性主义者，认为她在《边土：新混血女性》中呈现出了一个"颠覆旧的存在方式的女性主义者，她拒绝同性恋恐惧症、性别主义、种族主义、资本主义和民族主义"。（Saldívar-Hull，2000：73）

如萨尔迪瓦-胡尔所说，安扎尔杜瓦不仅关注奇卡纳女性所面对的种族歧视和阶级剥削问题，也关注奇卡纳女性在奇卡诺文化中所遭受的性别压迫及她们所面对的同性恋恐惧症。她的"边界女性主义""奇卡纳女性主义"是第三世界女性主义的重要组成部分。安扎尔杜瓦在《边土：新混血女性》中论述了奇卡纳女性面对的种种困境，并且为她们提出了应对的策略。她追溯了墨西哥及奇卡诺的历史，展示了奇卡诺遭受到西班牙文化及盎格鲁文化两次殖民的痛苦经历，批判了盎格鲁文化对墨西哥裔美国人的种族及阶级压迫。在

《瓜达卢佩-伊达尔戈条约》签订后，居住在格兰德河谷①的她的祖先一夜之间被迫成为美国人，她的祖先被猛地拔离生命之根、文化之根，变得身如浮萍、无根无基。她的祖先的财产也被强行夺去。他们其中的一部分人为了生存选择离开这个强迫他们成为被殖民者的国家，回到他们的祖国——墨西哥，而另一些人——如安扎尔杜瓦的祖父母——则选择留下。留下来的人失去了全部的土地，被迫成为佃农。还有另一种情况，很多墨西哥人为他们经济发达的近邻所吸引，为了生存他们选择偷渡，因此墨西哥形成了"一种移民的传统"（Anzaldúa，1987：11）。很多人偷渡失败，被押解遣送回墨西哥，但即使是那些侥幸偷渡成功的人，到了美国之后却发现他们"身处有着 150 年历史的，对奇卡诺贫民区的种族主义之中"。（Anzaldúa，1987：12）女性的处境尤其危险，她们工作环境恶劣、报酬微薄，随时还面临着遭受性暴力的危险。

　　安扎尔杜瓦还批判了奇卡诺文化和宗教中的父权制及男／女、贞女／荡妇二元对立思想。她认为"文化是由那些掌握权力的人——即男人，创造的"（Anzaldúa，1987：16），"文化与宗教坚持认为女性应该屈从于男性。如果反抗她就是坏女人"。（Anzaldúa，1987：17）她还批判了宗教对女性身体的压抑。"（宗教）鼓励对生命和身体的畏惧；鼓励身体和精神的分裂，完全无视灵魂；鼓励我们抹杀属于自己的部分。他们告诉我们身体是无知的野兽；才智只存在于大脑中。"（Anzaldúa，1987：37）安扎尔杜瓦认为女性的身体、精神（spirit）和灵魂（soul）是统一的，而奇卡诺及盎格鲁文化的精神／身体二元对立思想将身体置于最可鄙、最野蛮的地位，将身体与无知和野兽联系在一起。因为奇卡诺文化中根深蒂固的同性恋恐惧症，她"害怕回家（homephobia）"，即害怕回到奇卡诺文化中，她认为她的"离家"并不是她对自己文化的背叛，相反是因为奇卡诺文化对她的背叛，才让她选择了"离家"，即"选择做同性恋者"，

---

① Rio Grande Valley，格兰德河谷位于现美国得克萨斯州美墨领土交界处，这片土地原本属于墨西哥，在美墨战争后被割让给美国。

"通过性行为对她的本土文化表达最大的反抗"。（Anzaldúa，1987：19）

在面对殖民主义、资本主义、种族主义、性别主义及异性恋主义对奇卡纳女性的重重束缚时，在多重压迫、多重文化、无法找到自我、无法明确自我身份的困境之中，奇卡纳女性该采取什么样的策略来生存下去？是自怨自艾还是强大起来、做掌控者？安扎尔杜瓦的回答是"进行反抗"，她认为"她的奇卡纳身份植根于印第安女性的反抗历史"（Anzaldúa，1987：21）。安扎尔杜瓦提出了墨西哥裔女性的一种"新混血女性意识"来作为生活在边界/边土的奇卡纳女性的生存策略。她将"新混血女性意识"归结为一种女性主义意识，她认为"混血女性的斗争归根结底是女性主义的斗争。……第一步是忘却妓女/荡妇二元对立，看到'我们的母亲'瓜达卢佩中蛇裙女神的一面（即看到驯顺的好母亲反叛的一面）"。（Anzaldúa，1987：84）

黑人女性主义理论家贝尔·胡克斯曾经说过，"（第三世界女性）不必因想要团结而刻意回避不同；……我们可以因为共同的兴趣和信仰、结束性别压迫的抗争、政治上的一致目标而团结起来，结成姐妹"。（hooks，2000：67）安扎尔杜瓦在《边土》中论述了奇卡纳女性的特殊经历，虽然各自的经历有所不同，但因为奇卡纳女性与其他第三世界女性——如非裔、亚裔、印第安裔等——拥有共同的目标和追求，以安扎尔杜瓦为先驱的奇卡纳女性主义成为第三世界女性主义不可或缺的一部分。

**（三）边界与后现代主体观**

霍尔在《文化身份问题》中详细而深入地梳理了对后现代主体观产生影响的五种西方思潮，它们分别是：马克思主义思想、精神分析理论、结构主义和后结构主义、福柯的话语理论、女性主义。

霍尔首先分析了马克思主义对后现代主体观的影响。马克思认为："人类创造了历史，但仅仅是在不是由他们自己创造的条件的基础上来创造历史的。"（Hall，1992：285）马克思的思想在20世纪60年代被重读，他的重读者们认为他的这个论断意味着"个人永远不会真正意义上成为历史的创造者或能动者"。(Hall, 1992: 285) 他们认为马克思主义否认了 (displaced) 个人的能动性。马克思主义结构主义者阿尔都塞解释道：马克思否认了现代哲学的两个关键命题："(1) 人类有一种普遍的本质；(2) 这种本质是每个自为的主体的个体属性。"(Hall, 1992: 285; 转引自贺玉高, 2006: 12) 阿尔都塞认为："马克思将主体、经验主义、理想的本质等等范畴从哲学的至高点上驱逐下来，不仅从政治经济学，不仅从历史学，不仅从伦理学，而是从哲学本身。"(Hall, 1992: 285)

第二种去主体中心化的思潮来自弗洛伊德对于无意识的发现。弗洛伊德认为无意识的运作方式与笛卡尔的固定不变及统一的身份背道而驰。拉康进一步发展了弗洛伊德的理论，他认为婴儿的自我意识并不是从他内心自然生长出来的，而是在与他者的关系中形成的，尤其是在童年早期，自我意识是在儿童与其对父母的想象的协商中形成的。婴儿从真正的镜中或是从比喻意义上的他者凝视的"镜子"中看到或者想象自我是完整的。这种通过他者的凝视形成的自我开启了孩子与外界符号系统的联系，因此也开启了孩子进入符号表征的各种系统的大门。"伴随着婴儿进入符号系统的是非常矛盾与忐忑不安的感觉：对于父亲爱与恨的分裂、取悦母亲的愿望与拒绝母亲的冲动、自我分成'好'与'坏'两部分、否认自己身上男性或女性的成分等等，这些都让主体分裂，并且会伴随他一生。"(Hall, 1992: 286) 虽然主体总是分裂的，然而他却将自我想象为一个完整、统一的人，这是他在镜像阶段形成的。因此，根据拉康的观点，身份在形成的起源就是非常矛盾的。因此，身份是在无意识过程形成的，而不是一出生就存在于意识中的。"身份总是不完整的，总是处在进行之中，总是处在形成过程中。……因此，我们不能说身份是一种已经完成的东西，而是一种认同的过程 (identification)，我们应该将其看作一个不断进行的过程。身份问题的出现，并不是来自已经存在于个体之中的完满，而是来自完整的缺失 (lack)，只有通过我们的外部这种缺失才能够被填满，即想象他者观看我们的方式。从心理学上，我们一直不断地寻找'身份'的原因是想重新找到完

满时候的那种愉悦。"（Hall，1992：286）

第三种思潮来自索绪尔的结构主义及他影响下的后结构主义及解构主义思想。索绪尔认为语言是社会性的而非个人的系统，它先于我们存在。讲一种语言不仅是表达我们内心的想法，也是激活已经存在于我们语言和文化系统中的大量含义。而且，我们所说的每一个字并不与语言之外的物体和事件相对应。词语只有通过类比和对比才具有意义。例如，我们懂得"黑夜"的含义是因为它"不是白天"。霍尔认为索绪尔的思想在此与身份问题产生关联，因为只有在与他者相比较的过程中，"我"才知道自己是谁。索绪尔对拉康的影响是：拉康认为身份就像无意识一样，也是由语言来建构（structured）的。德里达受到了索绪尔的影响，认为讲话者无论如何努力，也无法将意义固定——其中包含他自己身份的含义。"任何想要封闭词语意义的行为都是不可能的。……意义的所指永远不能固定，能指的滑动也不能最终停止。意义总是有剩余，所以身份也不能固定。"（Hall，1992：287；转引自贺玉高，2006：14）

第四种思想来自法国哲学家福柯的话语理论。通过他的一系列研究，福柯为我们建立了一种"现代主体的谱系"（Hall，1992：287）。福柯提出了"规训权力"的概念，认为其致力于管理、监视及统治整个人类和个人及身体。总的来说，规训权力的目的就是为了制造出不能称其为人，而只能称其为"驯顺的身体"的人。但是，福柯认为特别有意思的是权力机构虽然致力于规训人，但他们所使用的技术却进一步地使主体个人化（individualize），"通过监视、不断的观察，那些他们想要控制的人都被个人化了"。（Hall，1992：289）福柯对于身份问题的贡献在于："他的话语理论把话语、表征与权力紧紧地联系了起来，使主体与身份成为权力话语的一种建构，而不是像现代主体观那样认为主体身份是自然的和不变的。他的理论对当代身份理论的影响之大是无论如何估计都不过分的。"（贺玉高，2006：16）

最后，霍尔还认为女性主义对于主体的去中心化和后现代身份观的建立有重要的贡献。女性主义者认为女人不是天生的，而是后天形成的，也就是说，女性是被社会权力建构出来的。而后结构主义和精神分析女性主义则认为性别身份是通过语言建构的。通过梳理，霍尔认为拥有稳固不变的身份（identity）的启蒙主体被去中心化，变成了开放的、矛盾的、未完成的、破碎的后现代主体身份（identities）。

当然，除霍尔总结的上述思想流派之外，我们不能忘记为后现代主体裂解做出突出贡献的人物：德里达。他提出的"延异"等革命性概念"使得西方逻各斯中心主义支离破碎，语言成为能指符号的肆意嬉戏"。（陶家俊，2004：40）

斯图亚特·霍尔在他的论文《文化身份问题》中，大致将主体观区分为三种：笛卡尔式的主体观、社会学的主体观和后现代主义的主体观。17世纪，以笛卡尔为代表的正统身份观认为主体是自主而稳定的，是不受外部影响的。随着社会的工业化和现代化的发展，人们越来越认识到自己不是自我的主人，自我要受到外界的种种束缚，社会就像一个大机器，而每个人只是机器上的一个小零件。于是产生了社会学的主体身份观。笛卡尔式的启蒙主体观所认为的那种统一而又稳定不变的身份，在后现代身份观这里变得支离破碎，霍尔认为后现代主体观中：

> 主体不只是包含着一个，而是好几个、有时还互相矛盾或者悬而未决的身份。……这样，后现代的主体观就被界定为没有固定的、本质的或者永恒的身份的主体。身份变成了一个"可移动的宴席"，在与我们在文化系统中被表征或书写的方式的关系中持续地被形构与转化。主体在不同的时间呈现出不同的身份，这种身份并不是以连贯的自我为中心而整体化的。在我们的内部存在矛盾的身份，它们向不同的方向引拉，因而我们的身份总是摇摆不定。……高度一体化的、完美无缺的、前后连贯的身份只不过是一种幻觉。相反随着意义系统与文化表征系统的多元化与增加，我们正面对各种各样的可能的身份，其中任何一种我们至少都可以暂时地与之认同。（转引自贺玉高，2006：

11-12）

后殖民主义理论家霍米·巴巴在其著作《文化的定位》屡次提及"阈限空间""中介空间"及"第三空间"的概念，它既是分界点，也是连接点和交汇点，这里充满碰撞、变动，同时也是开放的、充满不断的协商和无限的可能性。霍米·巴巴与霍尔一样，都认为没有身份固定的、本质的或者永恒不变的主体，身份是充满矛盾的、不断变动的，处于持续的协商与建构之中。

安扎尔杜瓦的边土/边界思想是后现代主体观的一种体现。与霍尔及巴巴等学者的观点一致，安扎尔杜瓦也认为后现代主体不再拥有恒定不变的身份，如陶家俊教授所说："它已裂解为残破不全的一堆思想碎片。"（陶家俊，2004：40）安扎尔杜瓦阐述了她生活在边土的感受："我是一个边界女性。我一生都身处得克萨斯-墨西哥边界及其他边界之中。这里不是一个让人舒适的居处，这是个充满矛盾的地方。仇恨、愤怒和剥削是这片土地的显要特征。但是，还有一些快乐。生活在边界和边缘地带，保持不断变换的、多重的身份的完整性，就像漂浮在'相异'的成分中。我感觉到我的某些能力和意识中休眠的区域被激活，复苏了。"（Anzaldúa, 1987: preface）生活在边土，她集第一世界及第三世界两个世界，英语及西班牙语两种语言，墨西哥、印第安及盎格鲁三种血统，男性及女性两种性别①，棕色及白色两种肤色于一身，因此她的身份是不断变换的、多重的，这种不固定的身份给她带来痛苦，让她不知道自己到底应该归属于哪一个群体，让她不停地寻求身份认同。她自己曾经说过，因为她的名字太多（少数族裔女性、拉美裔女性、奇卡纳女性、同性恋女性、梅斯蒂扎……）她不知道自己到底叫什么。同时，边界也给她带来了快乐，因为边界两端形成的边土地带形成了一个第三空间，能够激发人的潜在意识的觉醒，让人对无穷无尽的可能性充满探求欲。爱德华·索亚如此评价安扎尔杜瓦的边土："她的边土是

---

① 因为安扎尔杜瓦是同性恋。

一个充满彻底开放性的空间,一个同时充满危机与可能性的第三空间。"(Soja,1996:127)在《边土》之后,她又用另一个词"nepantla"(墨西哥土著纳瓦特语)来阐释边界问题,其含义为"中介空间"(in-between space),"用这个词语,我想表示居住在不同文化、不同社会和地理区域中的重合及多层次空间的混血女性经历"。(Anzaldúa,2000:176)

安扎尔杜瓦所说的这块边界之地,这片中介之地、罅隙空间、第三空间,总是充满变动,在这片土地上生活的人们的身份总是不断变动,总是处于形塑过程之中(identity in process),而这里,正是"新混血女性"所居之处。安扎尔杜瓦在对边界问题的认识上与霍米·巴巴有很大的相似之处,因此有学者说:"以安扎尔杜瓦为先驱的美墨边界研究为边界问题的研究做出了突出的贡献,霍米·巴巴认识到边界是'中介之地',深化了边界问题的哲学和文学内涵。"(Spener and Staudt,1998:6)

**(四)"新混血女性意识"与后殖民身份观**

在爱德华·赛义德的后殖民理论及去中心化主体观的基础上,霍米·巴巴形成了自己的后现代/后殖民身份观。他借用了来自生物学上的名词"混杂型"(hybridity),受巴赫金"复调"理论及杂种理论的影响,追随法农、赛义德、拉康等理论家的脚步,创造了"混杂性"这一概念。他拒绝一种稳固的民族/文化身份认同,而选择了一种充满矛盾、协商的双重身份。他觉察并深刻认识到殖民话语中的二元对立,因此才找到了"混杂性"这样一种策略来消解二元对立,从而开辟出一片协商的空间。巴巴认为"混杂性扭转了殖民主义者的否认(disavowal),因为其他'被否认的'知识进入了主导话语,并且离间(estrange)了其权威的基础——即其认知的法则"。(Bhabha,1994:114)从这里可以看出,巴巴将混杂性看作一种策略,用以抵抗霸权话语,他强调"殖民主义权力的效果应该被看成是混杂性的生产而不是殖民主义权威嘈杂的命令或者对本地传统无声的抑制"(Bhabha,1994:112),混杂性"使得颠覆成为一种可能"(Bhabha,1994:154)。在"杂交性"概念中,巴巴强调的是:"每一种身份都是开放的、可转译、可改写、可协商的。……巴巴'杂交性'概念表明的是身份中你中有我、我中有你,既同一又对立的融合状况。……这个概念更多地强调了文化的互融与互译。"(贺玉高,2006:84)安扎尔杜瓦的奇卡纳女性生存策略与巴巴所提倡的"混杂性"是暗合的。她的边界女性生存策略也是以开放的心态来面对或者拥抱自己身上背负的多重文化,让不同的文化在自己的血脉中交融,"她用新的视角来看待皮肤黝黑的人、女性和同性恋者。她强化自己对含混(ambiguity)的包容。她乐于分享,乐于接受新的看待和思考事务的方式。……她是魔法师(nahual①),能将自己变成一棵树、一匹郊狼、另一个人"。(Anzaldúa,1987:82-83)

一百多年前,杜波伊斯(W.E.B. Du Bois)在《黑人的灵魂》(1903)中提出了双重意识(double-consciousness)的概念,他认为"美国黑人感觉到他们具有双重性——既是美国人,也是黑人;两个灵魂、两种思想、两种永不妥协的抗争"。(Du Bois,1982:215)他提出了这样的设想,希望白人和黑人有一天能够融合,形成一个整体:"通过这种融合(merging),(美国黑人)既不非洲化美国,因为非洲乃至世界有很多需要从美国学习的地方;他也不在白人美国主义(white Americanism)的洪流中漂白自己的黑人灵魂,因为他知道黑人的血脉中有展示给世界的信息。"(Du Bois,1982:3)杜波伊斯倡导的是盎格鲁和非洲两种文化②相互独立、互不干涉,却又相互包容、融合,各自保持自己的特性,通过这种策略,他想要为美国黑人赢得自己的生存空间。同为被歧视、压迫、边缘化的种族,安扎尔杜瓦为墨西哥裔女性提出了一种"新混血女性意识"的策略。可以说,安扎尔杜瓦的"新混血女性意识"是对"双重意识"的继

---

① nahual 一词为西班牙语,在中美洲民间宗教中,他/她是拥有法力、能将自己变形为动物的人。

② 当然,非洲文化是一个非常笼统的说法,被贩卖到美洲的黑奴来自非洲各国,而各国都有自己的文化传统。杜波伊斯在这里将黑人的身份泛化,将非洲作为一个"想象的共同体",将黑人的不同文化笼统地归于非洲文化。

承和发展。美国的奇卡诺/纳不仅有两个灵魂、两种思想,他们有印第安、西班牙、墨西哥、盎格鲁四个灵魂、四种思想、四种永不妥协的抗争。与杜波伊斯相似,她倡导奇卡纳女性接受自己的多重灵魂、多种思想。她们的四种灵魂、四种思想互相包容却又互相独立,相互影响却又互不干涉,她们以灵活、变动的方式在边界上生存,因为"只有保持灵活她才能随意舒展自己的心灵"。(Anzaldúa,1987:79)边界因而成为一片中介之地、罅隙空间,消弭了第一世界/第三世界、盎格鲁文化/墨西哥文化、男性/女性、英语/西班牙语等等二元对立。安扎尔杜瓦认为混血女性不仅要反抗她们自己文化中的父权制和盎格鲁白人的文化霸权,还应该培养一种灵活的方式、包容的态度,她们"应该走出习惯性的模式,从趋同性思维转向发散性思维,走向一种全局性的视角,一种包容而不是排斥的视角"(Anzaldúa,1987:79),她将这种包容的心态称为"新混血女性意识"。她认为"新混血女性应该培养一种对含混(ambiguity)的包容心态。她学会在墨西哥文化里做印第安人,从盎格鲁视角做墨西哥人。她学着在各种不同文化之间游走。她有多样化的个性,她以多样化的行为行事"。(Anzaldúa,1987:79)安扎尔杜瓦将进入"蛇裙女神状态"(the Coatlicue State)作为发展新混血女性意识的重要前提。她认为新混血女性需要从土著文化遗产中寻找自己的文化之根,而土著神话传说中的蛇裙女神(the Coatlicue)体现了新混血女性身上所应具备的特质。安扎尔杜瓦深深赞美了蛇裙女神既象征生命又象征死亡和重生的特质,认为她消解了二元对立,超越了二元对立思想,她将此称为"蛇裙女神状态"。安扎尔杜瓦认为蛇裙女神代表着:"生命的二元性,二元对立面的结合体,第三种视角——不只是二元对立和二元对立的综合。"(Anzaldúa,1987:46)安扎尔杜瓦所倡导的新混血女性意识的本质是女性的抗争意识和对差异的包容态度,而蛇裙女神状态消解了墨西哥及奇卡诺文化中根深蒂固的男性/女性、贞女(la Virgin)/妓女(la Malinche)等等的二元对立思想,是安扎尔杜瓦所倡导的新混血女性意识的最好体现。在这里,安扎尔杜瓦又与霍米·巴巴出现了交集。她的"边界"

"蛇裙女神状态"与巴巴的"罅隙空间""中介空间""第三空间"相似，都消解了二元对立，提供了充满无限可能性的空间。总的来说，"蛇裙女神状态"体现了安扎尔杜瓦的边界思想，她赞美、提倡"蛇裙女神状态"，这种对于二元对立面的结合和对二元对立的超越，正是安扎尔杜瓦的边界精神的内核所在。总之，安扎尔杜瓦与霍米·巴巴相似，他们同属于"当今多元文化社会中的移民"：

> 他们没有别的选择，只能居住于一个"文化之间"的世界，于矛盾的冲突的传统中创造自己的身份认同，他们同时"既是此又是彼"，或者既非此又非彼，身陷于文化翻译的动荡而痛苦的过程之中。但正是通过这种生发性的文化转换，为这些"移民"赢得了宝贵的后殖民视角，将他们置于一种"阈限性"空间，为他们开辟出一片批评的新天地。（生安锋，2004：34）

### 四、本书结构

奇卡纳文学交织着性别、性属、阶级及种族等问题，非常复杂。奇卡纳作家在她们的作品中观照了奇卡纳女性身处的种族、性别及阶级等困境，她们的作品除了探讨爱情、亲情、友情等人类共有情感之外，还聚焦于奇卡纳女性特殊的种族、性别及阶级等经历。因此，本书从第二章开始，每章的前三节分别探讨每位作家作品中对性别、性属及阶级问题的态度，每章的第四节探讨奇卡纳女性的身份追寻主题，考察她们在面对种族、阶级、性别、性属等复杂交错的身份时所进行的身份寻求的努力。

本书正文部分共分四章。第一章论述奇卡纳女性处于种族、阶级及性别多重边缘化的生存状态，她们处于身份含混状态下的焦虑，并且介绍了奇卡纳文学的复兴。第二、三、四章按照安娜·卡斯蒂略、桑德拉·西斯内罗斯、丹尼斯·查维兹的顺序分别对三位作家进行研究和探讨。之所以这样安排，是因为除身份追寻式的写作模式涵盖了全部三位作家之外，安娜·卡斯蒂略的写作主要倾向于激烈的反抗与批判，桑德拉·西斯内罗斯的写作则既包含前期的反抗也包含后期的杂糅与包容，丹尼斯·查维兹的写作则主要倾向于杂糅与包容，按照安娜·卡斯蒂略、桑德拉·西斯内罗斯、丹尼斯·查维兹的顺序来安排，可以看到三位奇卡纳作家从反抗批判到杂糅包容的过渡。本书的第二章探讨安娜·卡斯蒂略及其作品《远离上苍》及《米斯基亚瓦拉书简》；第三章探讨桑德拉·西斯内罗斯及其长篇小说《芒果街上的小屋》《卡拉米洛披肩》及短篇小说集《喊女溪故事集》中的三篇小说：《喊女溪》《不要跟墨西哥人结婚》及《小小奇迹，信守诺言》；第四章探讨丹尼斯·查维兹及其作品《爱上佩德罗·因方特》及《天使的面孔》。本书通过探讨三位作家及其作品中女性人物跨越边界的努力，试图揭示奇卡纳女性在面对多重困境时所运用的生存策略。

# 第一章　边界女性的生存状态

## 第一节　种族和阶级歧视

相较于其他美国少数族裔群体，墨西哥裔的经历更为特殊，他们中的一些人曾遭遇被西班牙文化和盎格鲁文化两次殖民的历史：16世纪，墨西哥被西班牙殖民者入侵，成为殖民地；19世纪中期，美国与墨西哥之间爆发了战争（1846—1848）。战争之后，根据美墨双方签订的《瓜达卢佩-伊达尔戈条约》（the Treaty of Guadalupe Hidalgo，1848），墨西哥北部230万平方公里的土地被割让给美国，10万墨西哥人一夜之间被迫成为美国人，他们又遭遇了第二次殖民。安扎尔杜瓦的祖先世代居住在格兰德河谷（Rio Grande Valley），她在《边土》中描述了在《瓜达卢佩-伊达尔戈条约》签订后她的祖先一夜之间被迫成为美国人的感受："我们猛地被拔离了我们的生命之根，（我们的历史、文化、生命之根）被截断，我们的灵魂被掏空（disemboweled），我们的财产被剥夺，我们与我们的身份认同和历史分离。在盎格鲁的恐怖统治之下，很多人放弃了他们的家园和农场，（回）到了墨西哥。另外一些人选择留下来，进行抗争。"（Anzaldúa，1987：8）最终，他们就像安扎尔杜瓦的祖母一样，"失去了她所有的牲畜，他们还抢走了她的土地"（Anzaldúa，1987：8），"为了生存，我的父亲成了佃农"。（Anzaldúa，1987：9）

墨西哥裔较其他少数族裔经历更为特殊，原因还在于墨西哥人有"一种移民的传统"（Anzaldúa，1987：11）。社会学家在研究劳动力迁移原因的时候，提出了推拉理论（pull-push theory），他们认为"原住地的就业不足、耕地不足、学校医院等基本生活设施的缺乏、关系的疏远及紧张、自然灾害等构成了原住地的推力,这些因素促使人们向其他地区迁移;同时,迁移目的地更多的就业机会、更高的工资、更好的教育和卫生设施等形成了目的地的拉力,吸引人们往该地迁移。迁移就是原住地推力与目的地拉力共同作用的结果"。(程名望等,2005:105-106)推拉理论同样适用于墨西哥移民。因为边界分隔了两个截然不同的世界,边界的北部是第一世界、世界上经济最发达的国家,而边界的南边却是经济相对落后的发展中国家,因此可以说,美国有一种强大的拉力和吸引力,而墨西哥有一股强大的推力将一些希望改变自己和家庭经济状况的墨西哥人推向了美国。美国的墨西哥移民分为合法移民和非法移民两种,国内学者钱皓将这两种移民又分为四类:一、合法进入美国并已经获得永久居住权且已加入美国国籍的人;二、居住在美墨边境,合法或非法受雇于美国雇主的"边境居民";三、非法入境者,包括在农忙时进入美国,农忙结束后回到墨西哥,频繁往来于两国的打短工者和非法进入而不愿返回墨西哥的人;四、持有旅游、学生或其他签证进入美国,但逾期不归者。(钱皓,2002:42)墨西哥移民的社会和经济地位相较于白人和其他少数族裔普遍较低,"是处于美国社会经济阶梯底层的少数民族群体"。(宋鸥,2009:77)在钱皓划分的四类移民中,尤属"边境居民"和非法入境者的生存环境恶劣。他们频繁往来于边界南北,而边界是一个充满了暴力与犯罪的所在,这里犯罪活动猖獗,哪里有进入美国的口岸,哪里就有利益驱使的黑帮、贩毒等犯罪活动,因此每次跨越边界他们都要冒很大的风险,甚至是付出生命的代价。美国对非法移民的防范越来越严格,尤其是"9·11事件"之后,美国颁布了《安全墙法案》(Secure Fence Act of 2006),计划在美墨边界建造长约700英里(1126千米)的双层围墙;设置更多的边境检查站;在边界地区安装很多高科技的监控设备,如传感器、摄像机、人造卫星、无人驾驶飞机等来防范墨西哥人的偷渡。2017年1月,美国新任总统特朗普更是在上台之初,就签署了一纸命令,要求加强美墨边境安全,在美墨边界修筑边境墙，从而限制墨西哥非法移民和边境暴力犯罪。但是铜墙铁壁一样的围墙和先进的仪器并不能阻止墨西哥人偷渡的脚步，他们即使一次次被逮捕、被递解、被遣返，依然很执着地与边界的美国执法人员玩着永不疲倦的"猫鼠游戏"。很多居住在边境的墨西哥人乐此不疲地越过边界去邻近的美国城市打工。很多来自墨西哥中南部的人，为了过上更好的生活，实现他们的"美国梦"，也选择偷渡。由于不熟悉地形，他们得依靠"蛇头"（coyote）[①]的帮助。为了避开戒备森严的边境检查站，避免被边境巡逻处的执法人员发现，偷渡者往往选择远离人烟的河流、沙漠、高山为偷渡路线。在偷渡的过程中，他们不仅冒着被执法人员发现的危险，他们的生命还有可能被湍急的河流、荒无人烟的沙漠和险峻的高山吞没。

为了生活得更好，很多墨西哥人跨越了边界线，偷渡或移民到美国，但到了美国之后，他们却发现自己"身处有150年历史的，对奇卡诺贫民区的种族主义之中"。（Anzaldúa，1987：12）。虽然来到美国后他们的经济条件得到了改善，但依然生活在社会的最底层，遭受着种族及阶级歧视。美国的墨西哥裔受教育程度普遍较低，因此从事的主要是劳动密集型的低薪工作，2000年美国人口普查数据[②]显示，墨西哥移民从事的行业前三名分别为农林渔猎、制造及建筑业，他们的失业率很高。"墨西哥移民从事专业与管理职业的比例远远低于欧洲、亚洲和非洲移民，即使在拉美裔移民内部也是最低的。墨西哥移民担当管理人员、科学家和工程师等的比例都远远低于来自欧洲、亚洲和非洲的移民。而从事农林渔业的墨西哥移民在所有移民中比例最高。"（宋鸥，2009：71）此外，墨西哥裔的失业率偏高，2000年人口普查数据显示：墨西哥移民在美国劳动力市场中的失业率为9.4%，远高于全国平均失业率（5.8%）；墨西哥裔的贫困率也远高于美国本土居民贫困率（10.8%）及所有移民平均贫困率（18.2%），达到了28.7%。

---

[①] 原意为郊狼，引申义为帮助墨西哥人偷渡到美国的人，笔者在此将其译为蛇头。

[②] 美国人口普查每10年进行一次，由于目前仅能找到2000年人口普查的资料，因此这里援引了2000年人口普查的相关数据。10年间，各项数据可能有些变化。

墨西哥裔女性与男性一样，工作环境恶劣、报酬微薄，但是由于女性的特殊身体条件，她们的处境尤其危险，随时面临着遭受暴力的危险，边界上对于女性的暴力犯罪，诸如强奸、谋杀、凌虐等恶性事件时有发生。根据统计，"在墨西哥北部边境，大约80%到90%的女性在迁徙时遭到性暴力"。(Marrujo, 2009: 31)最为著名的是墨西哥边境城市华雷斯的"华雷斯女性死亡事件"(Dead Women of Ciudad Juarez)：从1993年开始，边境地区一些年龄在15到28岁之间的年轻女性被杀，她们都遭到强奸、殴打，被凌虐几天之后，她们又被杀死。她们的尸体被抛弃到华雷斯边界的沙漠地带，有的尸体竟然被抛到大街上。根据统计，在1993年前，华雷斯每年有三位女性被谋杀；1993年，这个数字上升到了每月两个；到2001年，竟然每周就有一位女性被杀害。(Mueller, Hansen and Qualtire, 2009: 126)有学者认为这一现象的发生可能有两个原因：一、由于美墨自由贸易区的划定，边界建立了很多的加工厂，需要大量雇佣来自墨西哥的年轻女性；二、边境地区贩毒活动猖獗，贩毒集团对法律影响巨大。"杀害女性"(femicide / feminicide)，研究"对女性暴力"的学者将其定义为："源于对于女性的憎恨，而谋杀女性。这种行为显示了犯罪男性与女性相比的优越感及强大感，通常包括对于受害者的性暴力和因此而给施暴者带来的快感和掌控感。"(Russell, 2001: 13-14)维基百科在解释"杀害女性"一词时，就援引了华雷斯之例，华雷斯事件使得这一词语有了更为丰富而又残酷的内涵。

安扎尔杜瓦非常深刻地总结了边界女性的生活："女湿背(*la mojada*)，女非法移民者(*la mujer indocumentada*)，在这个国家无疑受到了威胁。她不仅得与性暴力抗争，而且还像其他女性一样感受到身体上的无助感。作为难民，她离开了熟悉而且安全的家园，到这片充满未知与危险的土地上冒险。这个由铁丝网隔开的狭窄边界，这就是她的家。"(Anzaldúa, 1987: 34-35)

墨西哥裔在美国社会不仅贫穷、社会地位较低，还遭受着种族歧视。一些墨西哥的偷渡客选择在旱季河水比较浅的时候蹚过格兰德河进入美国，因此他们被称为"湿背"(wetback)，这一词语成了偷渡客的代名词，成了美国人对墨西哥裔的蔑称。罗西纳·贝塞拉认为："在来到西南部地区后的大部分时间内，他们成为偏见与歧视的牺牲品。虽然受歧视的程度因时、因地而异，但偏见与歧视是始终存在的。"（贝塞拉，1993：35）加州大学伯克利分校学者爱德华多·鲁纳（Eduardo Luna）认为："从贫困、家庭中位收入、学校隔离、上大学机会等指标考察，墨西哥裔目前遭受的歧视最为严重。"（Luna，2003：229）她批判了美国思维中的黑／白二元对立思维模式，认为非裔美国人由于长久以来的斗争，获得了美国社会的足够重视，以至于在美国人的思想中形成了非白即黑的思维模式，而其他的肤色几乎处于无形的境况之中。她认为事实上，美国墨西哥裔／拉美裔所面对的种族歧视要比黑人更为严重。鲁纳认为：

> 2000 年人口普查数据告诉我们，拉美裔已经跃升为美国第一大少数族裔。多年以来，他们比非裔遭受到了更严重的隔离，不仅由于他们的种族，还由于贫穷。多数拉美裔都聚居于高度贫穷的社区，他们的孩子们上的是很差的学校，并且拥有最高的辍学率。……他们是最贫穷的种族群体，没有健康保险，受教育程度低得多。……墨西哥裔是最边缘化的一个群体。他们在拉美裔中拥有最低的受教育程度和最高的贫困率。（Luna，2003：232）

墨西哥裔学者马尔科·波特尔斯（Marco Portales）论述了美国社会西语裔缺席的奇怪现象，他认为"在美国的公共生活中西语裔在公众意识中是缺席的。在美国，每九人中就有一位西语裔，但是他们却鲜见被看作我们国家的一分子"。（Portales，2000：ix）作为西语裔的第一大群体，墨西哥裔尤为如此。波特尔斯认为：

> 大多数人错误地将我们（墨西哥裔）看作墨西哥公民或者西语裔移民，因此美国社会从未确立、承认和接受我们的位置。我们从来都被看作没有充分资格做美国公民的人，这是一种不公

正的现象。这种现象将我们排斥在美国方方面面的经历之外。作为墨西哥裔美国人,我们从来都是美国社会回避讨论的话题,因此我们成了无名无姓之人(anonymity)。……对于大多数美国人来说,我们几乎不存在。(Portales,2000:41)

## 第二节 性别压迫

墨西哥和美国奇卡诺文化传统中有着根深蒂固的二元对立思想。在这两种文化中,女性只有两种:好女人/坏女人。而"三位母亲"(tres madres)则是好女人和坏女人二元对立思想的体现:圣母瓜达卢佩(La Virgen de Guadalupe)代表好女人,而马林奇和"哭泣的女人"则代表她的反面——坏女人。墨西哥、奇卡诺文化及宗教(天主教)都是具有厌女症情结的,它们强调男性的主导地位,宣扬男性的男子气概(machismo)及女性的从属地位,无论是宗教、家庭还是文化都要求女性要做贞洁的女儿、顺从的妻子、慈爱的母亲,具有无私和谦卑品格的女人会被贴上"好女人"的标签,而"自私"和追求自我价值的女性则被认为是"坏女人"。女性在这两种文化中一直处于隐形和失语的状态。安扎尔杜瓦在《边土》中批判了奇卡诺文化和宗教中的父权制及男/女、贞女/荡妇二元对立思想,她认为"文化是由那些掌握权力的人——即男人,创造的"(Anzaldúa,1987:16),"文化与宗教坚持认为女性应该屈从于男性。如果反抗她就是坏女人。……在我们的文化中,女人只有三种角色:要么做修女,要么做妓女,要么做母亲"。(Anzaldúa,1987:17),她批判了奇卡诺文化中的父权制及天主教,认为这两者是控制和压迫女性性别及性属的机制。从"三位母亲",我们可以看到女性在墨西哥及奇卡诺文化中所遭受的束缚和压迫。如安扎尔杜瓦的评论:"瓜达卢佩让我们驯服且隐忍,马林奇让我们以我们的土著血脉为耻,'哭泣的女人'让我们成为长期遭受苦难的人。这种情况强化了圣女/荡妇二元对立思想。"(Anzaldúa,1987:31)

在墨西哥传说中，圣母瓜达卢佩于1531年[①]12月9日现身于距离现在墨西哥城不远的特佩雅山（Tepeyac），一位刚刚皈依天主教的农民胡安·迪亚哥（Juan Diego）经过此处，恰巧目睹了圣母的圣容。圣母用纳瓦特语指引他去告诉墨西哥主教在她现身之地建造一座庙宇的心愿。但是主教不相信胡安·迪亚哥所说，让他拿出证据。于是，圣母告诉迪亚哥去山顶上采摘一些玫瑰带给主教，当时正值严寒的冬天，而山上却真的有娇艳欲滴的玫瑰。迪亚哥将玫瑰裹在斗篷里来见主教，当他打开斗篷，玫瑰掉落下来，而迪亚哥的斗篷上竟然印上了圣母的形象。圣母有棕色的皮肤、黑色的头发，她双手合拢于胸前，双目下垂，好像在俯视苍生，她的目光亲切温柔，关注着人间的疾苦。主教诚惶诚恐，于是在特佩雅山上建造了庙宇，也就是今天墨西哥城的瓜达卢佩大教堂。庙宇盖成之后，印有圣母形象的斗篷被供奉其中，让朝拜的人前来瞻仰。有着棕色皮肤的圣母瓜达卢佩使得大量的墨西哥人皈依天主教，因为圣母瓜达卢佩不仅有着棕色的皮肤，而且她出现的地点正是他们崇拜的土著宗教女神托南钦（Tonantzin）[②]的庙宇所在之处，因此他们将圣母瓜达卢佩等同于托南钦，像崇拜托南钦一样崇拜圣母瓜达卢佩。因此，圣母瓜达卢佩身上融合了西方天主教中圣母玛利亚的元素及墨西哥土著宗教托南钦的元素。在墨西哥及美国奇卡诺文化中，圣母瓜达卢佩不仅是家家户户敬畏的神灵、墨西哥的保护神，同时也是顺从的妻子、慈爱的母亲的典范。

很多学者试图考证圣母瓜达卢佩名字的由来，有部分学者认为这个名字来自纳瓦特语的"Coatlaxopeuh"，意为"the one who crushes the serpent"（镇压蛇的人）。安扎尔杜瓦持有同样的观点，她在《边

---

[①] 即墨西哥的中心特诺奇蒂特兰（Tenochtitlan）被西班牙人攻陷10年后。

[②] Tonan，意为我们的母亲（our mother），而后缀-tzin表示尊重与崇敬。托南钦在土著宗教中是所有女性神祇的总称，比如代表接生婆的Cihuacoatl、蛇裙女神Coatlicue、月神Coyolxauhqui等等。

土》中追溯／重塑①了圣母瓜达卢佩名字的由来，将圣母瓜达卢佩的起源追溯到蛇裙女神那里。她在《边土》中论证，瓜达卢佩这个名字其实来源于Coatlalopeuh②，她将其译为"she who has dominion over serpents"（即"统治蛇族的女神"，她认为Coatlalopeuh是Coatlaxopeuh的变体）。她认为Coatlalopeuh是由蛇裙女神Coatlicue演变而来的。通过这种策略，安扎尔杜瓦将圣母瓜达卢佩形象与蛇裙女神建立了联系，颠覆了圣母瓜达卢佩原本驯顺、隐忍的形象，赋予了其蛇裙女神的强大力量。在古老的中美洲土著宗教思想中，"诸神及女神以成对的对立面的特质呈现是基本的（神话）建构原则"。（Blake，2008：27），例如蛇裙女神（Coatlicue，意为Serpent Skirt），她既象征着生命，也象征着死亡和重生。安扎尔杜瓦继而挖掘了瓜达卢佩在墨西哥文化中演变成圣母的过程，她认为瓜达卢佩起源于蛇裙女神，但是"男性统治的阿兹特克-墨西哥文化将女性神祇妖魔化，将她们驱逐于地下，用男性神祇取代她们的位置。他们将本来完整的、既拥有神性也有阴间力量的、既代表光明也代表黑暗的女性神祇劈裂开来"。（Anzaldúa，1987：27）于是，蛇裙女神这个在土著神话传说中生育了月神、太阳神及其他400个子女的众神之母被父权践踏于地下，她象征生命及重生的一面被父权话语湮没，而她死亡的一面越来越被突出出来，成为黑暗与死亡的象征。而她象征生命的一面，逐渐被父权话语塑造成了"大地母亲""我们的母亲""好母亲"托南钦。后来，西班牙殖民者入侵带来了西方的天主教，为了使土著人臣服，他们进一步将托南钦驯顺化，他们将天主教的圣母玛利亚与托南钦结合，塑造了驯顺的好女人、好母亲，圣母瓜达卢佩。在这个时期，"殖民者的宗教想将土著人纳入其统治之下，瓜达卢佩谦卑的态度和谦恭的姿态恰好反映了教堂想要的土

---

① 关于圣母瓜达卢佩的由来，学界一直存在争议。安扎尔杜瓦在《边土》中的考证是学界关于瓜达卢佩名字来历的观点之一，通过男权话语和宗教对女性神祇的构建过程，她透视了女性被父权制塑造为"他者"，成为"第二性"的过程。

② Coatlalopeuh是纳瓦特语，意为"统治蛇族的女人"，安扎尔杜瓦认为，因其发音与瓜达卢佩相似，因此西班牙语的瓜达卢佩其实来源于纳瓦特语的Coatlalopeuh。

著人的形象"。(Peterson, 1992: 40) 安扎尔杜瓦认为在这个过程中,"西班牙人和他们的宗教继续撕裂托南钦/瓜达卢佩,他们阉割了瓜达卢佩,将 Coatlalopeuh 中的蛇性 (serpent) /性欲抽离出来。他们完成了由纳瓦人肇始的、将瓜达卢佩塑造为贞女,而将蛇裙女神塑造为荡妇的分裂。他们甚至走得更远,将所有的印第安神祇和宗教活动都变成了魔鬼"。(Anzaldúa, 1987: 27-28) 殖民者剥夺了托南钦身上继承自她的先驱"蛇裙女神"的蛇性 (serpent),即性欲,因此圣母瓜达卢佩变成了无性的偶像。到此为止,阿兹特克-墨西哥文化和西班牙侵略者合谋完成了将具有蛇性及强大力量的女性神祇变成慈爱的母亲及无性的偶像的构建过程,因此,"作为耶稣基督命运多舛的母亲,圣母瓜达卢佩成为墨西哥天主教女性被动、顺从的偶像,她鼓励虔诚、纯洁、贞操及作为妻子和母亲不容置疑的顺从"。(Blake, 2008: 59) 一代又一代"年轻的天主教女信徒们被(母亲)告诫要像圣母瓜达卢佩一样。……因此对于奇卡诺文化,圣母瓜达卢佩代表着女性所有的美德:无私的奉献,大地与精神的综合,母性的理想特质"。(Rebolledo, 1995: 53)

从瓜达卢佩由蛇女到圣母的演变过程,我们可以看到女性被阿兹特克父权制文化、西班牙侵略者、天主教父权制、墨西哥父权制文化建构为"他者""第二性"的过程。

在墨西哥历史上,马林奇 (La Malinche)①确有其人。她是一个印第安土著女孩,在西班牙殖民者入侵后,她与其他 19 个女孩一起被当作礼物献给了入侵者,后来她因为杰出的语言才能而成为西班牙侵略者赫南·科尔特斯 (Hernán Cortés) 的翻译,她不但会说纳瓦特语,还会说玛雅语和西班牙语,她成了侵略者科尔特斯与土著人交流的重要中介。她后来成为科尔特斯的情人,为他生下了一个儿子。后来科尔特斯将她嫁给他的部下。她最后一次出现在历史记载中是科尔特斯带她和她的丈夫去洪都拉斯,她的身份依然是科

---

① "马林奇"并非其真实姓名,在墨西哥文化中,"马林奇"这一称呼在墨西哥文化中有叛徒、被强奸者等贬义。

尔特斯的翻译。至此,她就在历史记载中彻底消失了。在现代的墨西哥和奇卡诺文化中,马林奇却变成了妓女、叛徒的代名词。"马林奇从一个历史人物变成了墨西哥乃至拉丁美洲的女性原型形象,这个词语虽然有多重含义(polysemous),但总归都是负面的(negative)。"(Cypess,1991:2)

美国学者桑德拉·赛佩斯(Sandra M. Cypess)追溯了马林奇从受人尊敬的女性变成人人唾弃的女人的代名词的历史,从对马林奇的称呼的历史变迁,我们可以看到她的形象逐渐被父权制扭曲的过程,从而也可以看到父权制的墨西哥文化对于女性的压迫和束缚。马林奇被送给科尔特斯后,她立即接受洗礼、皈依天主教,教名为玛丽娜(Marina),被人尊称为"玛丽娜小姐"(Doña① Marina)。在殖民时代,她被称为"喉舌"(La Lengua,即英语 the language, the tongue),成为文化和种族融合(syncretism)的象征,被刻画成了第一个梅斯蒂索人(mestizo)的母亲。② 1810年墨西哥独立战争(1810 War of Independence)之后,新上台的执政者们为了刻意与殖民者划清界限,几乎颠覆了原来殖民者的一切话语,于是对这位殖民者科尔特斯的女翻译的称呼就由"玛丽娜小姐"变成了"马林奇","对于这位母亲式的人物的重新解读体现了后辈对先辈和他们所创造的体制的憎恨和反感。马林奇这个词有了蛇和墨西哥夏娃(Mexican Eve)之意,成为叛徒和诱惑男人的女人(temptress)的代名词"。(Cypess,1991:9)今天,墨西哥人还用这个词来形容那些离开家园、跨越到边界另一边的人。在奇卡诺运动时期,那些嫁给白人男性的、接受高等教育的奇卡纳女性以及女权主义者也被称作"马林奇"。1990年诺贝尔文学奖得主奥克塔维奥·帕斯(Octavio Paz)的一本名著使得马林奇这个词语更具贬损意味,这就是《孤独的迷宫》(The Labyrinth of Solitude,1962)。虽然学界普遍认为这部

---

① Doña,西班牙语,意为夫人、小姐,是西班牙人对女士的尊称。
② 马林奇与科尔特斯生育了一个男孩,而这个男孩被认为是第一个西班牙人与土著人的混血儿,当然这只是一种象征性的说法,因而马林奇被认为是墨西哥梅斯蒂索人象征性的母亲。

著作是了解墨西哥文化传统及墨西哥人思想的经典书目，但是在女权主义者的眼里，这却是一部臭名昭著的作品。在书中，帕斯将马林奇称作"被侵犯的母亲"（La Chingada，即 the violated / fucked mother）。帕斯认为男性是主动的、具有侵略性的、处于支配地位的，而女性是处于被动地位的，而西班牙殖民者与墨西哥被殖民者之间也是这样的关系。他将墨西哥被西班牙殖民的罪过推到弱女子马林奇的身上，并且认为马林奇是自愿献身于科尔特斯的。更加惹得女性主义者愤怒的是他还由马林奇一人概括出了所有女人的本性，认为"马林奇是女人本性的残酷化身"。（Paz，1962：86）"从'玛丽娜小姐'到'喉舌'到'马林奇'，再到'被侵犯的母亲'，马林奇是交换的对象、欲望的对象、语言的对象、蔑视的对象、侵犯的对象，马林奇这些名字的重叠交织的意义在父权统治下绵延了一代又一代。"（Blake，2008：42）因此，"与神圣的瓜达卢佩形成鲜明的对比，马林奇代表越轨者，她只是作为一个性存在而言说（speaks as a sexual being），她超出了母亲角色"。（Blake，2008：42）

"哭泣的女人"是一个墨西哥传说，有很多种版本，但所有的版本都将她视为妖魔，传说大致遵循如下脉络：一个女人被丈夫或情人背叛，为了报复，她杀死了他们的孩子，她死后灵魂夜夜在水边徘徊、哭泣，寻找他们孩子的灵魂，她的哭声会诱惑孩子或男人成为她的猎物。就像圣母瓜达卢佩一样，"哭泣的女人"也是西方文化与墨西哥土著文化相结合的产物。这个传说的西方元素事实上来自希腊神话中的美狄亚的故事，黛博拉·布莱克考证了这个传说的土著元素，指出了它可能的四种来源，总的来说，它们都来自于土著传说中的女神。（Blake，2008：46）"'哭泣的女人'也是墨西哥文化中母亲的象征，与马林奇一样，她是圣母瓜达卢佩的反面对比。……在美国西南部，这个传说尤其流行，它被当作一个鬼故事讲给孩子们，以警告它们远离河边，或者夜晚不要出门。"（Blake，2008：45）米兰迪和恩里克斯（Mirandé & Enríquez）将"哭泣的女人"形象总结为：她是一个消极的文化符号，一个"没有尽到母亲、妻子、情人、爱人、爱国者职责的女性"。（Mirandé & Enríquez，1979：

33）安扎尔杜瓦也指出："在'哭泣的女人'传说中，我们的文化将所有的恐惧和女人所带来的威胁的感觉都投射到了她身上，她于是变成了杀死自己孩子的坏母亲。"（Anzaldúa，2000：220）

## 第三节 含混文化身份的焦虑

墨西哥裔美国人身上背负了墨西哥、印第安及盎格鲁（甚至西班牙）文化等多重文化，他们的身份在两种语言、两个国家、两个世界（第一世界和第三世界）之间不断变动。

斯图亚特·霍尔在《文化身份问题》中将人的身份分为个人身份和群体身份，并且指出群体身份又叫社会的或文化的身份。国内学者王宁认为文化身份"主要诉诸文学和文化研究中的民族本质特征和带有民族印记的文化本质特征"。（王宁，1999：49）格尔纳认为："文化是现在必须的共同媒介，生命的血液，或者可能更像是共同所需的最低限度的空气，只要在这空气里社会的成员就能呼吸、存活和生产。对于一个给定的社会，它必须是这样一个东西：所有的成员都可以呼吸，都可以言说，都可以生产的东西，所以它就必须是相同的。"（格尔纳，转引自贺玉高，2006：94）因此，对于一个民族来说，一定要有一种共同的文化，这样才会使生存其中的人们有个人的归属感，"从而为现代世界中的人们提供一种身份意识和安全感"。（贺玉高，2006：91）本尼迪克特·安德森将这种"共同的文化"称为"想象的共同体"（imagined communities）。他认为虽然它们内部存在一些分裂，但必须忘掉这些分裂，把他们想象成一个共同体。（安德森，2003：5）美国墨西哥裔身负墨西哥、印第安、盎格鲁及西班牙四种文化，他们"想象的共同体"到底应该是什么？

墨西哥诗人及散文家奥克塔维奥·帕斯在《孤独的迷宫》中从历史、宗教、文化、心理等角度，深刻地分析和阐释了墨西哥民族的性格特征。他认为墨西哥显著的民族性格之一是"孤独"。墨西哥人的孤独源于他们无法找到自己的生命之根。帕斯认为"我们的孤独感是一种寻不到根的表现"。(Paz, 1962: 19; 转引自王军, 1994: 85) 他们这种寻不到根的孤独感源于"梅斯蒂索"痛苦地诞生了, 这就是墨西哥。他们对于自己的这段历史不愿意承认和面对, 对于马林奇的态度就是他们矛盾心理的体现: 一方面, 马林奇在他们的眼里代表着被西班牙人诱惑、强奸的印第安女性——"钦加达"(*chingada*, the fucked woman); 另一方面, 马林奇却是梅斯蒂索人的母亲。马林奇既是他们象征性的母亲, 也是他们唾骂的对象。他们因此认为自己的出身是不光彩的, 并且感到极大的耻辱。帕斯将这种心理描述为: "自从我们从母亲腹中出生的那一天起, 孤独就已经开始了, 我们跌入了一个陌生、充满敌意的世界。我们跌落下来, 这一跌落, 对这一跌落的领悟, 使我们觉得自己有过错。有什么过错呢? 一种无名的错误, 就因为我们出生了。"(Paz, 1962: 73; 转引自王军, 1994: 86) 墨西哥人既鄙视自己的印第安"母亲", 也仇视自己的西班牙"父亲"。"墨西哥人什么也不是, 只是一个抽象的'人', 一个孤儿。孤独感油然而生。"(王军, 1994: 86) 因此, "墨西哥人有漂泊不定, 无根无基, '仿佛悬挂在天地之间, 在不同的势力和力量之间摇摆'的孤独感"。(王军, 1994: 85) 可以看出, 因为被侵略的印第安文化与侵略的西班牙文化的融合, 墨西哥人有一种身份危机, 当他们出生的时候, 这种身份危机就伴随着他们, 并且会影响他们一生。

墨西哥人在自己的文化中都很难厘清自己的身份归属, 遑论移民到美国的墨西哥人。他们本身就很复杂的身份中又夹杂了美国盎格鲁主流文化的影响, 这使得他们更加体会到"漂泊不定, 无根无基"之苦。他们在美国主流文化中无法找到自己的位置, 当他们转身望向自己的祖国, 想要让祖国"母亲"接受自己时, 同样遭遇到拒绝与排斥, 在"母亲"的眼里, 他已经不是自己的孩子。很多墨西哥裔作家都描述过他们的这种感受, 他们感到自己在各种不同的意识形态和身份认同之间"被推过去拉过来, 滑过来滑过去, 无法完全归属于一个群体"。(Mora, 1995: 102) 安娜·卡斯蒂略在《屠杀梦想者》中也描述了这种无法找到自己身份的痛苦: "我既不是白人也不是黑人。根据美国和北美印第安人的标准，我也不能称自己为印第安人。"（Castillo，1994：21）因此，她称她们是"无国度的女人"（countryless woman）。桑德拉·西斯内罗斯也有过类似表述，她甚至将徘徊在两种文化之间的状态称为"精神分裂"（schizophrenia），她说："我们总是跨越两个国家，我们总是生活在精神分裂状态中，作为一个生活在美国社会的墨西哥女性，我两种文化都不属于。在某种程度上我们不是墨西哥人，在某种程度上，我们也不是美国人。"（Madsen，2000：108）格洛丽亚·安扎尔杜瓦则认为奇卡纳身上背负了墨西哥文化、印第安文化及盎格鲁白人文化这三种文化，她认为她们"生长于一种文化的摇篮中，生活在两种文化的夹层中，跨越三种文化和它们的价值体系"（Anzaldúa，1987：78），"她们有种恐惧：她们没有名字，她们有很多名字，她不知道她的名字"（Anzaldúa，1987：43）。奇卡纳文学评论家诺玛·阿拉尔孔将这种情况称为"多重声音主体性"（Alarcón，1990：364）。

  与美国墨西哥裔男性及其他少数族裔女性相比，墨西哥裔女性感受到更加深刻的身份困惑。身处种族、性别等多重边缘的墨西哥裔女性"发现自己甚至连'人类'这个群体都不属于，她们在种族、性别、性属和族性方面都被定义为'他者'。很明显，发出声音、再现自己、获得尊重是至关重要的。通常，这些都依赖于获得对某一群体的归属感"。（Weedon，2004：155）因此，墨西哥裔女性在美国社会中痛苦地挣扎，寻求自己的身份，寻求作为混血女性的她们的出路。安扎尔杜瓦在《边土》中的主要任务就是找寻墨西哥裔女性的身份。她在经历了愤怒的控诉与痛苦的心理挣扎之后，提出了墨西哥裔女性应该回归自己的印第安文化之根的解决办法，她建议她们从印第安文化中寻找自己的力量，并且承认与接受自己集多种文化于一身的处境，在殖民、种族、父权制宗教及文化、阶级等多重压迫之下找到自己的一席容身之地。

## 第四节　奇卡纳女性主义及"奇卡纳文学复兴"

　　20世纪六七十年代，美国社会风起云涌，各种各样曾经的弱势群体开始争取自己的权利，广为民众所知的有黑人民权运动、女权主义运动等等。受到黑人民权运动的影响，墨西哥裔美国人也开始争取他们自己的权利，这就是奇卡诺运动。奇卡诺运动有不同的中心，例如得克萨斯州的农场工人联盟（UFW, United Farm Workers）、新墨西哥州的"土地拨赠运动"（Land Grant Movement）等，其中以奇卡诺学生运动声势最为浩大，同时也获得了更为令人瞩目的成就。青年学生和其他年轻的运动积极分子们参加了"1969年奇卡诺青年解放大会"（1969 Chicano Youth Liberation Conference），在大会上，他们提出了"阿兹特兰计划"（El Plan de Aztlán，即 The Aztlán Plan），强调"要以阿兹特兰的文化遗产、语言及人文价值为荣"（de la Garza, 1979: 113-114）。在最初的奇卡诺运动中，女性积极分子以种族问题作为焦点，全力辅助男性的抗争活动，起到了不可或缺的作用。但随着运动的深入，女性逐渐体会到自己被运动中的男性同事边缘化，认识到所谓的"阿兹特兰计划"是以男性为中心的，他们强调自己的公共角色，而认为女性应该只属于家庭，因此，"学生运动中的奇卡纳们开始体会到她们想要在运动中扮演的角色和男性希望她们扮演的角色之间的矛盾"（Roth, 2004: 137），于是一些奇卡纳女性提出了"我们的文化，见鬼！"（Flores, 1971: 1）。她们向男性宣战，不再扮演奇卡诺运动的辅助力量和附属角色，她们不再仅仅将种族问题作为自己斗争的焦点，也将自己的注意力转向性别问题，这就是最初的奇卡纳女性主义者。1971年5月第一次"全国奇卡纳大会"在休斯敦召开，这次会议成为新兴的奇卡纳女性主义的里程碑，加强了奇卡纳女性主义者之间的联系，使得她们能够联合起来对奇卡诺男性的"大男子主义"（machismo）进行猛烈的批判。她们认为：大男子主义使得女性顺从于男性，被禁锢在家庭之中；不仅在家庭之中，在公共领域，女性也因为话语权被奇卡诺运动中男性的大男子主义剥夺而变得沉默。但是，奇卡纳女性主义者的所作所为遭到了男性甚至一些女性的反对,他们将她们称作"叛徒"。因此，女性主义者意识到她们应该建立自己的理论体系来对抗保守者对她们的批判。

一些奇卡纳女性主义者从墨西哥及奇卡诺的历史及古老的传说中寻找和挖掘榜样，一些女性历史人物，如17世纪的修女作家胡安娜·克鲁兹（Sor Juana Inés de la Cruz）、墨西哥革命中的"女战士"等等，在她们的挖掘之下，都变成了女权斗士。她们还颠覆及重新阐释了墨西哥传统文化中的一些女性形象，如马林奇（la Malinche）、哭泣的女人（la Llorona）及圣母瓜达卢佩（La Virgen de Guadalupe）。奇卡纳女性主义者认为马林奇和哭泣的女人是男权话语对女性形象的歪曲和丑化，她们重新阐释了马林奇及哭泣的女人形象，认为这两个女性形象使得被压迫的墨西哥女性发出了自己的声音，用自己的行动和生命反叛殖民者及男性权威，捍卫了女性尊严。作为这两个"坏女人"形象对立面的"好女人"——圣母瓜达卢佩也被奇卡纳女性主义者重新解读。她们认为圣母瓜达卢佩是西班牙殖民者及父权社会塑造出的隐忍、慈爱、贞洁的女性形象，以此驯顺的形象来驯化殖民地女性接受自己的现状，成为顺从的妻子、慈爱的母亲。奇卡纳女性主义者将这位慈爱的母亲、墨西哥的保护神，也诠释为一种奇卡纳女性身份的象征及具有反抗精神的形象。

其次，奇卡纳女性主义者还强调男女在家庭中的平等地位。保守主义者认为女性应该回归家庭，奇卡纳女性主义者利用保守主义者对家庭的强调，建立了家庭是反抗盎格鲁文化阵地的理念。但是，她们所倡导的"家庭"与保守主义者所谓的"家庭"是不同的，奇卡诺/保守主义者的"家庭"是男性中心的、充满厌女症情结的，而奇卡纳女性主义者则提倡家庭中男女地位的平等，从而与盎格鲁文化对抗。与黑人女权主义相似，奇卡纳女性主义也将她们的斗争视为对性别主义、种族主义及阶级压迫的反抗。

20世纪80年代开始，美国出现了"奇卡纳文学复兴"（Chicana

Renaissance）。奇卡纳女性主义理论、奇卡纳文学创作及奇卡纳文学批评在这一时期都取得了令人瞩目的成就。在理论方面，理论家们发展了奇卡诺运动／奇卡纳女性主义运动时期的女性主义思想。1981年，格洛丽亚·安扎尔杜瓦和切丽·莫拉加合编了具有开创意义的著作《称作我脊背的这座桥：激进有色人种女性书写》，里面收集了少数族裔女性的论文、诗歌、虚构性或自传性叙事等等，她们依旧关心运动时期理论家们关心的社会公平问题，同时也在其中加入了对于女性的性别及欲望等问题的思考。安扎尔杜瓦在1987年出版了另一本具有划时代意义的著作：《边土：新混血女性》，为奇卡纳女性主义树立了一面理论大旗，这部著作不仅成为奇卡纳女性主义的经典著作，而且也为少数族裔女性主义／第三世界女性主义／有色人种女性主义、同性恋理论和第三空间理论做出了重要贡献。在书中，她提倡奇卡纳女性的一种新混血女性（new mestiza）意识，即杂糅意识，包括人种的杂糅、文化的杂糅、宗教的杂糅、语言的杂糅、性别的杂糅等等。除安扎尔杜瓦外，切丽·莫拉加也出版了颇具影响的《爱在战时》，她在书中追溯了自己的心理历程，她的父亲是盎格鲁白人，而母亲是棕色皮肤的奇卡纳，她自己是浅色皮肤，完全可以装作（pass）白人，可是她却选择母亲一边，认同母亲的文化，选择做奇卡纳而不是白人。她批判了墨西哥／奇卡诺文化中的男权中心及同性恋恐惧症。她认为她承认自己骨子里的同性恋倾向并且勇敢地面对之后，才发自内心地感受到她的母亲所遭受的压迫——因为贫穷、没有文化和她奇卡纳的身份。她的《爱在战时》与安扎尔杜瓦一样，批判了种族主义、父权制、资本主义及殖民主义对墨西哥裔女性的压迫。其后，又有一些重要的奇卡纳女性主义理论先驱编著了融奇卡纳女性创作、文论于一体的文体杂糅性的著作，包括：安扎尔杜瓦编著的《塑造面孔，塑造灵魂》（*Making Face, Making Soul: Creative and Critical Perspectives by Feminists of Color*，1990）、卡拉·特鲁西略（Carla Trujillo）编著的《奇卡纳女同性恋：母亲警告我们不要做那样的女孩》（*Chicana Lesbians: The Girls Our Mothers Warned Us About*，1991）及《现存奇卡纳理论》（*Living*

*Chicana Theory*，1998）、由诺玛·阿拉尔孔、切丽·莫拉加和安娜·卡斯蒂略合编的《美国拉美裔女性之性》（*The Sexuality of Latinas*，1992）等等，这些著作成为奇卡纳女性主义理论的先驱之作。

20 世纪 80 年代开始，美国还涌现出了一批优秀的奇卡纳作家，桑德拉·西斯内罗斯于 1984 年发表了她的第一部小说《芒果街上的小屋》（*The House on Mango Street*），获得了巨大成功，为她赢得了 1985 年"前哥伦布基金美国图书奖"。该书被翻译成了多国文字，全世界销量超过 200 万册，被列入美国大学少数族裔文学与女性文学课程的必读书目，在 90 年代被主流出版社兰登书屋再版。安娜·卡斯蒂略于 1986 年发表了她的第一部小说《米斯基亚瓦拉书简》（*The Mixquiahuala Letters*），也获得了"前哥伦布基金美国图书奖"。她还分别于 1993 年和 1994 年发表了受评论家关注的小说《远离上苍》和颇有分量的奇卡纳女性主义理论著作《屠杀梦想者》，她在《屠杀梦想者》中创造了一个新词"xicanisma"，意为 chicana feminism，她将其定义为"美墨印第安女性主义"，这一词涵盖了奇卡纳女性集墨西哥、印第安与盎格鲁文化于一身的文化身份，得到了理论界的普遍认可。丹尼斯·查维兹于 1986 年出版的《最后的菜单女孩》（*The Last of the Menu Girls*）也为她赢得了"前哥伦布基金美国图书奖"。西斯内罗斯的短篇小说《喊女溪》入选《诺顿美国文学选集》（Volume E）。除了她们之外，玛丽·海伦·庞斯（Mary Helen Ponce）、海伦娜·玛利亚·维拉蒙特斯（Helena Maria Viramontes）等作家也引起了评论界的极大关注。还有一些诗人，如帕特·莫拉（Pat Mora）、洛娜·迪伊·塞万提斯（Lorna Dee Cervantes），剧作家如切丽·莫拉加（莫拉加是奇卡纳女性主义理论家，但也写了很多戏剧作品）、丹尼斯·查维兹（查维兹是小说家，同时也是剧作家）等等也成就斐然。可以说，20 世纪八九十年代是奇卡纳文学百花争艳的时代。

随着奇卡纳女性主义理论和奇卡纳文学的繁荣，奇卡纳文学批评在这个时期也呈现出繁荣的局面。20 世纪 80—90 年代，尤其是 90 年代后，出现了很多著名的奇卡纳文学评论家，如泰伊·戴安娜·瑞博莱多（Tey Diana Rebolledo），她于 1995 年发表了颇具影响的《雪中歌唱的女人们》(Women Singing in the Snow),对奇卡纳女作家和诗人的作品进行了系统的评论。阿尔文娜·昆塔纳(Alvina E. Quintana)于 1996 年发表了《居家女孩：奇卡纳文学声音》(Home Girls: Chicana Literary Voices),用"居家女孩"这个词语来比喻奇卡诺文化中的女性,在书中她评论了西斯内罗斯、卡斯蒂略、查维兹、安扎尔杜瓦和莫拉加的作品。索尼娅·萨尔迪瓦-胡尔(Sonia Saldívar-Hull)的《边界女性主义：奇卡纳性别、政治与文学》(Feminism on the Border: Chicana Gender, Politics and Literature, 2000)也是重要的奇卡纳女性主义理论及批评著作。黛博拉·麦迪森的《理解当代奇卡纳文学》(Understanding Contemporary Chicana Literature, 2000)对七位奇卡纳作家和诗人及其作品进行了介绍和评价,是奇卡纳文学批评的奠基之作。进入 21 世纪,美国出现了一批研究奇卡纳文学的学术新星,近年来不断有奇卡纳文学研究和批评的新作出版。评论家伊丽莎白·摩尔曼-约之维克(Elisabeth Mermann-Jozwiak)在《后现代方言：奇卡纳文学与后现代修辞》(Postmodern Vernaculars: Chicana Literature and Postmodern Rhetoric, 2005)中论述了一种"奇卡纳后现代主义"。她在书中论述了安扎尔杜瓦、西斯内罗斯、卡斯蒂略等作家的作品,指出她们作品中的奇卡纳后现代主义特征。她认为奇卡纳文学与后现代主义话语有很多重合、交叉的地方,奇卡纳文学不仅与后现代主义话语有重合之处,而且还为后现代主义的发展开辟了新的方向。卡特里奥纳·鲁埃达·艾思琪贝尔(Catriona Rueda Esquibel)的《她大刀在手：阅读奇卡纳同性恋者》(With Her Machete in Her Hand: Reading Chicana Lesbians, 2006)解读了一些奇卡纳同性恋作品。特蕾西·罗伯茨-坎普斯(Traci Roberts-Camps)在《墨西哥和奇卡纳女作家性别化的自我意识：女性身体作为政治反抗的工具》(Gendered Self-Consciousness in Mexican and Chicana Women Writers, 2008)中研究了四位当代墨西哥和奇卡纳女作家的作品对女性身体的再现,从女性身体空间及其遭受的暴力、女性的"卑贱"及女性对国家进步的作用、女性身体的肉欲、女性身体的可见及隐形四个方面分析了作品中女性身体的书写。苏珊娜·博斯特（Suzanne Bost）于2010年出版了《肉体：奇卡纳女性主义文学的疾病及身体政治》（*Encarnación: Illness and Body Politics in Chicana Feminist Literature*），书中用残疾研究理论分析了安扎尔杜瓦、莫拉加及卡斯蒂略的作品。

综上，20世纪80年代，由著名奇卡纳理论家格洛丽亚·安扎尔杜瓦发轫的奇卡纳女性主义运动兴起之后，美国奇卡纳文学进入繁荣期，形成了奇卡纳文学复兴的局面。作为墨西哥裔文学中一支强劲的力量，奇卡纳文学成为美国少数族裔文学及美国文学不可或缺的组成部分。

# 第二章　安娜·卡斯蒂略：不惧怕言说

安娜·卡斯蒂略 1953 年 6 月生于美国芝加哥。她的母亲来自墨西哥，而父亲则出生于美国。她从小生长于双语家庭，母亲和祖母说西班牙语，而父亲则精通英语和西语两种语言。在这样的家庭环境熏陶下，她也经常如父亲一样，不停地在两种语言间转换并以此为乐，与祖母和母亲讲话时说西语，在学校则讲英语。她来自一个普通的工人阶级家庭，由于无钱上私立学校，她一直接受的是公立学校的教育。从一个培养秘书的女子中学毕业后，她进入一所城市学院读书。两年后，她又进入东北伊利诺伊大学（Northeastern Illinois University）学习，于 1975 年取得了教授中学艺术的学士学位。1979 年，她进入芝加哥大学"拉丁美洲及加勒比研究中心"学习，取得硕士学位。1991 年，她在德国不来梅大学获得美国研究专业博士学位。

卡斯蒂略是本书所涉及的三位作家中最多产的一位。她涉足不同的文学形式，兼小说家、诗人、文论家、编辑等多重身份于一身。她出版过三本诗集，包括《女人不是玫瑰》（*Women Are Not Roses*，1984）、《我父亲是托尔特克人诗选 1973—1988》（*My Father Was a Toltec and Selected Poems，1973—1988*，1995）、《我的奢求》（*I Ask the Impossible*，2000）。她还在博士论文的基础上，发表了论文集《屠杀梦想者》（1994），她在其中发明了一个新词"Xicanisma"来取代奇卡纳女性主义这一术语，意为美墨印第安女性主义，这一词涵盖了墨西哥裔美国女性所有的文化身份，为理论界普遍接受，成为奇卡纳女性主义的另一个名称。她与诺玛·阿拉尔孔等人一起创办了《第三女性》杂志（*Third Woman*），成为该杂志的编辑。她编了《美洲的女神：关于圣母瓜达卢佩的写作》（*Goddess of the Americas:*

*Writings on the Virgin of Guadalupe*，1996）一书，还与诺玛·阿拉尔孔和切丽·莫拉加一起合编了《美国拉美裔女性之性》（*The Sexuality of Latinas*，1992）。她与诺玛·阿拉尔孔一起将安扎尔杜瓦和莫拉加编的《称作我脊背的这座桥》译成了西班牙语。1986年她出版了第一部小说《米斯基亚瓦拉书简》，并因此获得了"前哥伦布基金美国图书奖"（American Book Award from the Before Columbus Foundation），还被国家艺术基金会（National Endowment for the Arts）选入法兰克福、布宜诺斯艾利斯书展。她的第二部小说《萨波哥尼亚》（*Sapogonia*，1990）①是一部实验性及政治性非常强的小说，在小说中她从一个男性叙事者／主人公的视角讲述了与女主人公爱恨纠缠的故事，控诉了父权制对于女性的戕害和毁灭。第三部小说《远离上苍》（*So Far from God*，1993）为她赢得了1993年"卡尔·桑德堡文学奖小说奖"、1994年"山与原图书奖"，并且"为她带来了世界性的赞扬"（Milligan & Catillo，1999：19）；《洛杉矶时报》认为这部小说是美国的《百年孤独》，《华盛顿邮报》称其为"一首女性忍耐力的赞歌"。她后来又出版了几部小说，其中包括短篇小说集《花花公子》（*Loverboys*，1996）、《像剥洋葱一样剥开我的爱》（*Peel My Love Like an Onion*，1999）、《监护人》（*The Guardians*，2007）等。她还是重要的奇卡纳女性主义理论家，与奇卡纳女性主义先驱者格洛丽亚·安扎尔杜瓦和切丽·莫拉加一起并称为奇卡纳女性主义理论的"三驾马车"。

卡斯蒂略是本书论述的三位作家中反抗性最为强烈的一位。上大学时，她的政治意识开始觉醒。促使她政治意识觉醒的原因有二：一是因为她大学时期，正值美国奇卡诺运动在大学校园开展得轰轰烈烈之时，她也积极投身其中，加入了东北伊利诺伊大学的奇卡诺学生联盟，开始写作一些诗歌。她曾说过那时她"开始有意识地以一个拉美裔女诗人、政治诗人，或是所谓的抗议诗人的身份谈论这

---

① Sapogonia 在小说中是一个虚构的地名，位于中美洲，是所有梅斯蒂索人象征性的家园。

个国家中拉美裔人们所遭受的经济上的不平等"。（Saeta & Castillo，1997：139）二是因为她在大学时期遭受了巨大的心理挫折。她从小喜欢绘画和阅读，对于绘画的喜爱更加强烈，但是教授们对少数族裔学生的冷漠和忽视让她感受到了巨大的挫折，以至于她本来主修艺术教育，但毕业后从未踏足这一职业，而是将写作作为她终身的职业。她说："作为一个主修艺术的学生，我非常有挫折感，因此将要毕业之时，我选择了写作。我有了心理障碍，不能再画画了。"她经历了教授们严重的种族歧视，因为她是墨西哥裔，而"教授们在课堂上毫不犹豫地侮辱波多黎各人和墨西哥人。……在他们的课堂上，我没有获得任何的营养和指导；我只感受到了气馁。无论何时我展示我的作品，总是受到批评或者完全被忽略"。（Torres，2007：173-174）老师们对她的批评或忽略让她感觉到自己是一个"无名鼠辈"。大学的经历让她感到"芝加哥原来是这样一个充满种族主义的城市"（Torres，2007：152）。卡斯蒂略大学时代的经历对她后来写作生涯中的强烈政治性和批判性是有很大影响的。在这个时期，她不仅种族意识有所觉醒，而且性别意识也开始觉醒。她自称1977年是她生命中最糟糕的一年，她自己参加奇卡诺运动的热情遭到了来自女权主义运动和奇卡诺运动的双重打击，因为她认为女权主义运动是由白人主宰的，而奇卡诺运动则对性别问题漠不关心。她有些心灰意冷，于是投入精力写自己的一本小册子《邀请》（*The Invitation*）来"邀请别人一起为自我之爱（self-love）而庆祝"（Castillo，1995: xix），同时也揭露她的男性同事们的大男子主义。

　　作为一个棕色皮肤的女性，卡斯蒂略时时处处感受着美国社会带给她的种种压迫，甚或是比压迫更让人窒息的忽略和遗忘，这些都成为她在作品中探讨奇卡纳女性处境的催化剂。她认同自己是一位奇卡纳作家。她说："如果你认为自己是奇卡纳作家，那么这就变成了你职责的一部分，因为奇卡纳是一个政治术语。这个词传达的是一种政治意识。你的职责之一就是拯救那些被我们的母亲所抛弃的、为我们的文化所拒绝的传统。"（Milligan & Castillo，1999：22）她认为在美国文学里存在一个空白（void），即反映像她一样经历的奇卡纳女性文学的空白,而她的任务就是填补这个空白。她的很多写作思想都在《屠杀梦想者》中得到了体现。这本书的名字源于阿兹特克文明时期的一个典故:16世纪,在阿兹特克帝国陷落之前,首领蒙特祖玛(Moteuczoma)将数千名梦到阿兹特克覆灭的人召集到一起,下令将他们杀掉。但是他这种掩耳盗铃的方式并没有阻止阿兹特克文明的覆灭。① 卡斯蒂略将"因为男权者的扩张(phallocratic aggrandizement)和好战者的财富积累而生命权遭到轻慢,精神被覆灭"(Castillo,1994:16)的人们比作梦想者,他们被剥夺了言说的权力,变得沉默。《屠杀梦想者》对于卡斯蒂略来说,意味着:"如果我们不敢做梦……如果我们害怕憧憬(vision)……如果我们害怕言说。换句话说,如果我们甘愿冷漠,我们的社会、我们的文明、我们地球的末日就无可避免。因此,我们必须做些什么。我们必须有梦想。我们必须相信我们的直觉。我们必须言说。这正是我在《屠杀梦想者》中想要传递的信息:拥有憧憬,并且**不要惧怕言说**。"(Saeta & Castillo,1997:149)

## 第一节 "蛇裙女神"式的圣母

本书第一章论述了墨西哥及奇卡诺文化中的三位重要女性原型:圣母瓜达卢佩、马林奇和"哭泣的女人",追溯了她们被父权制、天主教及西班牙殖民者的话语塑造、扭曲的历史。从奇卡纳文学复兴开始,奇卡纳女性主义者颠覆了父权话语塑造出的许多女性原型的刻板形象,从女性主义的视角重新解读这些形象,赋予她们力量,让她们成为女性抗争的榜样。例如安扎尔杜瓦,她重新解读了蛇裙

---

① 根据阿兹特克文明之前的托尔特克文明的传说,托尔特克人的主神(同时也是阿兹特克人的主要神灵)羽蛇神驾舟东去,他曾经预言:500年后他将从东方返回,他在传说中的形象是白皮肤、长胡子。因此当科尔特斯到来时,阿兹特克人看到他们的白皮肤,将科尔特斯误认为是传说中的羽蛇神,因此他们对入侵者抱着敬畏的态度。西班牙人到来后,烧杀掳掠,阿兹特克人终于清醒,于是开始反抗。他们开始了艰苦卓绝的特诺奇蒂特兰保卫战,直至弹尽粮绝。1521年,他们的首领夸乌特莫克(Cuahutemoc)遇害之后,阿兹特克帝国宣告灭亡。

女神和圣母瓜达卢佩，将她们塑造为奇卡纳女性的榜样。现在陈列于墨西哥城国家人类和历史博物馆（National Museum of Anthropology and History）的蛇裙女神的石雕就是父权话语对女性神祇贬损的一个表现。这个石雕中蛇裙女神的模样非常恐怖，她身穿扭曲的蛇做成的裙子，戴着人心、手和骨制成的项链，她被砍掉头颅后的脖子里喷出两条大蛇，象征着喷薄而出的血液。从这个雕像我们可以看出，蛇裙女神的形象是多么恐怖。安扎尔杜瓦认为这是当时好战的父权社会对这个既代表生命也代表死亡的神祇的贬损，他们只突出了她死亡的一面。安扎尔杜瓦将进入"蛇裙女神状态"（the Coatlicue State）作为发展新混血女性意识的重要前提。她认为新混血女性需要从土著文化遗产中寻找自己的文化之根，而土著神话传说中的蛇裙女神（the Coatlicue）体现了新混血女性身上所应具备的特质。安扎尔杜瓦认为她"是一座山，她巨大的子宫孕育了所有天上的神灵；她是掌控生死的女神，她带走生命；她是宇宙进程的化身"（Anzaldúa，1987：46），她热情地赞美了蛇裙女神既象征生命又象征死亡和重生的特质，认为她消解了二元对立，超越了二元对立思想，她将此称为"蛇裙女神状态"。安扎尔杜瓦所倡导的新混血女性意识的本质是女性的抗争意识和对差异的包容态度，而蛇裙女神状态消解了墨西哥及奇卡诺文化中根深蒂固的男性／女性、贞女（la Virgin）／妓女（la Malinche）等等二元对立思想，是安扎尔杜瓦所倡导的新混血女性意识的最好体现。她还重新解读了圣母瓜达卢佩，她将圣母瓜达卢佩的起源追溯到蛇裙女神那里。通过这种策略，安扎尔杜瓦将圣母瓜达卢佩形象与蛇裙女神建立了联系，颠覆了圣母瓜达卢佩原本驯顺、隐忍的形象，赋予了其蛇裙女神的强大力量。除了安扎尔杜瓦之外，还有一些奇卡纳理论家、作家或评论家也重新阐释了圣母的形象，颠覆了其在传统文化中驯顺、隐忍的刻板形象。例如作家丹尼斯·查维兹将圣母描述为上帝女性的一面，在她看来，圣母"是上帝女性的一面，比传统天主教或新教中愤怒的上帝有更加女性化的层面。我更愿意将她看作一个精神性的存在，在其中，母亲是核心"（Blake et al.，1994：19）。黛博拉·布莱克认为：在崇拜圣母的基础上，女性还将她看作她们追求独立的象征，"一种对既定的主体性①的抗拒和一种对社会和文化准则的重新协商（如离婚、单身母亲、婚前性行为、对身体的接受、拒绝婚姻和生育等等）"。（Blake，2008：126）

综上可以看出，自奇卡纳女性主义运动以降，圣母瓜达卢佩已经不再是那个无性的、贞洁的、驯顺的、温和的、隐忍的母亲，墨西哥人的保护神，她被奇卡纳女性主义者赋予了丰富的含义及强大的力量。

## 一、走向"蛇裙女神状态"

"为了重建一个焕然一新的世界，卡斯蒂略摧毁了很多父权社会中根深蒂固的原型形象。"（Sirias and McGarry，2000：87）在她广受好评的《远离上苍》中，她就塑造了一个并非圣母瓜达卢佩，而是更接近于蛇裙女神的母亲形象——索菲。

《远离上苍》（1993）是一部奇卡纳女性主义小说。故事的主人公索菲有四个女儿，生活在新墨西哥的小镇多姆（Tome），她独自抚养她们长大，却又亲眼见证了自己四个女儿的死亡：大女儿埃斯佩朗莎（Esperanza）是一名新闻主播，海湾危机时被派到沙特阿拉伯采访，后来被俘遇害；二女儿卡里达（Caridad）与自己的同性伴侣一起跳下悬崖；三女儿菲（Fe）为了实现自己的"美国梦"而受骗去了一家制造化学武器的公司，因为吸入过多化学物质而罹患癌症身亡；四女儿洛卡（La Loca）离群索居，除了跟母亲接触，从不跟任何外人来往，却莫名死于艾滋病。四个女儿的死亡并没有让索菲倒下，她不仅成为小镇的精神领袖，带领小镇上的女性富裕起来，而且发起成立了一个国际知名的组织（殉道者及圣徒之母M.O.M.A.S.），担任了三十多年的领导人。一些评论家将《远离上苍》归类为魔幻现实主义小说，称卡斯蒂略继承了拉美的魔幻现实主义传统。小说中确实有很多魔幻的因素，但更多的是卡斯蒂略奇

---

① 既定的主体性指父权社会强加于女性身上的行为准则。

卡纳女性主义思想的表达,她在小说中塑造了像"蛇裙女神"一样拥有强大力量的女主人公及其女儿们这些奇卡纳女性形象,描绘了以母亲为联系纽带的家庭和社区模式,表达了卡斯蒂略追求女性阿兹特兰的理想。

自从被阿兹特克男权话语、西班牙殖民者和天主教塑造为理想的女性形象以来,圣母瓜达卢佩都作为马林奇(La Malinche)和哭泣的女人(La Llorona)所代表的"坏女人"的对立面存在着。圣母瓜达卢佩不仅被尊崇为墨西哥的保护神,她还是顺从的妻子、慈爱的母亲的典范。"作为耶稣基督命运多舛的母亲,她成为墨西哥天主教女性被动、顺从的偶像,她鼓励虔诚、纯洁、贞操及作为妻子和母亲不容置疑的顺从。"(Blake,2008:59)"年轻的天主教女信徒们被(母亲)告诫要像圣母瓜达卢佩一样。……因此对于奇卡诺文化,圣母瓜达卢佩代表着女性所有的美德:无私的奉献,大地与精神的综合,母性的理想特质。"(Rebolledo,1995:53)索菲是一个圣母瓜达卢佩式的好母亲。她独自一人抚养大四个女儿,操持着繁重的家务,当她的女儿一个个遭遇生命中的劫难,她不离不弃地陪伴在她们身边,给她们身体上及精神上的抚慰:小女儿洛卡死而复生时,她为了保护自己的女儿敢于咒骂神父,因为洛卡不能闻到人的味道而远离人群,只有索菲一直陪伴着她;二女儿卡里达遭遇蹂躏后很长时间里都住在医院昏迷不醒,她和洛卡一直陪护在她身边,直到卡里达奇迹般地苏醒过来;三女儿菲被男友抛弃后精神失常,整日尖叫,索菲为她流泪,给她找来抛弃她的男友,想让他们复合;大女儿埃斯佩朗莎被派到沙特阿拉伯,她整日为她提心吊胆。

这些年里,可怜的索菲从未有过一时一刻的放松,没有庆祝过生日,没有庆祝过新年前夜,没有参加过圣诞九日庆典(Christmas Posadas①)。她从未参加(别人的)婚礼、洗礼、第

---

① Christmas Posadas 是墨西哥一种重要的庆祝圣诞的形式,庆祝活动从12月16日起到12月24日圣诞前夜每晚举行,共持续九天时间。庆祝时,人们挨家挨户地走访,象征着刚出生的耶稣的拜访者。

一次领圣餐、坚信礼（Confirmation）、高中毕业典礼。没有为女儿们举办过十五岁成年礼（Quinceañera①）。什么都没有。她甚至也没有参加过守灵或葬礼，虽然出于对逝者家人的尊重她一直想去。但是每个人都理解她。她一人带着四个孩子。人们还能指望她什么？

索菲从没有一刻放松过。当然，带着那个古怪的不能接近人群的孩子，谁能责备她？她哪儿也去不了，也没人能在她家待太久。"被抛弃的索菲"尽力了，她在条件允许的情况下尽可能带好女儿们。（Castillo，1993：133-134）

索菲善良、慈爱，是一个疼爱女儿的好母亲，她能够咬牙承受生命中一切磨难甚至是女儿们的死亡，但是她绝不是传统意义上顺从、隐忍的圣母瓜达卢佩。她拥有巨大的力量和强烈的反抗精神，在索菲身上我们可以找到蛇裙女神的影子。

小说中，索菲经历了精神的成长及政治意识的逐渐觉醒，由无意识地挑战权威到有意识地反抗种族、阶级及性别压迫，最终成为家庭及整个社区的女家长。最初，索菲只有一种不自觉的反抗意识，当丈夫不务正业，几乎把她和女儿赖以生存的土地输光时，她赶走了他，自立自强，独自抚养四个女儿长大。她忍受着生活中的一切磨难，承受着女儿一个个离她而去的痛苦，直到最后她忍无可忍，决定起来抗争，从此，她变成了"'革命的'母亲"（Schoeffel，2008：57）。出走二十年后的丈夫回到家里，依然嗜赌如命，把索菲的房子输了出去，虽然对于传统的天主教家庭来说，"离婚是不可能的"（Castillo，1993：218），但这次索菲毅然决然跟他离婚。失去了丈夫、女儿、土地、房子之后，她变得几乎一无所有，过完五十二岁生日两天后，她突然顿悟："（她）一生都在做一个好女儿、好妻子、好母亲，或者至少她努力试着去做，现在她问自己，'为了什么？去

---

① Quinceañera 意为女孩的十五岁成人礼，在一些拉美国家，女孩十五岁生日这天父母要为女儿举办隆重的成人礼，表明女孩已经长大成人。

他的！'。她大声地说，然后在胸前划了十字。现在没有母亲可以敬重，没有父亲可以尽孝，没有女儿们可以为之牺牲，没有牧场可以打理，没有土地可以耕种。什么值得指望的东西都没了。"（Castillo，1993：218）

索菲的前半生像蜡烛一样，奉献给了别人，最后却失去了一切。一直逆来顺受的她意识到自己只知道一味承受而不求改变、从不抗争，因此才失去一切。做了半生家庭妇女的索菲萌生了竞选镇长为多姆镇带来一些改变的念头，"我要为社区的进步做事！"（Castillo，1993：138）她称她的亲戚为"循规蹈矩的人"。"我女儿埃斯佩朗莎过去常这样叫那些从未想过做任何改变的人！她说，因此我们才会如此贫穷，如此让人遗忘！"（Castillo，1993：139）她带领社区的人们成立了养羊及羊毛纺织合作社，为他们带来了物质及精神上的财富；她还发起了一个国际性的组织—M.O.M.A.S.（殉道者及圣徒之母），自己担任了三十多年的领导人。"M.O.M.A.S.就像用女性和母亲替代了梵蒂冈，作为这个组织的终身领导人，索菲成为教皇的女性及女家长式的替身。"（Schoeffel，2008：62）。我们可以看到，索菲不仅成了多姆镇世俗意义上的领袖，也成了镇里人们精神上及宗教上的领袖，她以一个女性教皇的形象取代了高高在上、凛然不可冒犯的男性教皇的位置。

索菲不仅敢于挑战奇卡诺文化中的父权制，还勇敢地向压抑女性的天主教发出了挑战。卡斯蒂略在她的论文集《屠杀梦想者》中曾经论述过作为墨西哥的主要文化特征之一，天主教父权制深深地植根于墨西哥及奇卡诺文化中。卡斯蒂略出生于天主教的家庭，但是她的父母都没有对宗教的狂热感，因此卡斯蒂略对天主教也抱着可有可无的态度，她觉得很幸运，因为正是这样的态度导致她十八岁就放弃了天主教，开始了别的灵魂寻求（soul searching）的实践，正是因为没有将自己的精神世界完全寄托于天主教，她才能从一个非常客观的、批判的视角来对其进行评价。天主教的本质是父权制的，天主教的上帝"父亲"使得奇卡纳女性认为"作为女性，她们存在的目的就是以侍奉上帝父亲的名义来侍奉男性"（Castillo，

1994：13），这种父权制的宗教还塑造出了圣母玛利亚、圣母瓜达卢佩这样驯顺、贞洁的女性形象，反过来贬损夏娃、马林奇这样的女性，让她们成为人类堕落、文明覆灭的替罪羊。在这样的宗教教条的规训之下，女性不得不恪守自己女性的本分，压抑自己的欲望，避免背上"马林奇""叛徒"的恶名。作为一个奇卡纳女性主义者，卡斯蒂略曾抨击："我们（女性）的精神性完全被制度化的（天主教）宗教习俗颠覆。"（Castillo，1994：13）她的很多文学作品都批判了天主教父权制对女性的压迫，"寻求一种没有性别压迫的宗教精神"（Rodriguez，2000：73），她曾放言："我的目标之一就是让教皇把我所有的作品都列为禁书。"（qtd. in Madsen，2000：80）她1986年的获奖小说《米斯基亚瓦拉书简》（*The Mixquiahuala Letters*）就激烈地批判了宗教的虚伪和残忍。女主角特丽莎（Teresa）问女友艾丽西亚（Alicia）："你知道教堂的味道吗？"她回忆了自己十八岁时在教堂忏悔时遭到自以为是的神父盘问贞操的经历，虽然还是处女，但神父想当然地认为她一定有跟男人在一起的欲望，特丽莎羞愧难当，满脸泪水，愤怒地跑出了忏悔室，从此再也没有进过教堂。在卡斯蒂略的笔下，教堂和天主教并不是能给人的心灵带来慰藉的圣地，而是父权制文化的同谋，父权制的宗教与父权制的文化传统两者合谋来压迫女性、压抑女性欲望、控制女性身体。

小说一开始，索菲三岁的小女儿洛卡在葬礼上死而复生，神父惊慌失措，质问洛卡："你是魔鬼的使者还是长着翅膀的天使？"出于母爱的本能，索菲对神父这种毫无人道主义精神的说法给予了反击。"'你敢！'她朝神父尖叫着，指责他，用拳头捶打，'你居然这么说我的宝贝！你竟敢有这种无耻的想法！魔鬼不会带来奇迹！而这是一个奇迹，是对一个心碎母亲日夜祈祷的回应。你这个无知的男人，笨蛋！'"（Castillo，1993：23）听到她这番话的人们都在胸前划着十字，祈求上帝的宽恕。在他们看来，咒骂神父是一种渎神的行为。在毫无悲天悯人之情、只会公事公办的神父面前，作为一个柔弱的母亲，索菲对代表着上帝权威的神父发起了挑战，开启了她挑战父权及神权之旅。

安扎尔杜瓦在《边土》中愤怒地控诉了墨西哥裔女性的境遇："300年来，她一直是奴隶，廉价劳动力，被西班牙人甚至是她自己的人民殖民。300年来，她是隐形的（invisible），她是沉默的。……她没名没姓（faceless），不能发声（voiceless）。"（Anzaldúa，1987：22-23）有学者也论述过墨西哥裔女性的隐形状态（invisibility），她认为"如果（女人）失去了性方面对男人的诱惑力，或者由于做了母亲而不再会吸引男性凝视的眼光，不再会吸引社会凝视的目光，那么这个女人就成了隐形的"。（Roberts-Camps，2008：160）在男性主导的社会中，像索菲这样贫穷、没有文化的墨西哥裔女性，她们的人生止于"桃李春风结子完"，男人和社会凝视的目光不会在她们的脸上停留片刻，她们是隐形的。索菲自从成为母亲之后就变成了隐形的、沉默的，就像前面所说："她一人带着四个女儿，人们还能指望她什么？"她的人生只有一个角色，就是母亲，没有人指望她能扮演什么社会角色，她几乎被社会遗忘，但让人惊讶的是，女儿们的死并没有让她倒下，反而激起了她抗争的意识，促进了她政治意识的觉醒，推动了她由母亲角色向社会角色的快速转变。安扎尔杜瓦说："在我们的文化中，女人只有三种角色：要么做修女，要么做妓女，要么做母亲。现在，我们中的一些人已经有了第四种选择：通过教育或者职业进入社会，成为自治的人。"（Anzaldúa，1987：17）索菲跳出了修女-妓女-母亲的窠臼，通过职业不仅使自己，并且也帮助其他的女性走上了自立的道路。

因此，我们既可以说索菲是蛇裙女神式的女性，有强大的力量，也有无穷无尽的反抗精神，也可以说她是具有反抗精神的圣母瓜达卢佩，"将瓜达卢佩理解为既顺从又反抗的女性形象运用在索菲身上非常适合，她（索菲）最初是母性的顺从和自我牺牲的缩影，但同时也展现出了隐蔽在弱者面纱下的些微的反抗精神，最后她有了完全成熟的政治意识来反抗压迫"。（Schoeffel，2008：56）可以说，索菲是"蛇裙女神"式的圣母。她身上集中了传统的瓜达卢佩自我牺牲的一面和蛇裙女神（反抗的圣母瓜达卢佩）强大、反抗的一面，她超越了瓜达卢佩/马林奇的二元对立，达到了安扎尔杜瓦所论述的"蛇裙女神"那种将二元对立面融合于一身的状态。

## 二、寻找以母亲为联系纽带的女性阿兹特兰

阿兹特兰，是传说中阿兹特克人的发祥地。20 世纪六七十年代的奇卡诺运动中，一些奇卡诺民族主义者提出了"阿兹特兰计划"（*El Plan De Aztlán*），他们将阿兹特兰视为他们的精神家园。他们宣称阿兹特兰位于美国的西南部，原本是属于他们的祖国墨西哥的领土，但在 1846—1848 年的墨西哥战争中被美国侵占，他们因此失去了阿兹特兰——自己的家园。

在奇卡诺运动中，女性做出了巨大贡献，但她们发现，虽然奇卡诺社会活动家表面上欢迎女性参与到运动中来，事实上她们是被奇卡诺运动排除在外的。可以说，所谓的"阿兹特兰"只是属于男性的乌托邦。奇卡纳女性对此深为不满，因此她们发起了轰轰烈烈的奇卡纳女性主义运动，致力于寻找女性自己的"阿兹特兰"式的精神家园。

莫妮卡·考普认为奇卡纳文学涉及一个重要问题，家和家庭生活。她在《奇卡诺和奇卡纳文学对北美边界的重写》中研究了一些奇卡纳作家/理论家的作品，认为她们的作品都遵循一个相似的模式：离家（即离开父亲和兄弟统治的家庭）—归家。与其他的少数族裔女性一样，奇卡纳女性对家的态度是非常矛盾的，她们一方面将家看作庇护所、避风港，可以为她们遮挡外面世界的风雨，但另一方面，家庭又是男性占统治地位的地方，她们在这里充分体会到了男性的压迫。考普在书中分析了安扎尔杜瓦、莫拉加、卡斯蒂略和西斯内罗斯等几位奇卡纳作家的作品，并且论述了她们的作品遵循了上述离家—归家的模式。她认为安扎尔杜瓦在她的《边土》中首先进行了"离家"的仪式，批判和解构了父权制和恐惧同性恋的传统家庭，为奇卡纳女性寻找了新的"家"——边土——来替代传统意义上的家，消解了其包含/排斥的二元对立，使其变成了一个包容和协商差异的地方；莫拉加与安扎尔杜瓦一样，也首先"离家"，她在《爱在战时》中批判了父权制和恐惧同性恋的奇卡诺文化，作

为同性恋者，在《最后一代》(The Last Generation) 中她致力于为奇卡纳女同性恋寻找一个"同性恋阿兹特兰"(queer Aztlán)，但考普认为，虽然莫拉加与安扎尔杜瓦的出发点是相同的，但她们为奇卡纳女性寻找的"家"却完全不同，安扎尔杜瓦致力于将家的概念向外延伸，寻求一个包容差异的边土之家，而莫拉加则着力改变家里内部的状态，"努力将家庭恢复为女性主义-同性恋的生活模式"。(Kaup，2001：232)；考普认为卡斯蒂略与莫拉加相似，在她的《屠杀梦想者》一书中也致力于为奇卡纳女性寻找归家之路，她与莫拉加有着同样的怀旧心态，她为她们寻找的是前阿兹特克文明时期（母系社会时期）那种以母亲为联系纽带（mother-bond）的"家"。在《屠杀梦想者》中，卡斯蒂略提倡建立一种"以母亲为联系纽带的原则"(the mother-bond principle)，这与她在《远离上苍》中表达的思想非常契合。无论是家庭主妇时期还是参与社会事务时期，索菲都实践了这一原则，学界毫无争议地认为索菲是女家长，她不仅建立了一个以她为中心的家庭，同时也建立了一个母系的社区，一个女性的阿兹特兰。

学者罗兰·沃特认为"卡斯蒂略所塑造的社区模式是一种对于身份缺失、同化和盎格鲁文化播散的乌托邦式的解决办法"。(Walter，1998：91) 在《屠杀梦想者》中，卡斯蒂略倡导建立一种女性互助合作的社区模式，在这样的模式下，女性不再只以孩子为中心，她们也知道善待自己。她认为"做母亲绝不意味着自我牺牲或者做传统赋予女性的殉道者、受难者角色。作为奇卡纳女性主义者，无论是否生物学意义上的母亲，我们应该学会集合我们天生的母性特质，将它们应用于善待我们自己、我们之间的关系和我们的孩子"。(Castillo，1994：204) 在《远离上苍》中，卡斯蒂略实践了这种乌托邦的模式，索菲建立的养羊及羊毛纺织合作社就是美好的女性乌托邦。索菲深知女人抚养孩子的艰难，也深知女人受教育的重要性，于是合作社的"母亲们不担心她们的孩子和照顾孩子的问题，因为她们可以带孩子上班。……对于一些女人，合作社最有特色的地方就是她们跟当地的两年制专科学校取得了联系。根据她们从经营生意中学到的各项技能,她们可以取得学校的学分,还有可能得到商业或艺术学位。如果她们在家里干家务活或者是在饭店当服务员,多少年都不可能得到这些"。(Castillo,1993:147)

索菲不仅在多姆镇建立了母系的社区,还为她的女儿们创建了一个母系的家庭。索菲为女儿们提供了一个避风港,一个远离男性主导世界的女性乌托邦,女儿们在外经历了风刀霜剑,都会回到家里来寻求母亲的慰藉。"女儿们只有重新回到家里,重新找到她们的身份、她们的精神慰藉和她们的力量,才能面对外界的混乱。"(Lanza,1998:68)大女儿埃斯佩朗莎离开家庭,去追寻她自己的生活,同时也走向了自我毁灭,最终成为男性世界的牺牲品。"离开家庭、她的母亲、她的姐妹,她就像离开了孕育一切生命的大地母亲,最后她还是得回到大地母亲的怀抱里。"(Castillo,1993:68-69)她客死异乡,但死后魂归故里,化身为"哭泣的女人"回到了家里,来寻求母亲及姐妹的慰藉,同时也以自己的经历告诫她们外面世界的险恶。家里人经常可以见到埃斯佩朗莎的灵魂,"索菲也看到了埃斯佩朗莎。有一次,刚开始她还以为是做梦,埃斯佩朗莎依偎在她身旁,就像她小时候做了噩梦一样,来到母亲身边寻求安慰"。(Castillo,1993:163)

索菲的三女儿菲也像埃斯佩朗莎一样,选择离开家庭进入白人和男性主导的社会去追寻她的"美国梦",但最终也导致了她的自我毁灭。菲非常看不起自己的母亲和姐妹,以她们为耻,"有时候她想跟埃斯佩朗莎说话,就躲开其他的姐妹、母亲和家里养的牲畜,因为她不明白她们为什么会那么自甘平庸,那么没野心"。(Castillo,1993:28)她急切地走出了家庭,去拥抱白人主流文化。为了早日实现她的"美国梦",她放弃了稳定的银行职员工作,进入了高薪的化学武器制造公司,却因长期暴露在化学物质环境中而身患癌症。在临死之前,她回到了家里,"她终于意识到了家庭是她慰藉、智慧和精神的源泉,但这是在经历了外面世界对她极力的摧残之后"。(Lanza,1998:72)"她发现她哪儿都不想去,只想回到母亲和洛卡身边,甚至回到那些牲畜身边,死去。索菲乱七八糟的家变成了一

个圣地，庇护她远离外面那个让人难以捉摸的世界。"（Castillo，1993：171-172）

卡里达也遭到了外面世界的摧残，当她的身体被践踏之后，只有回到家里，经过母亲与姐妹的精心照顾才得以恢复，在精灵一样的妹妹洛卡的虔诚祈祷下，本已快要死去的她身上的伤痕竟然奇迹般地消失殆尽。

小女儿洛卡从未离家，她的全部世界就是母亲的房子、牲畜圈和屋旁的小河。她和母亲一起建立了一个避风港，虽然物质上极度贫穷，但精神上却非常富有，成为姐姐们永不枯竭的精神源泉，让她们受到伤害后回到家里来重获心灵的安宁。

作为奇卡纳女性主义理论家，安扎尔杜瓦和卡斯蒂略分别在自己的著作《边土》和《屠杀梦想者》中为奇卡纳女性寻找出路。安扎尔杜瓦着眼于未来，她希望寻找的是一个"交汇之地"，建立一种杂糅意识，即包容一切差异，包括种族、阶级、性别及性取向等等；而卡斯蒂略却着眼于过去，提倡一种以母亲为联系纽带的原则，恢复阿兹特克文明之前的母系社会模式。卡斯蒂略与安扎尔杜瓦为奇卡纳女性寻找的出路虽然有所不同，但殊途同归，她们都表达了为奇卡纳女性寻找阿兹特兰的理想。在《远离上苍》中，卡斯蒂略塑造了像蛇裙女神一样强大的女家长，她经历了从沉默、隐形到拥有朦胧的反抗意识到政治意识完全觉醒的历程，她为自己的家庭和整个社区创立了一个乌托邦——女性的阿兹特兰，使得奇卡纳女性能够远离来自种族和性别的双重压迫。

## 第二节　女性气概：通向情欲的完整自我

卡斯蒂略在《屠杀梦想者》中，专门用一个章节探讨了奇卡纳女性的性属问题。本节的标题即取自她这一章节的标题 "La Macha: Toward an Erotic Whole Self"。经过论述之后，卡斯蒂略认为奇卡纳女性应该是 *la macha*，来自西班牙语单词 *macho*（意为男性或男性气概），笔者将其译为"女性气概"，指女性听从内心的声音，敢于言说及直面自己欲望的气概。卡斯蒂略认为"女性气概"能够使得女性的精神性与性属统一起来，从而通向完整的自我之路。

奇卡诺文化中，奇卡纳女性的身体和性欲受到抑制，女性要么是圣女，要么就是妓女，女性不能言说自己的身体、欲望。无论是墨西哥文化、奇卡诺文化，还是盎格鲁文化，都有精神/身体二元对立的思想传统，身体被置于最可鄙、最野蛮的地位，身体与无知和野兽联系在一起。而以安扎尔杜瓦为代表的奇卡纳女性主义者认为女性的身体、精神和灵魂是统一的。安扎尔杜瓦批判了奇卡诺文化和天主教神学思想中精神/身体的二元对立，指出："（宗教）鼓励对生命和身体的畏惧；鼓励身体和精神的分裂，完全无视灵魂；鼓励我们抹杀属于自己的部分。他们告诉我们身体是无知的野兽；才智只存在于大脑中。"（Anzaldúa，1987：37）奇卡纳女性主义者认为奇卡纳女性应该是精神性与性欲的统一体，而最初的"蛇裙女神"就将这两种特性融为一体。当西班牙殖民者将土著宗教的女性神祇托南钦与天主教的圣母玛利亚结合变成圣母瓜达卢佩后，他们剥夺了托南钦身上继承自她的先驱"蛇裙女神"的蛇性，也就是性欲，因此圣母瓜达卢佩被阉割，她的身体成为无性之躯。圣母瓜达卢佩被塑造成为女性的榜样，女性的性权利也像圣母瓜达卢佩一样被剥夺。

为了反抗和颠覆父权制的力量，奇卡纳作家对女性"越轨"行为的赞美、对于身体和性欲的言说成为奇卡纳女性主义者反抗父权制的重要武器。她们的文学作品中对身体和性欲有大胆直白的描写，很多奇卡纳文学批评家也把视线集中在奇卡纳女性的性欲和同性恋行为上。如安扎尔杜瓦在《边土》中所说，"对于有色人种女同性恋者来说，她对本土文化最大的反抗是通过她的性行为来进行的。她反抗两种禁忌：性欲和同性恋。作为同性恋者，生长在天主教的环境中，被灌输要做异性恋者的思想，我*选择*做同性恋"。（Anzaldúa，1987：19）切丽·莫拉加在《爱在战时》中记录了她作为一个女性和同性恋者，在奇卡诺文化中遭遇到的种种痛苦，批判了墨西哥/

奇卡诺文化中的男权中心及同性恋恐惧症。卡斯蒂略作为奇卡纳女性主义理论的三驾马车之一，也深刻地认识到了这一点。她非常痛恨父权制与天主教合谋夺去女性的性权利，认为"对我们（女性）精神压迫的关键是对我们性的压迫，主要是通过对我们身体的控制"。（Castillo，1994：13）卡斯蒂略认为在异性恋的社会中，"（异性之）性更多地与控制与臣服联系在一起，而不是给予快乐与接受快乐"。（Castillo，1994：133）她认为只有她倡导的"女性气概"那样大胆言说及面对自己性欲的状态才能够使得女性生活在平等之中，而不再受男性的支配与控制，才能够使得"女性的心灵、灵魂和身体联系起来，理解我们作为完整自我的美丽，这时候，我们的自我是一个有机的、统一的实体，与生活在地球上的万事万物快乐地共存"。（Castillo，1994：143）

奇卡纳女性主义者为了反抗和颠覆父权制和制度化的宗教对女性的压迫，而选择了"越轨"（transgression）的方式，黛博拉·麦迪森认为"越轨"包括："故意'制造麻烦'①；占据禁忌空间；女性暴力；性'越轨'等等行为。"卡斯蒂略的作品中也刻画了很多"越轨"的女性和她们"越轨"的行为。黛博拉·麦迪森认为"在卡斯蒂略的作品中，'越轨'旨在冲破父权制禁忌。是一种解放的策略"。（Madsen，2000：95）《远离上苍》中，索菲挑战天主教、挑战父权制，成为一名女家长，是一种"越轨"行为；《米斯基亚瓦拉书简》②中两位女性没有男性陪同，自己几次去到墨西哥漫游是"越轨"行为，因为"在墨西哥，没有男性陪同，意味着女性成为性目标"（Madsen，2000：97）；在《米斯基亚瓦拉书简》及一些诗歌里，女性言说自己的"卫生棉经历"，是"越轨"行为；在《远离上苍》《米斯基亚瓦拉书简》《萨博哥尼亚》、短篇小说集《花花公子》等作品中，女性的同性恋、滥交等性行为也是"越轨"的。

卡斯蒂略在《远离上苍》中关注了奇卡纳女同性恋者，索菲的

---

① 瑞博莱多在《雪中歌唱的女人们》中也曾论述过奇卡纳文学中故意"制造麻烦"的女性，她将她们称为 *escandalosa*，意为 trouble-maker（麻烦制造者）。
② 笔者将在本章第四节详细论述《米斯基亚瓦拉书简》。

二女儿卡里达在经历了情伤与残害之后，成为同性恋者。她为丈夫堕胎三次，却发现丈夫有外遇，从此她开始放纵自己，在别人的眼中，卡里达是"一个享受生活的年轻女人"（Castillo，1993：33），这其实是他们对卡里达滥交的一个委婉说法。在奇卡诺文化中，这样一个跨越了性边界的女人注定会遭受惩罚。一天晚上，卡里达醉酒之后被人强奸，她的身上到处是被鞭打的印痕，她的乳头被咬掉，更加残忍的是，她的喉管也被割开。卡斯蒂略在这里描述卡里达受伤的部位是喻义非常深刻的，"割断喉管意味着强奸使得她沉默；身上的烙印告诉人们她在性方面的随意，是责怪她咎由自取；她的乳头被咬去意味着她失去了做母亲的权利"。（Johnson，2004：49）卡里达是受害者，但是却成为人们责怪的对象，人们都认为她这样的遭遇是自找的。卡里达不知道是谁袭击了她，警察也一直未抓到凶手，她的母亲和姐妹们说袭击她的是"邪恶时刻"（la malogra，"The Evil Hour"），墨西哥及奇卡诺传说中夜晚游荡在路口或其他地方的邪恶幽灵，比恶魔更可怕。她们将其形容为"没有形状，比暗夜还黑暗，纯粹是一种力量"（Castillo，1993：77）。评论家认为这种力量是"漠视女性的、制度化的父权关系，这种关系充斥着社会各个层面……卡里达让我们看到了'它'，'它'代表着父权制支配一切的霸权话语"。（Delgadillo，1998：907）卡里达起死回生之后仿佛换了一个人，开始追求精神生活，完全沉浸在了自己的精神世界之中。她在一个山洞中修隐一年，当她再次出现的时候，就像一个女神，惊为天人。她遭受了象征父权的邪恶力量的暴力摧残之后，很可能是出于对男性统治的社会的恐惧和绝望，后来她爱上了同性——一个名叫艾斯美拉达的女孩。一个男性宗教狂热分子对卡里达一见钟情，对她狂热的暗恋驱使他整天跟踪她，有一天他发现了卡里达对这个女孩的同性之爱。嫉妒和憎恨让他变成了一个恶魔，他强奸了艾斯美拉达。在"天空之城"，她们被他跟踪、追逐，无奈之下，卡里达和艾斯美拉达手拉手跳下了悬崖。

女性选择做同性恋者，大致有主观和客观两个原因：主观原因可能是女性对于男性的厌恶或失望，或故意挑战世俗；客观原因则是女性天生的性取向。卡斯蒂略在《屠杀梦想者》中论述了这两种情况：在男权社会中，女性被物化，被认为是男性的财产，男性拥有随意处置这些财产的权力，在家庭中，女性无论在身体方面还是在社会道德的舆论导向方面都处于弱势地位，有些女性目睹了自己母亲（或其他女性）或自己亲身经历了丈夫（或其他男性）的家庭暴力、酗酒、婚外情、虐待孩子等恶行，出于对男性的厌恶或者对父权的反抗，她们选择做同性恋者；或者是如理论家切丽·莫拉加一样，天生就具有对同性的好感。无论是哪种情况，同性恋在目前的主流社会中是尚未被人广泛接受的，遑论较为保守的奇卡诺文化。奇卡诺文化中，有根深蒂固的同性恋恐惧症。安扎尔杜瓦将同性恋恐惧症的英文"homophobia"这个词进行了绝妙的"误解"，她将其解释为"害怕回家（homephobia）"，即因为奇卡诺文化中的同性恋恐惧症（和父权制），她害怕"回家（回到奇卡诺文化中）"，她认为她的"离家"并不是她对自己文化的背叛，相反是因为奇卡诺文化对她的背叛，因此她选择了"离家"，即"选择做同性恋者"，"通过性行为对她的本土文化表达最大的反抗"。（Anzaldúa，1987：19）理论家卡拉·特鲁西略论述了奇卡诺文化对同性恋的恐惧："大多数的奇卡诺异性恋者将奇卡纳女同性恋者看作对社区的威胁。异性恋对同性恋群体有'同性恋恐惧症'。然而，我认为奇卡纳女同性恋更被当作对奇卡诺社区的威胁，因为她们的存在打破了男性统治的既定规则，使得很多奇卡纳女性产生了独立和自主的意识。"（Trujillo，1993：117）

　　特鲁西略分析了奇卡诺文化中同性恋恐惧症的原因，将其归结为四点：其一，性欲禁忌。她认为在奇卡诺文化中，无论是同性恋还是异性恋的奇卡纳，接受的教育都是她们的性行为必须遵循某些行为准则，这些准则规训她们，使得她们变得被动和压抑，如果她们逾越了这些准则，那么她们就会成为文化中的耻辱，如果她们拒绝接受这些准则，她们的道德品质就会遭到怀疑。奇卡诺文化要求女性压抑自己的性欲，在这样的文化氛围中，女性们谈论性都成为一种禁忌。更有甚者，父权制文化还教育女性去憎恨自己的身体，因此女性从不关注或者耻于关注自己的身体,因此女性们普遍对自己的身体知之甚少。但是,作为同性恋者,因为要面对她们的同性恋关系,她们必须直面性的问题。"如果我们(女同性恋者)不考虑我们的性,我们就不能面对我们自己,并且出柜。"(Trujillo,1993:118)她们必须挑战文化中对于女性性的压抑,学会热爱自己的身体,自由地表达身体的感受。如特鲁西略所说:"奇卡纳女同性恋者必须学会爱自己,无论是作为一个人还是作为一个性的存在,这样我们才能够爱另一个女性。"(Trujillo,1993:118)其二,认同困难。对于很多奇卡纳女性来说,她们对自己的认同感来自男性,因此女性不是独立的存在,女性的价值是由男性决定的。"当女人将身份感系于一个男人身上时,她就依靠着这种关系来决定她的自我价值。"(Trujillo,1993:119)而女同性恋"拒绝强制性的异性恋;拒绝参加竞争男人的游戏;直面自己的性欲;挑战文化和社会强加于她身上的规则,因为这些规则目的都在于将她置于所谓合适的角色和位置"。(Trujillo,1993:120)其三,母性/母亲身份的枷锁。很多文化给女人灌输的观点都是:如果不生育孩子,则不能称其为一个完整的女人。奇卡诺文化也不例外,因此很多奇卡纳女性相信,生育、养育孩子是她们生命中重要的职责。而同性恋关系,无疑是对这种所谓女性重要职责的一个重大挑战。有些同性恋者是有孩子的,有些同性恋者通过其他的方式(如领养等)有了孩子,但是社会认为他们没有能力成功地养育孩子。因此,这一点也是奇卡诺社区同性恋恐惧症的原因。其四,宗教的压制。特鲁西略认为宗教建立于父权制的控制和对于性、情绪及心理的压抑基础上,它一方面带给人们对于美好来世的希望,另一方面也带来了对现世社会的严厉控制。奇卡诺文化中,圣母瓜达卢佩成为母性与女性奉献精神的典范。因为宗教提倡女性的奉献;宗教告诉女性性只是以生育为目的、而非以身体的愉悦为目的;宗教告诉女性厌恶自己的身体;宗教告诉人们同性恋这种生活方式是错误的。因此,在奇卡诺社区中,同性恋是违反天主教的宗教精神的。

对于同性恋者来说,令她们深感痛苦的,不仅仅有上述的来自奇卡诺文化的恐惧和厌恶，还有她们自己对于各种所谓的社会规则的内化，她们自觉或不自觉地接受了这些偏见。莫拉加曾论述过这种内化的可怕："我们每个人，无论是黑皮肤还是女人或者两者都是，都在某种程度上内化了这种压迫性的意象。压迫者总是成功地将他们的恐惧外化，将它们投射到女性、亚裔、同性恋、残疾人等等'他者'的身体之上。"（Moraga，2000：48）对于一直浸淫于父权制和天主教文化中的奇卡纳同性恋者，因为对于父权制和宗教对女性的道德要求的内化，她们会感受到更大的痛苦。"墨西哥（裔）天主教女同性恋者，可能会发现被家庭拒绝、被社区放逐非常痛苦，因为天主教是她自我意识中非常重要的一部分。"（Castillo，1994：139）因此，对于陷入重重束缚之中的奇卡纳女同性恋者，她们的"出柜"之路充满了艰难险阻，"出柜"让她们感觉到了比其他种族的女性、男性更大的痛苦和障碍。

通过上述论述，我们不难知晓宗教狂热分子为什么对卡里达的同性情侣恨入骨髓。作为父权制社会中的男性和宗教的代表，一方面出于男性的占有欲和控制欲，他将卡里达看作一个物品，他强烈地想要拥有这个美丽的"物品"，但是艾斯美拉达的存在使得他意识到他永远也不可能得到卡里达；另一方面，作为一个宗教狂热分子，他是难以容忍同性恋情的，因为天主教否认女性的身体和欲望，女性的异性恋情、对异性的欲望尚被天主教压制，更何况卡里达的同性恋这种"越轨"的行为，"女性只允许有异性恋情，而她们跨越了严苛的、不能逾越的界限"（Johnson，2004：50）。卡里达与艾斯美拉达跳下悬崖显示了她们抗争的勇气，她们宁愿选择携手走向死亡，也不愿意妥协。从卡斯蒂略为两个女孩安排的凄美结局，我们可以看出她对两个女孩勇敢行为的赞赏，卡里达与女孩跳下悬崖后，并没有粉身碎骨，而是踪迹全无，被思想女神（Tsichtintako[①]）召唤至地下，"思想女神在召唤！……艾柯玛人听到了呼唤声，听出是'隐

---

[①] Tsichtintako 是美国新墨西哥州母系氏族艾柯玛（Acoma Pueblo）创世传说中的思想女神。

身者'（The Invisible One，即思想女神）的声音，她养育了人类两位始祖，她们也是两位女性"。这里蕴含着一个典故，来自美国新墨西哥州母系氏族艾柯玛部落（Acoma Pueblo）的创世传说：天神 Uch'tsiti 创造了世界，又创造了后来成为人类始祖的 Nautsiti 和 Iatuk 两姐妹，并派 Tsichtintako 帮助她们，养育她们，教会她们生存之道。两姐妹创造了万物。后来 Nautsiti 去了东方，而 Iatuk 成了印第安人之母。[①]卡里达和艾斯美拉达跳下悬崖后，"让旁观者感到惊讶的是，地上没有四散的尸体碎片，甚至没有完整的尸体安详地躺着。什么都没有。只有思想女神风一样大声呼唤着，召唤艾斯美拉达和卡里达进入黑暗、柔软、潮湿的地下，在那里，她们会很安全，并且能够永生"。（Castillo，1993：211）卡斯蒂略在这里借用了印第安艾柯玛部落（天空之城）的创世传说，将两个女孩比作人类的始祖 Nautsiti 和 Iatuk 两姐妹，这是对基督教创世说的颠覆，也是对两个女孩同性恋情的赞美。根据基督教创世说，上帝创造了人类的始祖亚当和夏娃，而因为夏娃所犯的错误导致亚当和夏娃都被驱逐出伊甸园，人类也因为夏娃的错误而永远背负原罪。在基督教创世说中蕴含着很多的父权元素：男性的上帝是万能的；上帝用亚当的肋骨创造了夏娃；身为女性的夏娃是人类原罪的罪魁祸首。卡斯蒂略借用母系氏族艾柯玛的创世传说显然是对充满父权色彩的基督教创世说的颠覆，因为这个传说中，是思想女神创造了万物，也创造了人类的始祖，而她创造的两位人类始祖也是女性。两位女性相亲相爱，没有犯像夏娃一样的错误。同时，卡斯蒂略对这个典故的运用显然也是在赞美女性的同性恋情，卡里达和艾斯美拉达被比喻成了人类的始祖，使得她们的殉情带上了唯美和超验的色彩。同时，卡斯蒂略也似乎是在向读者传达这样一个信息：她勾勒了一幅同性恋乌托邦的图景，在这个乌托邦里，两位女性相亲相爱，也能繁衍子孙，保证人类的生生不息。这样的图景，从根本上颠覆了父权制建立的

---

① 详见顾海悦等，《〈圣经〉及印第安 Acoma 部落中关于人类起源传说的跨文化研究》，载《国外文学》2001年第4期。

基础，是卡斯蒂略对父权制的釜底抽薪之举。

## 第三节 阶级、环境正义与后殖民生态观

在对卡斯蒂略的采访中，采访者如此评价卡斯蒂略："虽然她几乎所有的作品都聚焦于奇卡纳女性的经历，但是她却宣称无论对于全世界还是对于美国，更大的问题是阶级问题，她对'这片土地上的穷苦人'的关心多过对这个特殊族群的社会政治问题的关心。"（Milligan & Castillo，1999：20）《远离上苍》短短的240多页中，卡斯蒂略对奇卡纳女性遭受的种族、性别、阶级压迫给予了关注，对种族主义、殖民主义、资本主义、父权制、天主教进行了强烈的批判。作为一个具有坚定的反抗意识的奇卡纳作家，除了痛斥种族主义、父权制及天主教对墨西哥裔女性的压迫，卡斯蒂略在小说中也谴责了白人对于墨西哥裔的经济剥削和阶级压迫，而多姆小镇的环境问题正折射了墨西哥裔在美国社会所遭受的种族歧视和阶级压迫。在小说的"致谢"部分，卡斯蒂略表达了她对"西南组织项目"（SouthWest Organizing Project）这样一个组织的感谢，她说"感谢'西南组织项目'成员，他们在我的研究中给予了大力支持"。"西南组织项目"致力于支持美国西南部的经济及环境正义斗争。从卡斯蒂略的致谢中，我们可以看到卡斯蒂略与这个组织的密切关系，也可以看到这个组织对她的影响。从她与这个组织的关系中，我们可以看出卡斯蒂略在小说中关注的问题之一是环境问题。当然，少数族裔的生存环境问题不仅是一个种族问题，还是一个阶级问题，有时候还是一个性别问题。如学者卡马拉·普拉特（Kamala Platt）所说：卡斯蒂略的《远离上苍》"将环境正义问题蕴含于种族、阶级和性别正义之中"（Platt，1998：2）。

### 一、环境正义及美国环境正义运动

环境正义这个概念源于美国。美国环保局（EPA）将环境正义

定义为：在环境法律、法规和政策的指定、使用和执行方面，全体国民，不论种族、肤色、国籍和财产状况差异，都应得到公平对待并有效参与环境决策。（转引自王小文，2007：11）环境正义是"种族正义"（racial justice）概念的延伸，种族正义追求的目标是在社会生活中的各个方面不受歧视，真正享有平等。颇具讽刺意味的是，美国虽然口口声声鼓吹"环境正义"，但很多第三世界的国家恰恰遭受着来自以美国为首的发达国家的"环境非正义"。格雷厄姆·哈根和海伦·蒂芬（Graham Huggan and Helen Tiffin）在《后殖民生态批评：文学、动物、环境》（*Postcolonial Ecocriticism: Literature, Animals, Environment*）中对西方的发展思想提出了质疑。这种质疑与一些第三世界思想家的观点一致：西方的所谓发展是变相的新殖民主义。前秘鲁外交官奥斯瓦尔多·德·里维罗（Oswaldo De Reviro）持有这样的观点：发展不过是西方国家宣传的一个神话，在帮助别国发展的伪装之下，西方国家不过是想重建第一世界和第三世界之间的社会、政治、经济裂缝，虽然他们打着弥合这种裂缝的旗号。他认为在全球化的经济中，第一世界的发展与第三世界的发展极不平衡，并且是以对第三世界生态环境的毁灭性破坏为代价的。（De Rivero, 2001：110）

如上述那些学者所说，西方世界打着发展的旗号，掠夺其他国家的资源、破坏别国的生态环境，它们的发展为其他国家带来了"环境非正义"。作为西方世界龙头老大的美国更是肆无忌惮，为了自己的发展，不惜牺牲别国的利益和环境，甚至在自己的国土上，为了将自己的利益最大化，它还以少数族裔聚居区的环境污染为代价发展经济，给少数族裔带来了"环境非正义"。有些学者将这种状况称为"环境种族主义"（environmental racism），用来描述环境领域的种族歧视或阶级歧视。美国环境正义的先驱者罗伯特·布勒德（Robert Bullard）认为白人社区和少数族裔社区环境质量的差异来自"制度化的种族主义"，它"对于当地的土地使用、环境法规的实施、工业设施的选址、经济脆弱性和有色人种居住、生活及娱乐的地点等因素都有影响"。（Bullard, 1993：25）其主要表现是，将有毒废物填埋场、污染工业、核废料堆放场或其他危害环境的设施设立在有色人种社区或贫困人口社区"。(王小文,2007:12)据统计,截止到 2007 年,大约有五分之三的非裔美国家庭居住在危险物质储藏区附近。可以说,环境种族主义剥夺了少数族裔在真正的民主社会中生活的权利,他们反抗种族主义、阶级压迫、保存自己的民族文化的目标也蕴含在了为环境正义而战的努力中。

20 世纪 60 年代的黑人民权运动中,黑人反抗白人种族主义、争取自己的权利。在运动中,黑人争取与白人平等,这种平等涉及方方面面,其中也包括拥有与白人同样的清洁环境的权利。从 20 世纪 70 年代开始,美国爆发了几次草根环境运动,例如纽约州爱河(Love Canal)①爆发的反对将社区建立在有毒垃圾倾倒点之上的抗议,虽然参与这次抗议的社区并不是有色人种聚居区,但这次抗议却为处于危险环境中的人们提供了很好的斗争范例。1982 年在北卡罗来纳州的沃伦县(Warren County)发生了美国环境正义运动的第一个标志性事件:一个公司非法倾倒有毒物质多氯联苯,造成公路沿线污染。州政府决定在沃伦县填埋处理有毒的土壤,沃伦县当时 66%的人口是黑人。当地居民发现之后,组织了抗议活动,社区居民在道路上阻拦那些运送有毒土壤的卡车进入填埋点,此次事件最终以数百位黑人女性和儿童,以及一些当地白人居民的被捕而告终。这次抗议虽并未阻止有毒土壤填埋点的建设,但却被看作美国环境正义运动史上的一个里程碑。1987 年,美国耶稣教会种族正义委员会(the United Church of Christ's Commission for Racial Justice,简称为 UCC-CRJ)发布了一篇报告:《美国有毒废弃物及种族》(*Toxic Wastes and Race in the Untied States*),它被认为是唤醒公众环境正义意识的一份最有影响力的报告。报告中称有色人种家庭的健康和环

---

① 人们将其称为"爱河事件"。1976 年,经过专家调查发现,爱河地区存在危害人类健康和生活质量的化学物质。专家的报告中指出,爱河地区大约存在 82 种化学复合物,其中很多是致癌物。调查结果引起了当地居民的强烈不满,8 月 2 日,一位年轻的母亲洛伊斯·吉布斯(Lois Gibbs)发起组织了爱河业主联合会,要求将该地区居民迁移到其他地区。当时的美国总统吉米·卡特决定向该地区实施紧急经济援助。1980 年,卡特总统又签署了转移附近地区 900 户居民的命令。

境遭受着"不均衡的危险"：60%的非裔及拉美裔，超过50%的亚裔、太平洋岛国裔和印第安人生活在有一个或多个有毒废弃物处置地的区域。报告指出，在国家环境保护局和州环境保护机构所确定的有毒废物填埋点中，40%集中在三个地区：亚拉巴马州的埃默尔市（Emelle）、路易斯安那州的苏格兰维尔市（Scotlandville）和加利福尼亚州的凯特曼市（Kettleman City）。这三个城市都是少数族裔的聚居区，其中埃默尔市有78.9%是非裔人口，苏格兰维尔市有93%是非裔人口，而凯特曼市有78.4%为拉美裔。在这份报告中，UCC-CRJ的主席本杰明·查韦斯（Benjamin Chavis）创造了一个词语：环境种族主义。他认为：

> 环境种族主义是环境决策方面的种族歧视。它是在法律和法规的执行中的种族歧视。它是在有毒废弃物处理及污染工业选址时故意针对有色人种社区的种族歧视。它是政府对有色人种社区中威胁生命的有毒物质及污染物审批/处罚时表现出的种族主义。它是将有色人种排除在主流环境团体、决策层及管理层之外的种族歧视。（Chavis，1993：3）

1991年10月，"第一次全国有色人种环境领导人峰会"（the First National People of Color Environmental Leadership Summit）在美国华盛顿特区举行，参加这次会议的有300多人，不仅包括美国国内的环境正义人士，还包括来自加拿大、中非、南非、波多黎各和马歇尔诸岛（Marshall Islands）等国家和地区的草根环境领导人。这次会议的目的是将美国非裔、印第安裔、拉美裔及亚裔聚在一起讨论他们遭遇环境种族主义的经历。会议起草了关于环境正义的17条原则，宣称"500多年的殖民和压迫史导致了对我们的社区和土地的毒害和对于我们民族人民的种族大屠杀，（而17条环境正义原则是为了）确保政治、经济和文化上的解放"。（Di Chiro，1996：306）这次峰会产生的影响是：迫于压力，三年后，当时的美国总统克林顿发布了第12898号总统令，要求相关机构制定政策及程序来应对环境正义问题。2002 年,"第二次全国有色人种环境领导人峰会"召开,这次峰会将关注的目光从美国国内的环境不平等问题扩展到国际的环境不平等问题。

环境正义运动不仅有来自草根阶层的抗议实践,也有来自学术界的理论支持,其中的代表人物有罗伯特·布勒德(Robert Bullard)、班杨·布莱恩特(Bunyan Bryant)、查尔斯·李(Charles Lee)等。罗伯特·布勒德被视为"环境正义之父",他在 1990 年出版了环境正义运动的代表作品《美国南部的倾废:种族、阶级和环境质量》(*Dumping in Dixie: Race,Class and Environmental Quality*),自此之后,环境正义研究开始在美国呈现出繁荣的态势,从环境科学到文化研究领域的学者们都争相对环境正义问题进行研究。

## 二、奇卡诺社区所遭受的环境非正义

奇卡诺文化与墨西哥文化同根同源。一些美国墨西哥裔理论家强调回归印第安土著文化的重要性,认为土著文化是奇卡诺文化的重要组成部分,墨西哥裔要想找到自己真正的文化身份认同,必须要面对并且重视自己文化中的土著成分。万物有灵论是印第安土著文化的重要组成部分,是印第安文化的精神内核。人类学家爱德华·泰勒认为万物有灵的世界观"可以分解为两个主要的信条,它们构成一个完整学说的各个部分。其中的第一条,包括各个生物的灵魂,这灵魂在肉体死亡或消灭之后能够继续存在。另一条则包括各个精灵本身,上升到威力强大的诸神行列。神灵被认为影响或控制着物质世界的现象和人的今生和来世的生活"。(爱德华·泰勒,1992:349)万物有灵论是对西方心灵/物质二元对立的反诘。西方文明将心灵与物质截然分开,认为只有人类才有心灵,其他自然界的万物都是人类心灵的投射。万物有灵论则认为世间万物都有灵魂,它们在灵魂/精神层面是平等的、互通的、普遍联系的。与万物有灵论相似,生态学也认为世间万物并非互不关联的,相反,它们是一个相互联系的有机整体。每个事物都包含着别的事物,或为别的事物所包含。因此,万物有灵论与生态学的内核是相通的:它们都强调事物的普遍联系（interconnectedness）。可见，印第安土著文化中蕴含着朴素的生态思想。

美国奇卡诺社区遭受环境种族主义其实由来已久。安扎尔杜瓦在《边土》中叙述了自己的家族在19世纪得克萨斯州被墨西哥划给美国后被夺去土地和遭受内部殖民的历史。19世纪中叶，她的祖先赖以生存的土地遭到暴力剥夺，他们的牛群全部遭到屠杀。他们被夺去的土地却成为资本家最大的收入来源，他们眼中的所谓"不毛之地"成为粮食出口区，而被夺去土地的人们却不得不背井离乡，生活在贫困之中。律师拿走了安扎尔杜瓦祖母的土地却没有付税，资本家在祖先的墓地上演矿物开采权的争夺，一年仅付给他们12.5美元的矿产权，"墓地被圈起……被封锁。标志上写着：'禁止进入。侵入者将遭射杀'"。（Anzaldúa，1987：8）20世纪30年代，美国的农业综合股份有限公司从奇卡诺小地主手中骗取土地，这些小地主成为劳工，受雇砍伐丛林、灌木、灌溉沙漠。20世纪50年代，科技、工业化带来边境生态环境的改变，土地被切割成工整的长方形、正方形，部落的自然生态环境遭到破坏，自然形成的山川、丛林被殖民者人工改造。

20世纪六七十年代，受民权运动影响，墨西哥裔也掀起了轰轰烈烈的奇卡诺运动。但这时环境问题并不是活动积极分子的重点关注对象。当时奇卡诺运动关注的主要是种族身份、阶级意识、历史和文化之根的问题，运动的主要任务是激发墨西哥裔美国人的种族自豪感。但是，也不能完全说奇卡诺运动没有环境正义的意识。例如在1965年，属于奇卡诺运动一部分的国家农业工人联合会（National Farm Workers Association，NFWA）就曾掀起了一场轰轰烈烈的全国性的抵制运动。由塞萨尔·查维兹（César Chávez）领导的加利福尼亚州葡萄种植园的农业工人们要求更好的工作条件及更多的劳动权利。他们抗议在农田里不计后果地使用杀虫剂，使得处于无防护状态下的工人们暴露于有毒物质之中。抵制运动产生了不小的影响，不仅加州，甚至整个美国西南部的葡萄种植园主们都同意制定合同来保护工人们的健康。八九十年代蓬勃发展的环境正义运动使得奇卡诺们真正开始关注环境问题，他们认识到"生态灭绝与种族灭绝是紧密相关的，有色人种也是'濒危物种'"（Peña，1998：14），因此"奇卡诺环境主义不是主要关注对自然和荒野的保护，而主要是与我们居住和工作的环境中的危险与健康威胁做斗争"。（Peña，1998：15）90年代，美国社会涌现出了一批关注环境正义问题的奇卡诺/纳文学作品，体现了奇卡诺社区对于环境正义问题的关注，例如安娜·卡斯蒂略的《远离上苍》（1993）、露萨·科皮（Lucha Corpi）的《仙人掌之血》（Cactus Blood，1995）和海伦娜·玛利亚·维拉蒙特斯（Helena Maria Viramontes）的《耶稣的脚下》（Under the Feet of Jesus，1995）。这些作品都认为污染是对自然同时也是对少数族裔无情的剥削，对污染的抵制是抗议整个政治和社会体制的一部分。

卡斯蒂略的《远离上苍》反映了安扎尔杜瓦所说的"在他们（奇卡诺/纳）自己的土地上遭受殖民"的遭遇。《远离上苍》中的多姆小镇，处在25号州际公路1154英里（1857千米）处，距离洛斯阿拉莫斯国家实验室（Los Alamos National Laboratory）①仅75英里（120千米），调查显示，该实验室下游2400个据点，发现多种化学物质污染，"锗、铀、钪90、氘、铅、汞、硝酸盐、氰化物、杀虫剂以及半个世纪以来国家武器研究及生产所残留的有毒气体"。（Platt，1998：147）多姆小镇上的人们"不了解空气中慢慢谋杀他们的物质是什么，他们甚至根本不去想，想也无济于事，日子总要过，虽然草原上的牛死了，羊病了，人们冬天清晨醒来发现下了黑雨，小鸟飞行时掉地而亡，冰雹有斗大"。（Castillo，1993：172）

三个纳瓦霍②妇女讲述着她们保留地上的铀污染，她们生下的孩子天生有智力问题或者患有癌症。其中一个女人手里就抱着一个这样的婴儿，她告诉人们："我们听说了环保主义者关心的问题。我

---

① 洛斯阿拉莫斯国家实验室是美国承担核武器设计工作的两个实验室之一。该实验室位于新墨西哥州，隶属美国能源部，它在国家安全、太空探索、可再生能源、医药、纳米技术和超级计算机等多个学科领域展开研究。

② 美国一个印第安部落的名称。

们生活在干旱的土地上,但我们很关心拯救鲸鱼和热带雨林。我们部落的人们一直都懂得万事万物之间的内在联系和我们对'大地母亲'及我们之后七代人的责任。但是我们,作为一个民族,正在从生态系统中消失……像海豚,像苍鹰;现在还为时未晚,我们要努力地拯救我们自己。"(Castillo,1993:242)游行队伍还向人们控诉着其他环境问题:家禽在污染的运河中饮水、戏水(Castillo,1993:242);孩子们也在那些充满病毒的河流里嬉戏;空气被工厂排放出来的污染物污染;以核为动力的工厂就像巨大的地雷一样耸立于农场和古老的家园之中;致命的杀虫剂直接从直升机上撒到蔬菜和水果上,也撒到薪酬微薄的采摘工人们身上,她们肚子里的胎儿因此丧命。(Castillo,1993:243)多姆小镇这块"魅惑之地"(Land of Enchantment)已然让高科技、资本主义、跨国工业,或者说这个充满现代病的社会变成了"拘禁之地"(Land of Entrapment)(Castillo,1993:172)。

## 三、墨西哥裔女性所遭受的环境非正义

环境正义运动与生态女性主义运动有很多的交叉点:两种运动都将资本主义体制看作环境破坏的主要元凶;两者都看到对自然环境的破坏与对"他者"的压迫之间的联系;两者都想通过自己的努力获得社会的变革。但是,两者不同的是:归根结底,环境正义运动将环境看作是一个种族和阶级问题,强调采取政治行动来改变现状,而生态女性主义关注的焦点则是性别问题。但是也不能说环境正义仅仅是一个种族和阶级问题。卡马拉·普拉特说:"穷人、有色人种、印第安人和女人,这些都是影响一个人在经济上和生态上获得可持续性生活方式的因素,因为这些因素的存在,他们不可能获得一个相对无污染、无致癌因素的生活环境。因此,环境正义的斗争本质上将性别、阶级、殖民性和种族等问题相互复杂纠葛在一起。"(Platt,1998:76)她还认为:"环境正义与环境恶化不是性别中立的(gender-neutral),其对女性和儿童生命的有害影响远比对男性的影响大。"(Platt,1998:69)从她的论述中可以看出,环境正义问

题不仅是一个种族问题、阶级问题,还是一个性别问题。

奇卡纳女性面对的环境非正义问题尤其严重。墨西哥的资本家和美国的跨国公司结成商业伙伴,他们在边界开设大量的加工厂,用低薪和恶劣的工作环境剥削墨西哥裔工人,墨西哥人口中有四分之一的人在这些工厂工作,其中大半是女性,她们一天工作十二小时。卡斯蒂略在《屠杀梦想者》中也阐述了边境劳动市场,"跨国劳动力输出是我们的宿命,根植于美墨边境的殖民结构……美国消费奇卡纳劳动力却不支付合理报酬,……女性劳动力商品化,……有时得不到男性家人支援,独自担负家养生计"(Castillo,1994:36-37)。中国台湾学者黄心雅绘制了帝国资本主义跨国公司及(少数族裔)家庭和自然(土地)关系的图表,她认为少数族裔或奇卡诺家庭为资本主义跨国公司提供劳动力,而经过资本家的剥削,这些劳动力最后成为病人或带着有疾病的身体回归家庭;帝国资本主义跨国公司与自然(土地)的关系也是如此:自然为跨国公司提供资源或能源,而跨国公司将资源的价值榨取干净后,将其变成产业废弃物,重新倾倒进自然。这样形成了一个恶性循环的圈子(黄心雅,2005:313),她认为女性的身体成为跨国工业的实验场和种族、性别和资本的权力运作的场域。

黄心雅认为《远离上苍》因此成为"透过劳工生命史所形构的帝国资本主义殖民档案。"(黄心雅,2005:312)《远离上苍》中,索菲的三女儿菲就是因为长期暴露于军火企业的有毒气体之中罹患癌症而死。为了实现自己的"美国梦",得到"长久以来梦想的自动洗碗机、微波炉、名牌厨具及 VCR"(Castillo,1993:171),菲付出了生命的代价。为了得到高薪,她辞去了银行柜员的工作,进入顶点国际公司(ACME International)工作。在这个公司里工作的女人们都来自贫穷的家庭,她们急切盼望高薪的工作以贴补家用,而这些女人们却无论如何也无法想到,这个付给她们高薪的公司为了发财不择手段,资本家使用有毒的原料,工厂里到处弥漫着有毒的气体。学者伊丽莎白·凯德斯基(Elizabeth Kadetsky)在与《远离上苍》几乎同一时期发表了《高科技的肮脏小秘密》一文,文中揭露了高科技企业的肮脏伎俩:"电子产品生产线上的工人们面对的是很多的有毒物质,其中包含砷化物和氧化镉等等。暴露于这些物质之中,轻则令人失去味觉,中则导致肺部结疤,重则使人罹患癌症。"(Kadestsky,1993:517)

女性们更容易成为环境非正义的受害者,"因为女性的生殖系统与她们的孩子们最易成为有毒物质的侵害对象,也因为女性更容易生活在贫穷的环境之中"。(Platt,1998:62)美墨边境的企业雇佣大量墨西哥或墨西哥裔女性,《远离上苍》中,那些为高薪所诱惑的墨西哥裔女性长期暴露于有毒物质之中,可怜的女人们"感到恶心、头痛,并且症状日渐严重"(Castillo,1993:179),很多女性甚至失去了生育能力,但可悲的是她们并不知道这是他们所工作的企业带给她们的噩运。菲也有同样的症状,甚至也与很多其他女性一样流产。但是她依然努力工作,期待着能够早日得到升职,早日实现自己的梦想。非常具有讽刺意味的是:菲的职位得到晋升的同时,她也向死亡迈近了一步。由于工作出色、手脚麻利,她被单独选入一个秘密的房间,去擦拭枪支的部件。而她并不知道,擦拭枪支的液体是强致癌物。她向主管抱怨液体的味道时,被告知液体"只是乙醚,对身体完全无害"。在这个房间工作了三个月后,"她的鼻子周围出现了红色的晕圈,她的呼吸中有一股胶水一样的味道"(Castillo,1993:181),还有"即使吃一千颗布洛芬也无法消除的头痛"。身体极度不适后,菲才想到去医院检查,诊断结果是癌症。菲罹患癌症,并且在结婚刚满一年的时候就离开人世。

菲并不是奇卡诺社区唯一的受害者,还有许多跟她命运相似的人。亲人们的死使得母亲们的环境意识和政治意识觉醒,在菲的母亲索菲的带领下,她们走上街头,向政府抗议,同时也向人们宣讲环境问题,激发人们的环保意识和斗争意识。母亲们进行了"十字架游行"(Cross Procession)。游行宗教性十足,却更具有政治性。虽然是"十字架游行",但游行的队伍既没有举十字架,也没有举圣母像,母亲们的脖子上挂着死去的亲人们的照片,他们都是由于暴露于有毒物质中而死去的,"游行的队伍不时停下来,祈祷、向人们宣讲让他们的土地变得贫瘠，让这片土地上的人们变成濒危物种的各种有害物质"。（Castillo，1993：241-242）

曾经获得诺贝尔经济学奖的印度经济学家阿马蒂亚·森（Amartya Sen）认为发展的基本前提是：致力于消灭贫困；不破坏环境；不违反人的自由。（Sen，2000：xii）哈根和蒂芬也认为发展应该建立在这样的观点基础之上：（1）不违反人类平等的原则；（2）不为了保障良好的国际贸易环境而不顾当地人类和环境的利益。（Huggan and Tiffin，2010：29-30）美国的环保主义者和支持环境正义的人士也达成了这样的共识："环境正义是关于社会变化的问题，这种社会变化需要在可持续地使用资源的基础上，朝着满足人类需求和增强生活质量——包括经济平等、卫生保健、庇护所、人权、物种保护和民主——的方向前行。"（Hofrichter，1993：4）虽然环境污染已经不再是美国面临的主要问题，但是因为环境种族主义而导致的少数族裔社区、甚至是发展中国家的环境污染问题依然存在。发表于20世纪90年代的《远离上苍》中，以安娜·卡斯蒂略为代表的奇卡纳作家对环境问题的关注，说明环境与环境正义问题走入了奇卡诺/纳文学的视野，成为奇卡诺/纳作家主要关注的问题之一。

## 第四节　族裔与女性身份建构之旅

卡斯蒂略的第一部小说《米斯基亚瓦拉书简》为她赢得了"前哥伦布基金美国图书奖"。小说以书信体的形式写作，里面包含诗人特丽莎（Teresa）写给好友——画家艾丽西亚（Alicia）的40封书信。书信的书写者、同时也是故事的叙述者特丽莎在信中追溯了她与好友艾丽西亚的三次墨西哥之行，书信的跨度为十年左右。特丽莎来自芝加哥，艾丽西亚来自纽约，她们相识于特丽莎大学时期的一次墨西哥之旅，从此结为好友，后来她们又两次结伴同游墨西哥。信件回顾了她们三次墨西哥之行中形形色色的经历、她们在美国的生活和特丽莎对于一些问题的思索。中国台湾学者刘凯玲认为她们的墨西哥之行是特丽莎追求自我，即身份认同和女性气质（womanhood，即女性追求自由和自我决定权）之旅，我们也可以理解为这是特丽莎追求种族、文化身份和女性身份之旅。

霍米·巴巴反对通过"否定"（negation），即划定界限、排除他者来界定自我身份，反对身份的"固定性"（fixity），而提倡以"协商"（negotiation）的方式来界定身份。也就是说，巴巴不认为有一个本质性的、最后的、确定的身份，他觉得"身份从不是先验的，也不是一个已完成的结果；它是通向一个完整形象的不确定的过程"（Bhabha，1994：51），他强调游走于各个身份的边界之间，进行转译与协商。因此，巴巴认为身份是一种协商的过程，而非一个确定的结果。斯图亚特·霍尔也认为"身份总是不完整的，总是处在进行之中，总是处在形成过程中。……因此，我们不能说身份是一种已经完成的东西，身份是一种认同的过程，我们应该将其看作一个不断进行的过程"。（Hall，1992：286）霍尔认为在后现代的主体观中，身份变成了一个"可移动的宴席"，在与我们在文化系统中被表征或书写的方式的关系中持续地被形构与转化。主体在不同的时间呈现出不同的身份，这种身份并不是以连贯的自我为中心而整体化的。在我们的内部存在矛盾的身份，它们向不同的方向引拉，因而我们的身份总是摇摆不定。（Hall，1992：276-277）斯蒂芬·格林布拉特（Stephen Greenblatt）论述了通过自我形塑而建构身份的过程，他认为对于处于边缘地位的阶级来说"自我形塑是经由某些被视为异端、陌生或可怕的东西而获得的。……自我形塑在权威与异端相遇之时出现，而这种相遇必以相互攻击为标志，其结果既对权威也对异端有影响"。（Greenblatt，1981：9）

《米斯基亚瓦拉书简》是一部典型的追寻式小说，主人公特丽莎追寻身份认同、追寻女性自我。对于追寻的结果，卡斯蒂略在小说中并没有给读者一个确切的答案，正如巴巴、霍尔、格林布拉特等理论家所说，身份是一个不断协商的过程，而非一个确定的结果，是在与所谓的"权威"遭遇时一种不断的自我形塑。可以说，卡斯蒂略（和特丽莎）都是在不断的追寻、协商中自我形塑，完成对于自我的认识和自我身份的构建。弗朗兹·法农认为解殖和解放的过程总是从"隐藏的不稳定区域"（zone of occult instability）开始，这种"隐藏的不稳定区域"指的是一种危机和焦虑氛围。特丽莎感受到了自己身份的危机，陷入一种身份的焦虑，因此才开始了她寻求解殖和解放之旅。

《米斯基亚瓦拉书简》只有短短的 138 页，但是解读这本小说的过程却异常艰难。小说总共包含 40 封信，完全打乱了时间顺序，读者在阅读的过程中必须将这些信件重新按时间顺序组合，这还并非最难的。最困难的是卡斯蒂略并没有给读者一个明确的结局，她给出了读者三种阅读方式，让读者亲自参与其中，让读者与作者一同成为文本的创作者，如她在小说开篇所说："亲爱的读者：作者在这里有义务提醒您，这本书不能按照信的顺序来阅读。所有的信都标上了序号，读者可以根据不同的需要来选择要阅读的信。"卡斯蒂略预想了三种类型的读者：循规蹈矩者、愤世嫉俗者和堂吉诃德式的读者。对于不同类型的读者，她建议阅读的信是不同的，信的前后顺序也做了比较大的调整，因此读者必须根据她的建议来仔细、反复阅读、对比，从而找到写给这三类读者的内容的不同，从而参悟卡斯蒂略所提供的追寻自我的不同策略。因此，正如评论家昆塔纳所说，《米斯基亚瓦拉书简》不仅是一部女性主义小说，还是一部后现代主义的小说（Quintana，1996：80），里面进行了很多后现代主义写作技巧的尝试，并且充满了后现代主义的不确定性。罗兰·沃尔特认为《米斯基亚瓦拉书简》是一部关于错位（dislocation）和复位（relocation）的叙事：

> 虽然《米斯基亚瓦拉书简》在风格和结构上有碎片化的特征，它的叙事也有不确定的状况，但是它艺术性地创造了一个"进行中的罅隙空间"（interstitial space-in-process），这个空间使得反抗霸权成为从边缘错位与复位的文化政治，其目的是协助意识形态和文化价值的重新协商。……小说的重要性，不在于挣扎着追求解放的方式和结果，而在于这种挣扎是必要的，特丽

莎的事例表明人必须意识到挣扎的必要性。(Walter，1998：85)

从沃尔特的这段话中，我们可以看出两点：一、小说的叙事中充满不确定性，这点从信件顺序的混乱和因此而造成的追寻过程和结果的不确定性得到了充分的表现；二、小说的意义和价值并不在于找到一个确切的答案／一种确定的身份／一种明确的策略，而在于其中人物挣扎与努力追寻的过程和人物对反抗的必要性的认识。解读这部部头不大的小说虽然艰难，但笔者努力从中找到特丽莎试图构建／追寻／协商／形塑自我过程中所使用的一些策略。在此需要特别说明的是：小说如果按照卡斯蒂略指定的三种方式来读，事件发生的时间、人物、结局等等因素充满了不确定性，因此妨碍读者来解读作品，故笔者在解读这部小说的时候采用两种策略：首先，将整部小说的40封信看作一个完整、时间连贯的叙事整体来解读，从而厘清卡斯蒂略／特丽莎在其中对文化、女性、种族等身份的探索和建构；然后，按照卡斯蒂略的三种阅读方式来解读，从而探明卡斯蒂略安排三种读法的意义。笔者认为：特丽莎／卡斯蒂略试图通过回归历史和传统、写信、姐妹情谊及后现代写作手法四种策略来建构自己奇卡纳女性的族裔与女性身份。

## 一、回归历史和传统

"有些人发现自己甚至连简单地归属于'人类'这个群体都不可能，他们在种族、性别、性和族性方面都被定义为'他者'。很明显，发出声音、再现自己、获得尊重是至关重要的。通常，这些都依赖于获得对某一群体或社群（community）的归属感。"（Weedon，2004：155）显然，小说中的特丽莎就是这些人中的一个，因此，寻找自己的归属感成为特丽莎的当务之急。国内学者王烺烺认为可以通过"重新回到历史之中和回归本土文化传统"（王烺烺，2007：23-24）而实现身份构建／重建。罗斯玛丽·迪基认为后现代世界中人们遭受到身份危机，想要有一种稳定的、连贯的、可行的、个体的身份是一种奢侈，而对于生活在安扎尔杜瓦所谓的"边土"之人更是如此，因为他们身上背负两种或更多种文化和种族传统。迪基认为因为非裔和奇卡诺的特殊身份和经历，非裔作家和奇卡诺作家渐进地、动态地转向"过去"，通过他们文化中传统的元素和实践，来帮助他们构建身份。"为了应对这种缺口，非裔和奇卡诺作家转向过去，以一种渐进的、动态的运动来恢复和重构早期的文化元素和实践。他们的努力为非裔和奇卡诺身份构造提供了一种新的来源。"（Dickey，2001：1）

卡斯蒂略在《屠杀梦想者》中称奇卡纳女性为"没有国度的女人"，"作为一个生于底层社会的梅斯蒂扎来说，我最多就是一个二等公民，最糟糕的是有时候我还被看作无名鼠辈。无论我走到哪里，我都会被认为是外国人，包括美国和墨西哥。我既不是白人也不是黑人。根据美国和一些北美印第安人的标准，我也不能说我是印第安人"。（Castillo，1994：21）在《米斯基亚瓦拉书简》中，卡斯蒂略通过特丽莎之口，描述了这种作为"没有国度的女人"感受。在美国，特丽莎感觉找不到归属，她后来在描述自己理想的生活状态时，说"我生长的城市里，黑色的皮肤和卑微的出身使得我成为暴力的对象"，因此她希望"将来我的孩子们不知道有那种迫害的存在。他们不会在无知之人的手中受苦，相反会在一片视古铜色皮肤为常人的土地成长。他们从不每天为衣食而忧，他们有一种归属感"。（Castillo，1992：67-68）特丽莎深知在美国这一切都是奢望，因此无根无基、无着无落的她踏上去墨西哥寻找自己根基的旅程，希望在那些"古老的废墟"中找到自己的文化之根，从而也找到自己的归属感，但是让她遗憾的是，她的三次墨西哥寻根之旅让她看到在墨西哥人眼中，她也一样是外国人。这三次旅行不仅没有消除她内心的身份焦虑，反而使得她更加困惑于自己的身份问题。不仅如此，作为女人，她在美国遭受着父权的压迫，而幻想中的"祖国"墨西哥更加有过之而无不及，因为没有男性同伴，她们就被看作"放纵的女人"（liberated woman），在墨西哥男性的眼中，她和女友艾丽西亚时时处处被当作"猎物"，成为男性觊觎的目标。

在第3封信里，特丽莎回顾了与艾丽西亚相识的源起。特丽莎在大学的一个暑假里进入墨西哥城的一个北美学院学习墨西哥文化和语言,她和艾丽西亚与其他四位女同学同住在一个寄宿家庭。特丽莎被这个学院浓浓的阿兹特克味的名字所吸引,依靠打零工攒下了学费和住宿费。她原本对这次墨西哥之行抱有很大的期望,但结果却让她失望至极,因为她原本幻想的在一起学习的、跟她来自同一个民族的同学却是一群金发碧眼的加利福尼亚人或者来自美国东北部的 WASP(白人盎格鲁-撒克逊新教徒),连他们的指导教师都不会讲西班牙语。更让她觉得不满的是这里的每个学员都抱着无所谓的态度,他们只是为了在墨西哥混一个充满异域风情的暑假罢了。她在这里急切地想要寻找归属感,结果得到的却是对自己身份更大的迷茫和巨大的失落感。她想要从他们的话语和行为中寻找同种同胞的蛛丝马迹,她在心里暗地问自己:"难道从我具有印第安人特征的脸、我流利的西班牙语和我西班牙式的名字中,他们没看出点什么来吗?"但是遗憾的是,她的这些墨西哥同胞并不认为她是自己的同胞,而只是把她当成"外国佬"(*gringa*)①中的一员,"在介绍时,我点头、握手,然后就座,他们看到我眼都不眨地将我当另一个外国佬对待"。(Castillo,1992:25)更让她深感身处夹缝之中的是:"夏令营的指导老师特别关注那些金发碧眼的学生。一个得克萨斯的女孩总是在吹嘘自己有钱的爸爸,他对她青眼有加,另一个总说自己来自新泽西的金发女孩虽然毫无天分,却让他着迷。很明显,他不喜欢你,也不喜欢我。"(Castillo,1992:26-27)因为特丽莎和艾丽西亚有拉美血统,尤其是特丽莎,她的皮肤是棕色的,很显然,在自己的同胞面前她竟然也遭遇到了种族歧视。她说:"我,有着黑色的头发和亚洲人的眼睛,看起来肯定很像来自美国的移民工人或劳工的女儿(当然我就是)。我不像那些天生皮肤白皙,或者富有,或者生来就有追求幸福的权利的外国女孩,我只是一个像他一样的人的女儿。"(Castillo,1992:27)在她生活的美国,特丽莎

---

① gringa,西班牙语,是 gringo 一词的阴性形式,指代北美女性,是拉美人对北美女性的蔑称。

是"他者"，因为她异于盎格鲁白人。去到墨西哥，她满怀着寻找认同的希望，结果她所认为的"同"在"墨西哥同胞"眼里还是"异"，在"同胞"看来，她依然是"他者"。

在第 15 封信中，特丽莎回忆了她们第二次墨西哥之旅的起因，从她的自述中，我们可以看出她对于寻找身份归属感的急切与渴望："那个夏天，我在加利福尼亚待不下去了。与我丈夫分手、一份兼职工作得到的微薄薪水、被赶出公寓，这些都使得我想要放逐自己。我的内心呼唤我去寻找一个地方慰藉我渴望的心灵。我内心的印第安性已经开始治愈我心灵的创伤，而现代药物是无能为力的；这个年轻的女人渴望一片滋养她的肥沃土地。最后，我选择了墨西哥。"（Castillo，1992：52）在她失去丈夫、工作和家之后，她感受到了放逐自己的呼唤，而呼唤的声音来自墨西哥，因为在她心里，她把这片土地当作了可以从中得到滋养的地方、自己的文化之根和心灵之根，只有墨西哥和古老的印第安文化能够为她疗伤。

特丽莎在第 27 封信中向艾丽西亚描述了她的梦境：

> 那是一个乡下小镇，鹅卵石铺就的道路，破败的窗户，年久失修的木门。小镇处于 16 世纪到现代之间的某个年代。
> 
> 小镇里的人们都是混血，有着太阳和土地的颜色。[①]傍晚的斜阳照在土坯房覆盖着茅草和锡的屋顶上，在狭窄的街道上投下长长的影子，街道蜿蜒曲折、高低起伏。村子里的人们世世代代将自己死去的亲人埋葬在这里。穿着黑衣的女人们在清晨揉捏着面团，为她们的男人准备早餐。孩子们学习读写，然后下地劳作：土地是他们自己的，为他们提供生存所需。
> 
> 我也属于那片土地，那片处在世界的一个小角落的土地。我也是那些混血之人中的一员。这片土地上的人们还生活在火与石、木与藤的时代，它有着口口相传的历史，这段历史从混

---

① 特丽莎在这里显然指的是有着混血血统的梅斯蒂索，他们也经常称自己的肤色为太阳和土地的颜色。

沌初开、时间伊始开始：天神发现自己非常孤独，于是决定用泥土造出人类来陪伴他。

　　天神依照自己的模样捏出了泥人，他将泥人放在日光下晒干。过了很久，当他再次回来查看时，泥人已晒成了黝黑色。他摇着头说："不，这个晒得过头了。"

　　他又捏了一个泥人放在日光下晒，因为害怕出现与上次相同的结果，这次他过了不久就返回来查看。但是这次，泥人们还没有晒好，他们颜色苍白，在他的手里变成了碎块。

　　第三个泥人他晒了一天的时间，到夜晚他回来查看时，泥人变成了棕色，坚固、强壮。他惊叹："啊！我终于造出人了！"

　　我走在这些街道上，有一种自豪感和归属感。更甚于此：我有一种源源不断的安全感，它不会被夺去，至少当我站在这里呼吸着清新的山间空气，看着脚下丰收的庄稼的时候。

（Castillo，1992：101-102）

　　这段优美的梦境描述反映了特丽莎心中的身份焦虑及寻找文化之根的渴望。从特丽莎／卡斯蒂略的梦境之中，读者似乎可以看出她们寻找自己文化身份的艰难性和她们文化身份的缥缈性。卡斯蒂略在这里为读者呈现出了一幅乌托邦的景象。在梦中，她找到了她的精神家园，这似乎是前哥伦布时代托尔特克文明时期的一个土著小村庄。只有在梦中，她才能找到这片给她带来无限安全感和归属感的土地，因为在现实生活中，她既不属于美国也不属于墨西哥，只有在梦里，她才属于这片棕色的、混血的人们生活的土地。这片土地没有受到外族的入侵，它依然保持着古老的文明，这片土地上的人们生生不息，过着与世无争、自给自足的生活。从特丽莎对土著造人传说的叙述中，我们可以看到她对印第安古老文明的欣赏和对于自己肤色的自豪：黑人是因为晒的时间太长，白人则脆弱不堪，只有棕色皮肤的人们才是上苍的杰作，他们最结实、最强壮。在异国，她总是有一种不稳定的感觉，觉得自己好像是浮萍，总是处在不断游动和变换的状态，她所有的一切好像随时都会被夺去，而生活在与自己肤色相同的人中间,生活在自己古老的故土文化之中,她感到自豪和安全,如她所说:在梦中的这片土地上,她才有一种源源不断的确信感,它才不会被夺走。在特丽莎三次墨西哥旅之后,在不断的与权威/统治意识的冲突与协商之后,在这种自我形塑的过程之中,特丽莎明白了寻找一种固定的文化身份的不可能性,也清楚了自己究竟想要寻找一种怎样的文化身份。虽然现实之中求之而不得,但她将这个乌托邦当作了自己的精神家园,给她漂泊不定的心带来一丝安全感和稳定感,让她支离破碎的自我能够体会到片刻的平静和慰藉。

## 二、写信

卡斯蒂略将奇卡纳女性称作"没有国度的女人",不仅仅是因为她们没有可以真正称作"家"的归属,还因为她们无法找到自己的女性身份,这样的境况决定了她们总是"在路上",追寻自己的种族、文化和性别身份。生活在美国,她们饱受找不到归属感的困扰;生活在奇卡诺文化中,她们又承受着女性自我的迷失。本杰明·卡尔森(Benjamin D. Carson)认为:"特丽莎和艾丽西亚努力想要反抗父权制/统治意识形态的权威,用她们的身体和她们的生命来做'自由的选择'。但是很显然特丽莎的信件和行为表明自我形塑的过程非常艰难,带来的是精神上和情绪上的困惑。内心的挣扎产生了不安全感和不确定感。"(Carson,2004:118)在这样的艰难境况之中,特丽莎该如何找到自我?她在信中曾对艾丽西亚说:"当一个人面对镜子的时候,他的灵魂会颤抖。"(Castillo,1992:49)她在这里所说的镜子,暗喻的是自己的写作行为。安扎尔杜瓦曾说:"写作是一种建构身份的方式。"(Anzaldúa,1998:272)保罗·瑞科(Paul Ricoeur)认为身份认同分为固定认同和叙述认同两种,叙述认同是通过文化建构、叙事和时间的积累而形成的认同,它必须经常通过主体的叙述再现自我,处于不断的建构与调解过程中。(转引自生安锋,2004:33)特丽莎将自己给艾丽西亚写信的行为当作了一面镜子,从中看到自己的经历,看清楚自己,通过观看镜子里反射出来的形象帮助自己建立自我，可以说特丽莎写信的行为是瑞科所说的叙述认同。卡尔森认为："写下她旅游及在墨西哥和美国生活的经历实际上是一种能动的行为（虽然有人认为这是一种忏悔），它不能给她安宁（或宽恕）。……写信是一种重要的自我形塑行为：特丽莎通过写信重写了她的历史。"（Carson，2004：118）同样，坦尼亚·贝内特（Tanya L. Bennett）也认为特丽莎写信的行为事实上是一种注视镜中的自己的行为："虽然特丽莎通过注视'镜子'/写信所认识到的东西并不是那么令人宽慰，但这给了她一种能动的感觉。这种能动性从根本上来源于她观察到现实是建构的，即写信的行为给了她一个媒介，首先使得她能够解构压迫女性的意识形态，然后使得她能够建构现实，也包括建构她的自我。"（Bennett，1996：463）中国台湾学者刘凯玲认为："通过写信，双重边缘化的女主人公恢复了掌控自己文本（textuality）和性（sexuality）的力量。收信人是写信人的镜像，这个能够让她自省的镜像，不仅可以让她得到滋养她的女性之间的情谊，而且能够帮她从自我憎恨转向自我爱惜。"（Liu，1994：129）笔者也持有与上述几位学者同样的观点：通过写信，特丽莎就像在检视镜子中自己的行为。通过注视镜子，她可以明澈地洞察现实、反思自己，更加有力的是，她可以通过写信来解构种族主义及父权制等统治性的意识形态，同时也建构自我。如罗兰·沃尔特所说："小说叙述了特丽莎对自我的重新定义，呈现了她从属下的位置到自我意识逐渐成长的过程，这是一个解构性的过程，一个展现及挑战她'他者化'经历的过程。叙述展开了一个中介空间——一个区分'女人自我'（I-woman）及'女人他者'（woman-as-other）的空间——这个空间逐渐成为一个崭露头角（emergence）的地方；一个暴动的地带；一个'罅隙'，在其中特丽莎的新混血女性意识被协商为一种表现的策略。"（Walter，1998：82-83）沃尔特所说的"解构性的过程"正是指特丽莎通过写作来解构父权制和种族主义，她写信的行为不仅仅展现、更加重要的是挑战和解构了种族主义和父权制对奇卡纳女性的"他者化"，表现出了"女性追寻自由及自我界定，即追求形塑一个自治的、摆脱了统治意识形态的自我"（Carson，

2004：117）的诉求。写信使得她经历了更清楚地看到现实—检视现实—自我意识逐渐觉醒—解构父权制—建构身份这样一个过程。

从特丽莎的信里，读者可以看到奇卡纳女性在奇卡诺文化中的地位。她的信绝不仅仅是展现她们的生存状态。这些信件展现了特丽莎作为女性自我意识逐渐觉醒的过程，她最初的书信还显得有些稚嫩，但后来认识越来越清晰、语言越来越犀利、批判性越来越强。在第1封信里，特丽莎写信给艾丽西亚计划她们又一次墨西哥之行。在这封信中，她介绍了自己的一些亲戚，从她对家事的介绍中，我们可以感受到奇卡诺文化中女性在家庭和婚姻中的地位和处境。特丽莎计划在叔叔奇诺（Chino）回墨西哥的时候搭他的顺风车，"但是，奇诺叔叔不愿看到女人开车。……不止开车是奇诺叔叔不愿看到女人做的事。他也不愿意看到女人在没有男人的陪同下到处闲逛。……根据我叔叔的看法，我姑姑没有姑父的陪伴，连离开家里一英里远的距离都不许去"。（Castillo，1992：18）女性们还经常遭受到男人的家庭暴力，特丽莎的表哥打掉了妻子的两颗牙齿。她还警告艾丽西亚她的亲戚知道她没有结婚的反应："要是我的亲戚们知道你没有结婚，他们会认为这简直是丑闻（他们觉得被抛弃也比从未结婚值得理解）。"（Castillo，1992：21）特丽莎还想象了她的教母看到她时候的反应，她会质问她的婚姻，"无论你丈夫身上发生了什么，他有什么错？你们为什么分开？……我们不知道你们俩到底有没有离婚，但是，根据教义，即使你们离婚了，你们也永远是夫妻，你若再跟其他男人一起生活，就是罪过"。（Castillo，1992：21-22）在第7封信中，她讲述了奇卡纳女性被困于婚姻的牢笼之中，没有任何的自由可言："我的母亲在成年后就只与女性交往。我的姐姐们在结婚后就再没任何女性朋友。当一个女人踏入与男性亲密关系的门槛，她就将她的女性朋友抛诸脑后，再也不去理会。只有他才能满足她的需要。如果不能，她也只能自己空虚。"（Castillo，1992：35-36）她们邀请特丽莎的姐姐一起跳舞、看先锋电影、逛超市，因为她姐姐勇敢地宣称将与丈夫分开，她们将她看作与自己志同道合的人。她的姐姐"热切地听取她们所有的建议，因为她生命中第一次可以有所选择、表达思想、选择她周六晚上想做的事情"（Castillo，1992：36），但是"我们不能给姐姐的是社会对她的接受。在夏天结束的时候，她又回到了丈夫身边"。（Castillo，1992：36）这样的结局是令人沮丧的，女性生活在婚姻的牢笼之中，家、男人、孩子是她们生活的全部，她们依赖丈夫，不再与自己的同性保持亲密的关系。她们即使有离开丈夫的想法，最终也会因为无法为社会接受或者没有能力进入社会而再次回到婚姻的牢笼中去。

在第 9 封信中，特丽莎讲述了离开丈夫的原因。她的丈夫莱布拉（Libra）与其他两个拉丁裔男人合伙开店，结果被骗，遭遇了第一次"友谊"之劫。有了这次教训，特丽莎相信丈夫再不会与人合伙做生意，没想到他又交了一个朋友，并且打算与他合伙做生意。使得特丽莎下决心离开丈夫的是：丈夫朋友的大男子主义，他用命令式的口吻告诉特丽莎他坐特丽莎和丈夫的车回去，而让特丽莎和他自己的妻子搭便车回去。特丽莎气愤地问："你说什么？"这位朋友回答："女人，不要让莱布拉难堪。你们总是说女人应该跟男人平等，可以做任何男人能做的事，别说你害怕搭便车回家！"（Castillo，1992：41）对于这番话，莱布拉没有任何反应，因为他的朋友"是男人，而一个男人的女人无法与之相比"。（Castillo，1992：41）第二天，特丽莎"带着牛仔裤、书和诗歌自己搬了出去"。（Castillo，1992：41）特丽莎信里所写一针见血地反映了奇卡诺文化中男性与女性的地位：男性是重要的，女人只是男人的附属，是无法与男人的男性朋友相比的。当丈夫第一次遭遇"友谊"之劫时，特丽莎还对丈夫抱有希望，希望丈夫能够听自己的劝说，与他的朋友划清界限。对丈夫的第二次"友谊"之劫，特丽莎什么都没有说，而是第二天一早直接离开了丈夫，因为特丽莎已经愤怒至极、绝望至极，她清楚自己在丈夫心目中的地位是无法与他的"生意"和他的"朋友"相比的，再多的言语和抱怨也是无谓，于是她毅然决然地选择离开。

从第 28 封信到第 31 封信，特丽莎回顾了自己和一个来自西班牙的弗拉门戈舞吉他手亚力克西斯（Alexis）的情感纠葛，从叙述的篇幅可以看出来，对于特丽莎来说，这是她人生中最重要的一段与男性的关系。亚力克西斯也是给她伤害最大的男人，不仅是心灵，还有肉体。特丽莎怀了亚力克西斯的孩子，自作主张地将孩子打掉了。他非常愤怒地质问特丽莎原因。特丽莎说："我把我们的孩子送走了，它等待着进入到这个悲惨的世界，一旦它出生，就不再纯真，因为存在就是努力去生存，就一定会伤害更加弱小的人。伤害一个活着的生命并不是为了毁灭，而是为了拯救自己，这才是真正的目的。"（Castillo，1992：115）这段话特丽莎说得非常隐晦，但是将它放在她与亚力克西斯关系的语境之中，就变得容易理解了。显然，她是在控诉自己遭受到亚力克西斯的伤害，她将自己看作那个"更加弱小的人"，亚力克西斯对她的伤害是出于"拯救自己"的自私目的。特丽莎的这段话让亚力克西斯恼羞成怒，他"跳起来，举起了他的拳头"（Castillo，1992：115）。在第31封信的末尾，特丽莎道出了她堕胎的真正原因："我知道如果我生了他的孩子，他将永远不会离开我的生活。我想像割掉一个癌瘤一样把他摆脱掉。"（Castillo，1992：116）从前面的信中，我们知道特丽莎很爱亚力克西斯，但她为什么那么决绝地想让他从她的生活中消失呢？特丽莎也道出了其中的缘由："你每次来我这里都喝得醉醺醺，好像这是你的家，让我给你做饭，跟你做爱，而这时候我很恶心，唯一想做的就是呕吐……！"（Castillo，1992：116）

艾丽西亚也处于与特丽莎相似的境况之中，她虽然没有结婚，但曾与很多男人交往，信中提到的她的黑人男友罗德尼（Rodney）不忠于她，而她后来交的男友阿布德尔（Abdel）也因为生活不如意、靠艾丽西亚养活而最终自杀，特丽莎在劝慰艾丽西亚时说："阿布德尔是一个懦弱的男人，他把你吸得干干的，比一个孩子从母亲身上榨取的都要多。他还不如孩子，因为他从未想过独立。"（Castillo，1992：135）

生活在美国，在奇卡诺文化之中，女性是没有自我的。特丽莎和艾丽西亚踏上了去墨西哥寻找文化身份和女性自我的征途。如前所述，在墨西哥，特丽莎并没有找到自己的文化之根，那么在那里她有没有找到自己的女性自我呢？她们在三次墨西哥之行中遇到了很多墨西哥男性。在第 16 封信中，特丽莎讲述了在墨西哥遇到一位男性同事的经历。他叫阿尔瓦罗（Alvaro），是特丽莎在加利福尼亚短暂的教书生涯的一位同事，他们在阿尔瓦罗的家乡——一个墨西哥小镇相遇，这使得特丽莎非常欣喜："我们因为共同的祖先的印第安精神而互相吸引。"（Castillo，1992：54）可见特丽莎将他当作了知己，因为他们有共同的祖先、共同的印第安血统，她甚至将阿尔瓦罗看作自己的一面镜子，他引起了特丽莎心灵的震颤。但是特丽莎对阿尔瓦罗的感觉很快发生了变化,他们在思想上迅速分道扬镳，这主要是由他们的性别差异引起的。阿尔瓦罗的大男子主义、对于艾丽西亚的介入的不满，更重要的是因为她们两个女人出行没有男人的陪伴，使得阿尔瓦罗将她们两人看作"流浪者"。在第 17 封信中，特丽莎叙述了碰到一位医学生的经历，同样也是她们的"流浪"使得医学生的家人很不满，将她们看作随便的女人。第 19 封信中，特丽莎遇到了一个企业家追求者，她虽然不爱他，但跟前夫过够了贫穷的生活后，她决定"出于需要而结婚"（Castillo，1992：68），而当特丽莎把自己已经结婚的消息告诉他之后，"他非常不高兴，更不高兴我不是处女"（Castillo，1992：67）。在特丽莎和艾丽西亚后来的旅程中，当她们经济拮据时，要求这位企业家未婚夫的经济资助，但得到的是一封信："亲爱的特丽莎，我们不能结婚了。祝福你……"（Castillo，1992：99）特丽莎感觉到"一阵凉意掠过我的血管"（Castillo，1992：99）。

第 22 封信中，特丽莎叙述了她和艾丽西亚遇到几位工程师的经历。她们受邀到他们住宿的地方。特丽莎与其中的一位名叫庞斯（Ponce）的工程师的一番谈话，反映出了她们两人在很多墨西哥男人眼中的形象。他开口就说："我觉得你是个'自由女性'。我说得对吗？"特丽莎回忆："他的表情告诉我，我怎么回答不重要。最后他会赢。他会撕去我所有的托词、保留和防卫，以跟我上床而结束。"特丽莎反击道："你所说的'自由'是我所谓的独立自主地选择我要做什么、和谁、什么时候。并且，它还意味着我可以选择不去做，无论跟谁,从不。"庞斯还不甘心:"真的吗?你给我很'自由'的印象。坦白地说,你很吸引我。"特丽莎在心里默念:"*自由:(意味着)垃圾、妓女、婊子。*"①(Castillo,1992:79)特丽莎在信中对艾丽西亚说:"在那个国家,'自由女性'与她们在美国为之奋斗的身份并不是同样的概念。在这种情况下,'自由女性'的意思就是可以与任何一个男人睡觉的女人。"

在旅行的过程中,她们成为男性觊觎的目标,她们——尤其是特丽莎——有着"对这个地方的男人来说特别有诱惑力的身体"(Castillo,1992:62),并且被人当作了随便的女人,因此好几次差点被强奸。她们在工程师住宿的地方准备去墨西哥城,正巧他们的老板要去,因此她们搭上了老板的便车。但是在路上,特丽莎"预感到他们有什么不好的预谋。我非常后悔我之前又抽烟又喝酒,我意识到了我领口开得很低的罩衫,意识到我们待过的地方全都是单身的男人。这两个保守的中年男人(老板和同行的另一个男人)会怎么看我们呢"。(Castillo,1992:95)如特丽莎所料,老板果然在车上开始对她动手动脚,"他触碰我的身体使得我浑身战栗,我的脑子在拼命地转动,想要找到能让我们逃出虎口的办法"。(Castillo,1992:95)最后,特丽莎编了一套谎话:"我是一个老师,一个人类学教授。我和我的朋友这次来到墨西哥是因为我一直在研究古代的废墟。我尤其对奇琴伊察(Chichen Itza)②感兴趣。我们刚从尤卡坦(Yucatán)返回来。……我根本没时间跳舞。我们不是他们说的'自由'的、'嬉皮士式'的美国女人。我非常喜欢读书和写诗。我还喜欢音乐。我们非常尊敬我们的父辈和我们的后辈。你让我想起了我亲爱的父亲,他肯定急切地想听到我这次墨西哥之行的发现!"(Castillo,1992:96)特丽莎编这套谎话显然是为了扭转她们在这

---

① 此处原文为斜体。
② 奇琴伊察是古玛雅城市遗址,位于墨西哥尤卡坦州南部,别名羽蛇城,是古玛雅文化和托尔特克文化(Toltec)的遗址。它的遗址被现代公路分为南北两半。南侧老奇琴伊察有金字塔神庙、柱厅殿堂、球场、市场和天文观象台,以石雕装饰为主;北侧新奇琴伊察为灰色建筑物,具有托尔特克文化特色,有库库尔坎(Kukulcan)金字塔、勇士庙等,以朴素的线条装饰和羽蛇神灰泥雕刻为主。

两个男人心目中的"自由女性"的形象。在墨西哥人眼中，两个女人没有男人的陪同、毫无目标地到处游逛，跟一群男人混在一起，既抽烟又喝酒，显然她们不是传统意义上的像圣母瓜达卢佩一样的好女人。而她们这样的形象，非常容易让男性误解，认为她们轻浮、随便，从而成为他们性侵的目标。因此，特丽莎骗老板自己是教授，喜欢读书和写诗，从而扭转自己在老板心目中随便女人的印象，这才避免了被老板强奸的命运。

她们为什么屡屡有这样的遭遇？特丽莎在第19封信中道出了个中真相："原因是……我们突然出现在墨西哥，就像两根尖刺。这个社会（墨西哥）所能做的就是把我们剔除出去。我们是那么叛逆，因此遭受到了讥讽、虐待、不敬。作为人，我们本该要求尊严，但是一位绅士能够给予一个女士尊严的前提是她必须是淑女。很明显，你我不是淑女。我们做得最为越轨的事是什么？我们自己游逛。"（Castillo，1992：65）两个寻根的女人，怀着对墨西哥的无限期待和憧憬踏上了这片土地，她们在这里四处寻找，希望在一片片残垣断瓦中找到自己的根，找到失落已久的女性价值，但是她们却不能为这里的人们——无论是男性还是女性——所理解。在他们眼里，她们无所事事，她们是"自由女性"，是随便就可以与男人上床的女人，在信里，特丽莎视为祖国的墨西哥没有任何人对她们有过友好的态度。特丽莎最后意识到，在墨西哥寻找女性自我，甚至要比在美国失败得更为彻底，她对此进行了对比："美国的女人们可以聚集在政府大楼周围，向媒体的摄像机展示她们的标语，写信向议员们抱怨，但是在这片古老的土地上，村庄依然是16世纪的模样，两个外国女人，穿着褪色的蓝牛仔裤，头上裹着印花手帕，在谈话中时不时地用到一些社会主义的术语，是不可能讨人喜欢的。"（Castillo，1992：92）

在美国，奇卡纳女性受到家庭/父权制的禁锢，而当特丽莎想要通过去墨西哥旅行来寻求自由、摆脱禁锢的时候，她发现她和艾丽西亚不过是墨西哥男性眼中的"自由的女人"。通过写信，特丽莎展现、挑战了种族主义和父权制对奇卡纳女性的"他者化"，解构了父权制。第 32 封信是特丽莎对自己写信缘起的解释,她在这封信中的叙述从别的信的第一人称转为第三人称,道出了她自己和其他女性在父权制社会中生活所遭受的种种压迫和抑制,也宣誓了自己与其对抗的决心:"女人照顾她的男人,洗涮、做饭、给他洗内衣,好像他是她唯一的孩子,好像他来自她的子宫。作为交换,他给她钱花,或许不给。他或许会给她名分,用他自己的姓氏来取代她父亲的姓氏,或许他不。他或许会让她觉得自己像个女人,或者让她知道女人跟男人在一起时她应该是什么感觉,或许他不。"(Castillo,1992:118)这就是她跟男人在一起时的生活。她意识到这样是不行的,于是"在十月的一个夜晚,她独自喝完第五杯朗姆酒后,终于有勇气把她在另一种生活中①所写的诗歌拿到他面前。一个反叛的女人的声音发出了她压抑的呐喊。……她开始有条理地将那个就像一个破碎的瓷花瓶一样碎成一片一片的女人搜集起来,将它们粘在一起,尽量地粘好。……她自己做主,将她的生命又重新掌控在了自己手中。"(Castillo,1992:118-119)写信,就像写诗一样,使得特丽莎重拾裂成碎片的自我,通过一封封信件和一首首诗歌,特丽莎又重新将破碎的自我拼贴起来,重新成为一个完整的女人。

### 三、姐妹情谊

有学者认为艾丽西亚实际上是特丽莎的另一个自我,"这些信通过与艾丽西亚——特丽莎的另一个自我——分享她们的经历,帮助特丽莎应对她的'他者'感"(Liu,1994:112);有学者认为艾丽西亚是特丽莎的一面镜子,特丽莎在小说中的一句话:"当一个人面对镜子时,他的灵魂会颤抖",这句话可以有多重的解释。前面一部分,笔者将镜子阐释为特丽莎写信的行为,我们也可以将镜子理解为艾丽西亚。特丽莎与艾丽西亚有着深厚的友谊,在她们一起旅行的过程中,特丽莎向艾丽西亚学习了很多东西,通过给艾丽西

---

① 这里所说的另一种生活(another life)指的是特丽莎在做家庭主妇之余,作为一个诗人的生活。

亚写信，她不断地检视自己、治疗自己，从而也提高自己。如特丽莎在信中所说：" 我们祈求对方来拜访自己，但是见面后，我们的战争又重新开始。我们互相针刺、刀捅、操纵、切割，我们用这种方式爱着对方，在对方的映像中看到彼此的提高。"（Castillo，1992：29）她们在不断的冲突与妥协中互相操纵、互相打磨、互相协商，从中互相学习，弥补自己身上的不足，最终获得精神上的提高与升华。

特丽莎与艾丽西亚初识于前面所述的那次夏令营。艾丽西亚是金发白肤、来自中产阶级家庭的女孩，而她们跨越了种族和阶级的障碍，在众多旅伴中获得了相互认同，成为彼此的挚友，特丽莎称艾丽西亚为 " 姐妹、伴侣、朋友。我们永远不分离。锋利的刀刃也割不开我们共同的意识 "。（Castillo，1992：24）" 晚上，在我们寄宿的屋子里，我们大笑。认识了你，我很珍惜。"（Castillo，1992：27）在夏令营期间，她们一起去了米斯基亚瓦拉，" 一个前哥伦布时期的无名小村庄，没有现代文明的干扰 "，一起在那里度过了很多美好的时光。（Castillo，1992：25）她们一起 " 坐在户外，在轻快的气氛中吃早餐，烤玉米卷、用土罐盛的咖啡、圆圆的玉米饼。孩子们在旁边玩耍。……日落时分，没有街灯，人们都回到室内。我们在客厅里一起度过紧张的一小时，直到女主人允许我们去休息。……早晨我们被站在墙头啼叫的火鸡叫醒，搭车沿着崎岖不平的道路去到泥泞的河边 "。（Castillo，1992：25-26）与同性朋友的快乐时光是她们在异性身上无法找到的。在来到墨西哥之前，她们彼此都经历了与异性的不愉快，特丽莎不顾丈夫，独自在墨西哥待了两个月，而艾丽西亚则被男友抛弃，" 通过艾丽西亚，特丽莎明白了女人在生命中除了男人还有其他的选择 "。（Liu，1994：115）在后来的旅途中，她们结为旅伴，同时也结为心灵的 " 伴侣 "，她们彼此见证了对方的爱恨和成长。她们在一起经历了很多磨难，依靠彼此的支持而继续走下去。

特丽莎在信中多次提到，她们的关系就像 " 恋爱 "（Castillo，1992：45），就像 " 结婚很久的夫妻 "（Castillo，1992：53），她们经常会"像恋人一样交流让人心碎的困惑"（Castillo，1992：127）。艾丽西亚是特丽莎女性意识的启蒙者，她们第一次去墨西哥的时候，特丽莎是一个驯顺的年轻妻子，在婚姻中窒息，想回到精神的家园——墨西哥——去寻找片刻的解脱。而艾丽西亚虽与特丽莎同龄，却是一个独立、有主见的年轻女孩：她虽然还未结婚，但已经有了"极多不知名的情人来满足她的性冲动"（Castillo，1992：27），以至于特丽莎在信中说："我们想要数数你的情人有多少，但数着数着就忘记了数目。"（Castillo，1992：60）她"疯狂地在陌生人的臂弯中寻找爱，想从充满偏见的父亲那里获得认可，毫不怀疑地相信终有一天（她）的作品会为大众接受，因为（她）知道自己是创造新规则的一代"（Castillo，1992：29）。在与艾丽西亚的美好经历之后，特丽莎"不再想去面对每天柴米油盐和充满憎恨的世俗生活，不再想接受一夫一妻制婚姻中互相的责任，不再尊崇父权制传统，想要摆脱丈夫控制的双手……和自相矛盾的上帝"。（Castillo，1992：28-29）"艾丽西亚启蒙了特丽莎摆脱文化束缚而去享受生活的思想。如果说经常会退回到她原来的生活中寻找归属感的特丽莎是一个反抗的保守者，那么艾丽西亚则是一个激进的社会放逐者。"（Liu，1994：112）她们的友谊经历了十年的跨度，在艾丽西亚的影响下，特丽莎变得越来越独立，随着年龄和女性意识的增长，她也变得越来越成熟。在十年友谊的前半段，她们结伴旅行，足迹踏遍了墨西哥的土地，她们一起做别人眼中的"自由女性"，一路上与男人发生一段一段的故事，受伤、彼此舔舐对方的伤口，再一次上路……在这十年的后半段，她们为了生活有了自己的事业和"家庭"（艾丽西亚始终没有结婚，只是跟男性同居），回归到了各自的生活之中，她们的接触变得少多了，但是她们依然彼此关心：特丽莎在流产掉她和亚力克西斯的孩子之后，写信向艾丽西亚倾诉；艾丽西亚的同居男友自杀之后，特丽莎写信安慰，并且对他进行了强烈的批判，等等。从后来特丽莎给艾丽西亚写的这些信中，我们可以看到一个独立、坚强的特丽莎，她已经不是十年前那个顺从的小妻子，而成为一个有主见、有强烈女性意识的诗人和女性主义者。特丽莎的这些成长，当然有很大一部分要归功于艾丽西亚。

女性之间的关系非常微妙，她们可能是最好的朋友，但同时她们之间也存在着嫉妒和怨恨，特丽莎和艾丽西亚的关系就是这样。她们互相深爱对方，但有时也会嫉妒甚至憎恨对方，就如特丽莎所说，除了友情，她们还"针刺、刀捅、操纵、切割"地打磨着对方。艾丽西亚嫉妒特丽莎总是能吸引男人的目光，而她却不能。特丽莎安慰她："我真希望能说服你你有多么的美丽。……你有那么长的长发，像蛇一样垂在你的背上。把古老的女性美的标准放一边，你的美是可爱。……为什么你自己看不到这些？"（Castillo，1992：51）特丽莎在第32封信中一针见血地指出："你对我总是能吸引男人很愤怒。你说我有大胸、丰满的臀部和大腿、丘比娃娃（kewpie doll）一样的嘴。在我对男人的吸引力的背后有你并没有意识到的东西：我是温顺的。"（Castillo，1992：119）而艾丽西亚却不是男人想要的那种女人，因为她不具备"柔软的、简单的、母性的／像孩子一样的、丰满的、包容的大腿和拥抱、金发的、活泼的、樱桃色的红唇、圣母等这些女性特征，你不符合男性的任何形象、幻觉、错觉、幻想、刻板印象，你不符合男人对女人的陈词滥调的定义。因此，你不可能被爱"。（Castillo，1992：119）父权社会就像边沁的全景敞式监狱，女性成为监狱中环形边缘的被囚禁者、被凝视的对象，而男性则处于中心瞭望塔的位置，观看女性。在父权社会中，男性从来都是凝视的主体，而女性成为男性的观看对象，一种"景观"。劳拉·马尔维（Laura Mulvey）认为，"在通过两性的不平衡而得以组建的世界中，观看的愉悦已经分裂为：主动／男性与被动／女性。这决定了男性的凝视将其幻想投射在被相应地设计的女性形象上"。（Mulvey，1989：19）在上面那段话中，特丽莎道出了一个真相，她之所以为男人喜欢，是因为她符合男人对女人的一切定义，她完全被男人物化，成为男人凝视的眼中的一个美丽物品，拥有男人理想的女性的一切特质。而艾利西亚却是反叛的、不温顺、不像圣母，这注定了她不可能是男人想要的那种女人。从这段话中我们可以看出：特丽莎能够看到这点，说明她已经具有非常成熟的女性意识，她能透过现象看到本质,而这在某种程度上归功于她与艾丽西亚多年的友谊,她们相互学习、不断成长。

在另一封信中,特丽莎道出了她对艾丽西亚的复杂情感:"我恨白人女性,有时候我不喜欢你。"(Castillo,1992:49)艾丽西亚的祖母来自西班牙的安达卢西亚,有吉卜赛人的血统,但是艾丽西亚的皮肤是白色的。特丽莎恨白人女性,因此她对白人女性的恨也转移到了艾丽西亚身上。特丽莎说:"社会让她们(白人女性)成为最想让人得到的物品,她们也这么看自己。我的丈夫承认感觉自己不如她们。……我更憎恨白人男性。……我找到了我愤怒的源头,将我的愤怒指向他们(白人),我叫他们白人、特权阶层,我觉得不公平。"(Castillo,1992:49-50)在这里,特丽莎除了展现她的阶级和种族意识,还道出了她憎恨白人的原因:她意识到在这个种族社会中,白皮肤意味着享有特权;她还意识到虽然同为女性,她和白人女性是不一样的,她们有特权、不受种族歧视,她们有着比少数族裔男性更高的地位。在这里,她将艾丽西亚看作了白人的代表,她将对白人的愤怒和怨恨集中在了艾丽西亚身上,将艾丽西亚作为她愤怒的发泄口。从她对艾丽西亚的抱怨,我们可以看到特丽莎阶级和种族意识的觉醒和她对社会问题越来越深刻的认识。

沃尔特认为特丽莎与艾丽西亚的友谊有着"相互吸引与厌恶的辩证法"的特征,"反映了自我在逆境与侵害中的挣扎,折射了社会与心理的错位与其带来的意识觉醒与身份重建的可能性"。(Walter,1998:85)艾丽西亚是特丽莎的一面镜子,当她通过这面镜子凝视自己的时候,她照见了自己在种族主义和父权制社会中所有的软弱与妥协,她的"灵魂颤抖"了,灵魂的颤抖让她努力改正自己的软弱,变得越来越坚强;可以说,艾丽西亚是特丽莎的另一个自我,通过对自我的检视和与自我的对话,特丽莎更加成熟、独立;可以说,艾丽西亚是特丽莎的老师,教会她与父权制斗争,反抗丈夫、父亲及教会;可以说,艾丽西亚是特丽莎情绪宣泄的一个出口,她将对于男性、教会、种族主义的看法和愤怒讲给艾丽西亚这个倾听者;还可以说,艾丽西亚是特丽莎的挚友,甚至是灵魂伴侣,她们互相协商、形塑、不断成长。无论她们是什么，她们都是无法分开的。女性主义心理分析理论认为同性友谊在女性身份形成的过程中起着重要作用，"友谊使得女性通过与另一人的关系厘清自我身份，成为女性自我界定的手段，反映了女性自我最基本的层面"（Abel，1981：416）。她们之间亦爱亦恨、爱恨交织的关系让她们能够完成自我界定，建构自己的女性身份。

## 四、后现代写作手法

卡斯蒂略是一位非常具有革新精神的奇卡纳作家，《米斯基亚瓦拉书简》是卡斯蒂略的第一部小说，她在这部小说里做了很多大胆的尝试。例如：小说有三种阅读方式；40封信全部标上序号，打乱时间顺序，不同的读者根据卡斯蒂略的提示舍弃一些信件、重新排列组合这些信件；特丽莎在信中对自己的称呼全部用的是小写的"i"。这些是作者在写作形式上所做的大胆创新，同时这些形式也是对小说追寻自我的主题的呼应。"《米斯基亚瓦拉书简》鼓励读者自己做出选择，并使得他们成为叙事的主体，同时也显示了发现一个唯一的、正式的故事版本的不可能性。每种阅读方式都要舍弃一些信件，重新组合它们，最终会产生至少三个不同的故事，每个故事都有不同的人物和主题。"（Larkin，2012：155）

小说分别是为三类不同的读者准备的：循规蹈矩者；愤世嫉俗者；堂吉诃德式的读者。在"为循规蹈矩者"这一部分，共有29封信，卡斯蒂略/读者舍弃了40封信中的一些重要信件，包括第4封信（对教堂的尖锐批评）和第17封信（对墨西哥文化的尖锐批评）；舍弃了第5封信（对艾丽西亚吉卜赛血统的叙述）；舍弃了第33封信（特丽莎与情人亚力克西斯分手后，一次寻机报复他并得胜的事）；舍弃了第38封信（特丽莎与艾丽西亚的一些冲突）。在这部分中，故事的结局是：特丽莎与丈夫？/前夫？生了一个男孩，她准备带着孩子回家。"我们打算回家，我和维多利奥（Vittorio，孩子的名字）。你惊讶吗？"（Castillo，1992：125）"在家里，维多利奥的外祖父会和他一起在吊床上打盹。他会给他讲从未给我讲过的故事。……

我的丈夫出门去了。我在家里批改学生的作业，鼻子上挂着眼镜。……"（Castillo，1992：125）而艾丽西亚在这部分的结局是以她的情人阿布德尔的自杀而告终。在这个故事中，我们看到了特丽莎在父权制和种族主义中的挣扎，但并没有看到她对父权制文化和宗教辛辣的批评。在种种的挣扎和叛逆之后，她又回到了自己本想逃离的地方：家。有学者认为："在这个故事中，特丽莎没有回归到诗歌和女性主义意识。……这个故事更加强调的是文化与家庭的传统，而不是女性主义的批判。"（Larkin，2012：155）但在这部分，我们依然可以看到特丽莎的一丝女性主义意识的流露：在第40封信的开头，特丽莎说："在一段旅程结束之后，人要回到家中，只为了一个目标：重新开始。"（Castillo，1992：134）在这部分中，虽然特丽莎的批判相对较弱，但却给了读者希望：特丽莎向艾丽西亚建议她们再计划一次墨西哥之行；孩子也是希望的象征。最后一封信中，她告诉艾丽西亚，她的孩子"应该学会照顾自己，自己缝补衣服、做饭、打扫、承担他自己的责任。他可以做任何小男孩爱做的事情，同时他也应该敏感……。他必须学会长大后成为一个女性的好伴侣"。（Castillo，1992：136）

在这里，我们似乎可以看到特丽莎寻找的一个女性生存的乌托邦，即彻底解构象征秩序。沃尔特认为"小说的风格和结构暗示了对于象征秩序的彻底解构成为特丽莎身份危机和寻求自我的解决办法"。（Walter，1998：83）法国思想家雅克·拉康将弗洛伊德的心理分析理论与索绪尔的语言学理论结合起来，论述了人的心理发展受语言影响的过程，他认为人类的思想不是先于语言而存在的，而是由语言建构的，因此他最著名的一个论断是"无意识是像语言一样建构的"。他将人类心理发展的前语言阶段称作"想象秩序"（imaginary order），将获得语言后的阶段称为"象征秩序"（symbolic order）。在"想象秩序"阶段，人分不清主体或客体（或自我和他者），但是经过"镜像阶段"（mirror stage）后，人开始建立自我意识。在三岁左右，人产生俄狄浦斯情结，而父亲向儿子宣布了乱伦的禁忌，并以阉割相威胁，孩子害怕被阉割，于是与母亲的身体分开，人在这时完成了初步的社会化。在拉康看来，俄狄浦斯情结的产生及其解决过程就是人从"想象秩序"进入"象征秩序"的过程。因此，"象征秩序"也就是指社会秩序、规则，人进入"象征秩序"后，意味着他接受了父权社会的规则，诸如男性／女性、父亲／儿子等等的二元对立。总之，拉康认为"象征秩序"遵守父亲的法则，在其中，"阳具"是至高无上的能指，而其他的能指都是根据这一能指的模式建立起来的。为了解构象征秩序，法国女性主义理论家茱莉亚·克里斯蒂娃提出了一种前语言的、前俄狄浦斯（pre-Oedipal）指示过程，并将其称作"符号域"（semiotic）。她认为"符号域"与父亲掌控的"象征秩序"不同，是以母亲为中心的。在进入"象征秩序"后，"符号域"被压抑。通过建构"符号域"，克里斯蒂娃试图破坏与消解权威性的"主体"，并且对抗将女性置于消极与边缘地位的"父亲的法则"。特丽莎生了一个男孩，并要把孩子养育成一个女性的"好伴侣"，我们可以看到特丽莎所采用的是与克里斯蒂娃相同的策略，让她的孩子在进入"象征秩序"前，接受"符号域"，从根本上颠覆"象征秩序"。

"为愤世嫉俗者"与"为循规蹈矩者"有重要差别的地方是：卡斯蒂略删去了第 5 封信（主要讲述艾丽西亚的吉卜赛血统）；增加了第 32 封信与第 33 封信（分别讲述特丽莎与亚力克西斯的关系和他们分手后特丽莎寻机对亚力克西斯的报复）；增加了第 38 封信（讲述有人看到艾丽西亚与特丽莎的前男友在一起）；调整了第 13 封信的位置，第 13 封信夹在第 35、36 与第 37、38 封信之间（特丽莎在其中阐述她对白人女性和白人男性的憎恨）；删除了特丽莎生孩子和打算回到丈夫身边这两封信。从这些调整中可以看出，卡斯蒂略在第二种读法中更多地聚焦于特丽莎和艾丽西亚的友谊，一个与第一种读法中"循规蹈矩"的特丽莎截然不同的"愤怒"的特丽莎展现在了读者眼前。通过对信件的增删和顺序调整，一个强烈批判种族主义、父权制的特丽莎跃然纸上。在前面一部分笔者阐述了特丽莎与艾丽西亚的友谊，从第 5 封信中我们可以看出艾丽西亚有着吉卜赛血统，这成为特丽莎与艾丽西亚产生认同感并成为挚友的重要前提，她们的血脉里都流淌着遭人歧视的种族的血液。在这部分，作者删去了第 5 封信，很明显是去掉了两人友谊建立的基础，从而也为后面埋下了伏笔。在这部分中，特丽莎向艾丽西亚表示同情与安慰的第 40 信被删掉（艾丽西亚同居男友自杀）；她们打算第二次去墨西哥的第 15 封信也被删除，在这封信中，艾丽西亚建议特丽莎将她们的旅行记录下来。从这些改变中，读者可以意识到特丽莎和艾丽西亚在第一种读法中所描绘的那种友谊发生了变化。尤其值得注意的是，卡斯蒂略刻意将第 13 封信做了非常大的调整，将其调到了第 36、37 封信中间，将信件做这么大幅的顺序调整，意味着作者想要表达一种非常重要的思想，那她想要表达什么呢？第 13 封信是特丽莎向艾丽西亚倾诉她对白人女性的厌恶。在这里值得注意的是：特丽莎删去了第 5 封信。也就是说，这第二种读法中，艾丽西亚没有吉卜赛血统，而是一个纯粹的白人女孩。特丽莎在信中表达对白人女性的恨，也是表达她对艾丽西亚的恨。还有应该引起读者关注的是这种读法中的最后一封信，也就是第 38 封信，在信中，特丽莎告诉艾丽西亚有人看到她与特丽莎的前男友一同旅游，言外之意就是：其一，艾丽西亚抛弃了特丽莎，不再同她一起旅行，而将旅伴换作了一位男性；其二、艾丽西亚此处似有抢夺特丽莎的前男友之嫌（在这封信前面提到过，特丽莎还与这位男性恋爱的时候，这个男人就表示出了对艾丽西亚的好感）。这个结局似乎意味着特丽莎和艾丽西亚关系的决裂，是什么造成了这种情况？笔者认为是：种族的差异！因为艾丽西亚在这种读法中是一个白人女性，特丽莎与其产生认同的基础被连根拔去。特丽莎 / 卡斯蒂略在这里似乎想告诉读者：跨越种族的友谊是不可靠的，决定不同种族之间（尤其是白人与有色人种）女性关系的基础还是种族。因此，读者在这里也不难理解为何卡斯蒂略将第二种读法称作"为愤世嫉俗者"。"这种读法以特丽莎与艾丽西亚的关系破裂而结束，因为后者决定与她的男性情人而不是女性朋友一起旅行。卡斯蒂略为愤世嫉俗的读者展现的结局既没有文化 / 家庭的稳定，也没有女性的友谊。"（Larkin，2012：156）

在第二种读法中,除了注意种族问题之外,特丽莎还将我们关注的目光引向了性别问题。第二种读法比第一种读法中多了第 32 及第 33 封信。在第 32 封信中(前面笔者已经对此进行过论述),特丽莎向艾丽西亚控诉了自己在家庭中的地位,也控诉了所有奇卡纳女性的家庭地位,同时也道出了她写这些信的原因:"一个反叛的女人发出了她压抑的呐喊。"(Castillo,1992:118)第 33 封信中,特丽莎则给艾丽西亚讲述了她对亚力克西斯的报复:在分手五年之后,特丽莎终于鼓起勇气,精心谋划了一次"偶遇"。特丽莎一直知道亚力克西斯经常光顾一个夜店,但是这么久以来,她因为受伤至深,一直不想再见到亚力克西斯。经过五年的休整,当内心的伤痛不再那么强烈时,她才设计了这次报复事件。经过精心的打扮,她去了那个夜店,假装跟亚力克西斯借火,当他扭过头来时,"他脸上的表情让我觉得我花的钱很值。我借了火之后,没有跟他道谢,退回到了黑暗之中"。(Castillo,1992:121)在特丽莎的叙述之后,这封信还附上了一篇"后记",是以亚力克西斯的口吻叙述的一首诗,读者从中可以看到亚力克西斯在见到特丽莎之后心潮澎湃的感觉:特丽莎在他眼里依然那么美丽,依然那么"让人渴望",他的脑海里浮现出了与她肌肤相亲的种种画面。为什么说特丽莎制造的这次"偶遇"是对亚力克西斯的报复?为什么特丽莎借火之后又退回到了黑暗之中?"偶遇"之后,读者可以看出,在亚力克西斯眼中,特丽莎依然是一个物品,一个美丽的物品,她引起了他无限的遐想和渴望。但是,特丽莎却退回到了黑暗之中,似乎是要告诉他,他脑海里一切遐想都是不可能的,她不再是那个他拥有的物品,她是独立的,他永远也不可能再得到她。"退回到黑暗中"这个动作是她在向亚力克西斯宣告自己的独立自主。

第三种读法"为堂吉诃德式的读者",这部分去掉了第一部分中特丽莎生孩子及决定回归家庭的情节,也去掉了第二部分中特丽莎与艾丽西亚种种矛盾的情节,在这部分中,艾丽西亚依然有着吉卜赛血统。尤其值得一提的是这部分的结局。第 1 封信没有出现在前两种读法中,只在第三种读法中出现,而且是出现在第三种读法的最后，也就是说，虽然这封信的序号是第一，但它在第三种读法中却是结局。第1封信写了特丽莎邀请艾丽西亚再次进行墨西哥之旅。特丽莎与艾丽西亚就像堂吉诃德一样，将会继续踏上她们的追寻之旅。

小说分三种读法和因此而带来的不同的阐释和不确定的结局，很好地与特丽莎破碎的自我及其变化的、不连贯的、不稳定的、一直处于协商与形塑中的身份相呼应。关于小说的形式，还有非常重要的一点就是作品中特丽莎对自己的称呼，全部使用了小写的"i"。学者奥莉佛-罗杰（Oliver-Rotger）认为："卡斯蒂略用小写的'i'来代替大写的'I'，表现了她不稳定的、相互关联的自我，这种自我只能通过用小写的'i'表现才能被理解，才能使得特丽莎通过与他人的关系获得自我理解。"（Oliver-Rotger，2003：260）如特莱茵·明哈（Trinh T. Minh-ha）所说："既不是一个，也不是两个。'I'因此不是一个统一的主体，一种固定的身份。……'I'有很多层次。"（Minh-ha，1989：94）笔者认为，卡斯蒂略用小写的'i'正是要表现这种具有多个层次的主体。卡斯蒂略在采访中也曾解释过她在小说中使用小写的'我'的原因："我使用小写的'i'是因为我感觉我讲的是很多人的故事。"（Milligan & Castillo，1999：26）卡斯蒂略自己的阐释从另一个侧面反映出特丽莎身上集中了很多奇卡纳女性的"自我"，因此她的身份不是单一的、不变的。

## 小　结

卡斯蒂略曾经说过，要**不惧怕言说**。她的作品也确实反映了她的这种写作态度：猛烈的抨击及大胆的对抗。卡斯蒂略在作品中颠覆了传统的圣母瓜达卢佩形象，塑造了马林奇式的女性，她们敢于直面父权制并勇于批判其对女性的束缚；她们跨越资本主义、殖民主义、种族主义及父权制强加在墨西哥裔女性身上的重重束缚，挑战及颠覆男／女、好女人／坏女人、贞女／荡妇等等二元对立思想；

批判文化及宗教的父权制对女性的性别压迫和身体控制。卡斯蒂略努力纠正美国社会对于奇卡纳女性的歧视和刻板印象，提高奇卡纳女性的自豪感。在她的一首诗《拉罗莎·洛佩兹》("Zoila Lopez")里，她描写了一个名叫拉罗莎·洛佩兹的女人，这个女人反映了她所推崇的奇卡纳女性的生存状态。她肤色黝黑、矮小、肥胖，穿着劣质的旧衣服，但是她每天要细心地打扮自己，抹上口红，把头发洗得干干净净，她走在街上的时候把头抬得高高的，直视着人们。她认为这个女人是奇卡纳女性的榜样，"我们不仅仅是为了生存。我们还对于未来有着信仰和乐观精神。这个社会为我们制定了那么多衡量成功和美丽的标准。而这个女人任何一项标准都不符合，但她依然自信、自爱。我们应该向她学习"。(Saeta and Castillo, 1997: 148) 作为一位致力于为自己族群的女性写作的作家，她一直在作品中探讨着奇卡纳女性的出路。她提倡以母亲为联系纽带的社区模式的建立，她认为墨西哥早期的文明是母系社会文明，而"四千多年精神上的压迫和五百年连绵不断的种族压迫，让我们这些梅斯蒂扎、基督教的女信徒们遗忘了我们曾经的以母亲作为联系纽带的原则"(Castillo, 1994: 223)。女性之间的关爱会赋予她们更大的力量，对男权社会构成挑战，社会也会因此出现巨大的变化。

她提倡奇卡纳女性精神、心灵和身体的统一，尤其痛恨宗教和文化中的父权制对女性身体的控制；她反对精神／身体的二元对立，认为身体和心灵是女性精神性的重要组成部分，而天主教对女性身体的控制剥夺了女性精神性中重要的一部分，她曾说，"我们（女性）的精神性完全被制度化的宗教习俗颠覆"，因此她豪迈地放言："我（写作）的目标之一就是让教皇把我所有的作品都列为禁书。"她在理论著作《屠杀梦想者》中阐述了女性气概这种女性理想的特质，认为女性气概将奇卡纳女性精神性与性完美地统一起来，形成了完整的自我。《远离上苍》中卡里达与同性的忠贞恋情成为她热情歌颂的对象。

她的作品还主要关注了奇卡纳女性的经济状况和她们所遭遇的剥削。在《像剥洋葱一样剥开我的爱》中，她塑造了贫穷而又身有残疾的女性卡门，她挣扎在贫困线上，却又怀有做弗拉门戈舞者的美好梦想，残酷的现实与美好的梦想之间充满了激烈的冲突。在《远离上苍》中，她除了关注父权制的宗教及文化对于奇卡纳女性的压迫外，还聚焦了奇卡纳女性所面对的种族及阶级问题，她在作品中对奇卡诺社区环境问题的关注反映了她对于这个种族、阶级及性别交切的问题的态度。奇卡诺社区深受美国环境种族主义之害，尤其是奇卡纳女性，成为环境非正义最大的受害者。

身份追寻是卡斯蒂略作品最重要的主题之一。在《屠杀梦想者》一书的开头，她写了一段话："我不能像弗吉尼亚·伍尔夫一样说我是一个世界公民，因为她是一个盎格鲁白人女性，生活富裕；我也不能像埃德里安娜·里奇一样宣称自己是美国公民，虽然她对于普罗大众有着普遍的人文关怀精神。作为一个生于底层社会的梅斯蒂扎来说，我最多就是一个二等公民，最糟糕的是有时候我还被看作无名鼠辈。"评论家认为她和她的作品都是在寻求身份，她承认这点，她认为"作为生活在自我分裂世界中的奇卡纳女性，我们都在寻求身份"。她的作品旨在探寻奇卡纳女性的历史和传统，以及"找到我们是谁和我们从哪里来"（Castillo 1994：6）的线索。她在《屠杀梦想者》题为"没有国度的女人"一节中说出了墨西哥裔美国人在美国社会中的尴尬处境，她认为非裔美国人、印第安人都在美国人的视线中，他们并不是隐形的，而墨西哥裔在美国人的眼中是完全被忽略的，在美国人看来，所有的墨西哥裔都是揣着挣钱的目的从墨西哥迁移来的，因此她将墨西哥裔在美国的处境称为"外国人一样的身份"。而让他们更为痛苦的是：墨西哥裔美国人自己的祖国墨西哥也不接受他们。在墨西哥，他们被认为"白人"，被看作是叛徒或者是垃圾，因为他们或者是他们的祖先背叛了墨西哥，将美国看成他们自己的家，因此"很多美国出生的梅斯蒂索或梅斯蒂扎发现他们在墨西哥比在美国更不受欢迎"。（Castillo，1994：39）奇卡纳女性所处的环境则更加堪忧："她们不能接受正规教育，生活困窘，因此只能做一些技术含量很低的工作。他们要么就无视我们的存在，要么就用偏见和诋毁的眼光来看待我们。"（Castillo，1994：41）在美国社会中，白人女性发起了女权主义运动来维护自己的权利，奇卡诺在黑人民权运动的影响下，也发起了奇卡诺运动来争取自己的权利，而奇卡纳女性在这两种运动中都是被排斥在外的，无论是与她们同种族的奇卡诺还是与她们同性别的白人女性都忽略她们的存在，因此，卡斯蒂略称奇卡纳女性是"没有国度的女人"。她一直致力于寻找自己的身份，并且告诫她的同胞们，谨防奇卡诺文化被美国白人主流文化同化，她认为奇卡诺文化应该从盎格鲁或别的文化中汲取他们所需要的或者对他们有用的营养，而不是走向他们的文化。她曾说：

> 对于我们的未来，我的预测是：不是被同化或者被社会所接受，而是让社会加入我们的群体，将主流社会、有各种背景的人纳入我们的思考方式，因为我们无论从心理，还是从身体、记忆、历史方面都有能力创造一个不同的社会。这就是我为什么认为要让社会加入我们而非我们为社会所接受、成为这种文明（这种文明正在快速地毁灭）的一部分。（Saeta and Castillo，1997：148）

她还倡导奇卡纳女性回归自己的土著传统。卡斯蒂略发明Xicanisma一词，是为了更加彰显奇卡纳女性土著文化身份的一面。她在强烈批判天主教对女性禁锢的同时，还赞美和提倡奇卡纳女性对土著传统的回归，而这种回归则主要体现在土著宗教中对女性神祇的崇拜和女性精神性的强大力量。像安扎尔杜瓦一样，卡斯蒂略也非常推崇前阿兹特克文明对于女性神祇的崇拜，她歌颂她们的强大力量，鼓励奇卡纳女性以她们为行动的榜样。她也高度赞美了女性的精神性，认为"女性的历史就是精神性的历史"（Castillo，1994：145），而土著宗教中的女巫医是奇卡纳女性精神性的最好体现。

# 第三章　桑德拉·西斯内罗斯：为了那些无法走出去的人

在奇卡纳文学界，桑德拉·西斯内罗斯与安娜·卡斯蒂略是很好的朋友，她们互相影响，用她们的作品来进行对话，西斯内罗斯曾经说过："切丽所说的话，安娜所说的话，让我想要走到打字机旁对她们做出反应。"（Saeta and Castillo，1997：137）西斯内罗斯与卡斯蒂略的出身、背景有诸多的相似之处：她们同样生于伊利诺伊州芝加哥市并在那里长大。西斯内罗斯与卡斯蒂略是同龄人，西斯内罗斯生于1954年12月20日，只比卡斯蒂略小一岁。与卡斯蒂略一样，西斯内罗斯也来自工人阶级家庭。西斯内罗斯在家中也不停地在英语和西班牙语两种语言之间转换，因为她的父亲来自墨西哥，而母亲则出生于美国，是墨西哥裔美国人，因此她与父亲讲话的时候使用西班牙语，而与母亲讲话则使用英语。她们都来自天主教家庭，但父母都不笃信天主教，所以她们都在比较宽松的家庭宗教氛围中长大。与卡斯蒂略一样，她的第一部小说（《芒果街上的小屋》）也为她赢得了"前哥伦布基金美国图书奖"，西斯内罗斯也是在大学的课堂上感觉到自己是"他者"，才开始了政治意识的觉醒。身份追寻是这两位作家作品中最重要的主题之一，西斯内罗斯与卡斯蒂略相似，都是生长于芝加哥，但后来都移居到靠近边界的地方。卡斯蒂略生活在新墨西哥州的安东尼（Anthony），而西斯内罗斯现在则居住在得克萨斯州的圣安东尼奥（San Antonio），或许想要更加接近自己的墨西哥文化之根是她们移居到边界的原因之一。

西斯内罗斯在公立学校接受了一年半的教育之后，父母把她转入了天主教学校，由于经常搬家，西斯内罗斯几乎每年都要转学。中学毕业后，西斯内罗斯进入芝加哥洛约拉大学（Loyola University of Chicago）英语系学习，并于 1976 年获得英语学士学位。大学毕业后，她进入美国著名的"爱荷华大学作家学习班"（the Writer's Workshop at the University of Iowa），并于 1978 年获得艺术硕士学位（MFA）。毕业之后，她在芝加哥拉丁青年选替中学（Latin Youth Alternative High School）①做了三年教师，这个学校是专为拉丁裔的辍学少年开设的。西斯内罗斯在这三年内学到很多东西：她出生于芝加哥的波多黎各社区，而教这所学校的学生，使得她真正走进了墨西哥社区，了解了他们的生活状况。这里的环境与象牙塔内的学习生活迥然不同，她在爱荷华学到的都是书本上的、理论性很强的东西，而从这些几乎是文盲的孩子身上，她学到了要用街头语言来写作，而不是用书本上学到的所谓"主义"、理论等等东西。这些孩子还让她看到了孩子的无助和柔弱，使得她产生了与孩子们的认同感，因为她作为一个少数族裔女性，与孩子一样，也是弱势的。这段经历对她后来的写作产生了很大的影响，她后来的作品《芒果街上的小屋》和《卡拉米洛披肩》都是通过一个小女孩的视角来叙事的，这与她在选替中学教书的经历有很大的关系。

桑德拉·西斯内罗斯是当代美国最成功的墨西哥裔／拉美裔／少数族裔作家之一。她既是小说家也是诗人，迄今为止，她共出版了《坏男孩》（*Bad Boys*, 1980）、《我的邪恶方式》（*My Wicked, Wicked Ways*, 1987）和《放荡女人》（*Loose Woman*, 1994）等几本诗集。她迄今为止出版的小说有：《芒果街上的小屋》（1984）、《喊女溪故事集》（1991）、《卡拉米洛披肩》（2002）及《你看到玛丽了吗？》（*Have You Seen Marie?* 2012）。她的第一部小说《芒果街上的小屋》为她赢得了 1985 年"前哥伦布基金美国图书奖"，该书最初由休斯敦的一个小出版社（Arte Público）出版。1991 年由兰登书屋再版，后被翻译成多国文字，全世界销量超过 200 万册，成为美国大学少数族裔文学与女性文学课程的必读书目。她的第二部作品——短篇

---

① 有人也将 alternative school 翻译为非传统学校，这类学校的教学方式、课程设置等都与传统的学校迥异。

小说集《喊女溪故事集》于1991年由兰登书屋出版,赢得了评论家的关注和读者的喜爱,其中同名小说《喊女溪》被收入《诺顿美国文学选集》。她曾经先后获得"前哥伦布基金美国图书奖""美国西部笔会最佳小说奖"(PEN Centre West Award for Best Fiction)及"麦克阿瑟奖"(MacArthur Fellowship,被戏称为"天才奖")等重要奖项。

在攻读硕士期间,西斯内罗斯经历了非常痛苦的蝶变过程,西斯内罗斯自认为这个阶段是她的"种族和阶级意识开始的时期"(Torres,2007:196)。她认为因为芝加哥是一个多种族混居的城市,因此她在大学期间并没有深刻地感受到种族和阶级的差异,但是在硕士期间,她深刻地感觉到自己是"他者"。作为一个年轻女性、作为课堂上唯一的少数族裔学生,无论何时发言,别人都会对她投以质疑的目光,于是她越来越压抑自己,变得越来越沉默。在同学们讨论问题的时候,她总是三缄其口。在采访中,她曾回忆这段痛苦的经历:"我开口说话,老师看着我;每个人都看着我,好像我是火星人,因此以后我再也不说话了。我变得非常沉默。"(Torres,2007:197)自卑感让她完全失去了自我,于是她开始模仿别人:"在爱荷华,我不再写我熟知的东西,我努力模仿我的老师、我的同学、老师们教给我们的作家的写作风格。"(Torres,2007:197)但是也就是在这样的境况下,"我的政治意识在我意识到自己的'他性'时开始觉醒"。(Cisneros,1994:xiii)一次上课讨论"记忆与想象",同学们在谈论他们记忆中自己曾经住过的房子的时候屡屡提及阁楼、楼梯井、地窖等词语,西斯内罗斯感到非常地迷惑,她关于房子的记忆中根本没有这么美好的地方,她在住过的房子里见到的只是剥落的墙皮、摇摇欲坠的楼梯、成群的老鼠⋯⋯。西斯内罗斯突然意识到:

> 在我接受的这么多年的教育中,我所学的书本中从未讲过我们家这样的房子。无论是在课本中,还是在杂志上或电影里。⋯⋯那晚我回家后,意识到我所接受的教育是一个谎言——所有关

于"正常的"、美国的、有价值的东西——我想退学，但最终没有。我愤怒了，当愤怒转化为行动，当愤怒以非暴力的形式发泄出来，会变成力量。我问自己能写什么我的同学所不能写的。我不知道我想要什么，但是我知道我不想要什么。我不想跟我的同学们口吻一样；我不想模仿我所读过的作家。他们的声音是他们的，不是我的。于是，我开始寻找那些"最丑陋的"、最"没有诗性的"（un-poetic）话题。通过这个负面的经历我找到了正面的东西：我自己的声音。……我找到自己的独特性之后，就不再羞耻和沉默。我能够言说并且赞美我作为一个女性、工人阶级的一员、墨西哥裔美国人的"他性"。（Cisneros，1994：xiv-xvi）

在爱荷华，西斯内罗斯找到了自我，找到了她作为一个作家的准确定位：作为一个奇卡纳女性，她要承认并享受她的"他性"，将"他性"作为自己作品永恒的关注点，因此在她的作品中，她不羞于表达自己的"他性"，而是执着地寻找它，于是对她来说，"当我想要寻找使我与众不同的东西时，我总是从墨西哥文化中寻找"。（Elliot，2002：102）说到底，这还是奇卡纳女性的身份问题。与卡斯蒂略相同，她也将身份问题作为自己写作中主要的主题，她说："我们写作的唯一原因就是为了探索自我。我必须了解我的祖先——我的父亲、他的母亲和她的母亲——才能了解我是谁。"（Elliot，2002：101）

除了与卡斯蒂略有诸多的相似之处，她们当然还有各自的写作特色。她们的写作中最大的差别是：卡斯蒂略的写作是极具反抗性的，从她的作品中可以读出她对种族主义、阶级压迫、父权制、天主教的愤怒和强烈批判；而西斯内罗斯则明显要和缓得多，卡斯蒂略在接受采访时曾将自己与西斯内罗斯的写作进行过对比，她说："我认为西斯内罗斯想要反映而不是公开地批判。她的写作确实挑战了白人主流文学，但是以《芒果街上的小屋》为例，她想做的是反映年轻的拉丁裔女性成长过程中所遭遇的现实。"（Saeta and Castillo，

1997：143）从西斯内罗斯迄今为止发表的三部小说作品看来，她对奇卡纳社区中的女性生存状况的关注要多过对于种族、阶级问题的关注（虽然她作品中的奇卡纳社区背景决定了她的作品中不可避免地涉及种族与阶级问题）；她的作品反映出她写作思想变化的一个过程：与卡斯蒂略不同的是，卡斯蒂略一如既往地激烈、愤怒、强势，而西斯内罗斯则表现出了从《芒果街上的小屋》时期无力的反抗到《喊女溪故事集》的愤怒呼喊到《卡拉米洛披肩》对奇卡纳女性杂糅身份的理解和接受。

学界对于《芒果街上的小屋》的评论大致分为两大阵营：一方认为它是对父权制、种族主义及阶级压迫的"礼貌的愤怒"（polite indignation）（Quintana，1996：72）式的批判；另一方则认为西斯内罗斯在这部小说中的批判力度较弱，甚至有学者认为她在作品中迎合了主流文化的审美观，因此才能获得巨大的成功，还有学者认为她内化了"美国梦"，她梦想中的小屋就是"美国梦"的典型表现。笔者认为，根据西斯内罗斯在采访中所表述的观点，在拉丁裔少年选替学校的经历让她与处于弱势地位的孩子们产生了认同，她从一个十二岁女孩的视角讲述了她见到的芒果街上的女人们的种种遭遇。叙述者作为一个小女孩，无力对抗这些现象背后隐藏的种种制度化的压迫，因此，在书的结尾，主人公／故事叙述者埃斯佩朗莎（Esperanza）或者说西斯内罗斯并未为这些女性找到出路，她只能向这些女性和读者展示未来的希望："我很强大，芒果街不可能把我永远留在这里。……我离开是为了回来。为了那些留下来的人们。**为了那些无法走出去的人们。**"（Cisneros，1994：134）这也就是卡斯蒂略认为"西斯内罗斯想要反映而不是公开地批判"的原因，但卡斯蒂略这句话显然只适用于西斯内罗斯早期的作品《芒果街上的小屋》，而不能概括西斯内罗斯所有的作品。时隔七年之后，在西斯内罗斯发表的第二部小说——短篇小说集《喊女溪故事集》中，读者可以看到西斯内罗斯写作风格的变化：她在其中不仅尝试了多样化的叙事方式，而且作品的反抗性相较《芒果街上的小屋》有所增强，尤以其中的两篇短篇小说《喊女溪》及《不要跟墨西哥人结婚》

为代表,对于这点笔者将在接下来的部分进行详细阐述。然而,在这个故事集中,读者不仅能看到西斯内罗斯作品反抗性的增强,还可以看到她朝着安扎尔杜瓦"新混血女性意识"方向的努力,她在小说集的一篇短篇小说《小小奇迹,信守诺言》中塑造了一个具有"新混血女性意识"的奇卡纳女性——罗莎里奥。因此,我们可以将西斯内罗斯的《喊女溪故事集》看作她由反映奇卡纳女性生存状态到向种族主义、阶级压迫、父权制展开批判的转变,也可以将它看作西斯内罗斯由《芒果街上的小屋》的相对保守到《卡拉米洛披肩》的"新混血女性意识"的过渡性作品。西斯内罗斯发表于2002年的长篇小说《卡拉米洛披肩》是一部典型的女性成长小说,女主人公/故事叙述者塞拉亚(也叫拉拉)往返于美国与墨西哥之间,与以祖母为代表的祖先展开对话,试图摆脱身份的困境,最终接受自己集多种文化于一身的杂糅身份,成长为一个"新混血女性"。在《卡拉米洛披肩》里,西斯内罗斯充分表达了对安扎尔杜瓦包容差异性的"新混血女性意识"的肯定和推崇。

## 第一节　坐在窗前的女人·呼喊的女人·马林奇

### 一、坐在窗前的女人

《芒果街上的小屋》中,西斯内罗斯塑造了生活在奇卡诺社区的墨西哥裔女性的群像,让读者看到了生活在种族歧视、贫困、父权制中的墨西哥裔女性的生存状态,让我们认识了故事叙述者埃斯佩朗莎的曾祖母、母亲和生活在芒果街上的其他女人们。

曾祖母曾经是一个像野马一样难驯的女孩,但是曾祖父"将一个麻布袋套到她头上,将她扛走"(Cisneros,1994:12)后,她就再也没有过快乐,"她的一生都坐在窗前,用一个手肘撑着脸庞,满脸忧伤"(Cisneros,1994:12)。曾祖母为何一生都坐在窗前?因为她满怀忧伤,又满怀期待,正如曾祖母的名字一样,埃斯佩朗莎

(与故事叙述者同名)代表着"希望,也代表着悲伤、等待"(Cisneros,1994:11)。曾祖母是芒果街上的女人们的写照,在多重边缘化的困境中,她们满怀哀伤,同时也满怀着期待与希望,于是她们每天坐在窗前等待着,但终其一生,也没有等到自己想要的生活,于是她们满心失望,更加悲伤。在《芒果街上的小屋》里,我们看到了众多像曾祖母一样的女性,给读者留下深刻印象的有"总要打扮漂亮,穿漂亮衣服,这样就能在地铁里遇到一个男人,他会娶你,让你住进大房子里"(Cisneros,1994:30-31)的马琳(Marin);有"丈夫没有留下一美元买腊肠的钱,也没有留下一张便条解释离开的原因"(Cisneros,1994:35)、只留下很多孩子给她的罗莎·瓦格斯(Rosa Vargas);有母亲去世,每天早晨当"玉米饼星"(tortilla star)[①]升起时就得起床为父亲和弟弟妹妹们做早餐的艾丽西亚(Alicia);有曾经健康美丽、与圣母瓜达卢佩同名的姨妈。姨妈因为跳水时伤及脊椎而瘫痪在床,却耐心地聆听埃斯佩朗莎阅读她文笔幼稚的诗作,并且鼓励她继续写作,告诉她"写作会让你自由"(Cisneros,1994:74)。姨妈最后悲惨死去,埃斯佩朗莎认为这对她(姨妈)、孩子和她的丈夫都是一种解脱,因为"她觉得羞耻,等了这么多年才死去让她觉得很难堪。孩子就应该是孩子,不应该让他们每天洗碗、为父亲熨烫衬衣,而丈夫也想要重新娶一个妻子"(Cisneros,1994:74-75);有"嫁人后搬进郊区的美丽大房子"(Cisneros,1994:85),却被抛弃,重新回到芒果街的路西(Ruthie);有被丈夫从墨西哥带到美国,却从不踏出家门一步,因为"她害怕说英语"(Cisneros,1994:96)的玛玛西塔(Mamacita),"她整天坐在窗前,听着西班牙语广播,唱着思乡的歌曲。……她因为想念那座粉红色的房子而叹息、哭泣"(Cisneros,1994:97);有"因为长得漂亮,她的丈夫怕她跑掉而将她锁在家里,她每天因为坐在窗前而逐渐变老"(Cisneros,1994:99)的拉菲艾拉(Rafaela);有因为长得非常漂

---

① 在文中,"玉米饼星"指黎明升起的星星,男人们认为当这颗星星升起的时候,女人们就应该起床收拾家、做玉米饼了。

亮而被父亲看管得很严，失去了人身自由，还经常遭受父亲家暴的莎莉（Sally）；有跟埃斯佩朗莎差不多大，但"已经有了两个孩子，她的丈夫离开了她"（Cisneros，1994：105）的密涅瓦（Minerva），她写诗，悲伤、迷茫，不知道何去何从；有"能讲两种语言，会唱歌剧，会修电视机"（Cisneros，1994：111）的埃斯佩朗莎的妈妈，她告诫女儿"你要好好上学，努力学习"（Cisneros，1994：112），而不要像她一样，虽然多才多艺、心比天高，却成为每天被困于生活琐事的家庭主妇。

埃斯佩朗莎讲述了这些女人的故事，可以看出，她为这些女人们悲哀，她发自内心地同情她们的遭遇，她甚至特别喜欢其中的一些女人，但是作为一个十几岁的小女孩，她是无力对芒果街做出任何改变的，如在小说中，当密涅瓦遍体鳞伤、神情忧郁地来找埃斯佩朗莎，问她该怎么办。埃斯佩朗莎无奈地在文中自述："我不知道她该朝哪里去。我什么也做不了。"（Cisneros，1994：106）因为瘫痪而被"囚禁"于狭小的床上的姨妈瓜达卢佩告诉她，"写作能够让你自由"；三位女巫告诉她她是特别的女孩，她会走得很远，但是"你离开后，必须记得回来。……你离开后，必须记得为了别人回来。这是一个循环，你懂吗？你永远是属于芒果街的。你不能忘记你是谁。……你必须记得回来。为了那些不能像你一样轻易离开的人"（Cisneros，1994：128-129）；靠着自己的努力走出芒果街的艾丽西亚告诉她："无论你喜不喜欢，你就是芒果街，有一天你也会回来。"（Cisneros，1994：131）当这些女人跟她说这些的时候，她每次都是懵懵懂懂，并不明白其中的深意。她对艾丽西亚的回答是："该回来的不是我。在有人让芒果街变好前，我不会回来。"艾丽西亚质问她："谁会让芒果街变好？市长？"至此，埃斯佩朗莎才开始深思自己的职责："谁会做这件事？不是市长。"（Cisneros，1994：131）从这里可以看出她似乎悟出了其中的道理：没有人会让芒果街做出改变，只有通过住在芒果街上的人们自己的努力，芒果街和芒果街上的女人们的境况才有可能改变。在故事结束的时候，她终于对这些女人的要求给出了坚定的回答："我很强大，芒果街不可能把我永远留在这里。总有一天我会离开……我离开是为了回来。为了那些留下来的人们。为了那些无法走出去的人们。"（Cisneros，1994：134）正如她的名字的喻义，她给芒果街上的人们带来了希望，这个回答是埃斯佩朗莎向芒果街上的人们做出的承诺，也是她唯一能做出的承诺。因此，在写作《芒果街上的小屋》时，西斯内罗斯就像小说中的埃斯佩朗莎一样，意识到她能做的就是让自己变得强大，这样才有希望让芒果街做出改变。如何让自己变得强大？埃斯佩朗莎的答案是写作。埃斯佩朗莎/西斯内罗斯通过写作，讲出了女人们的故事，替不能发声的女人们发声、替无力走出芒果街的女人们走出去，认识这个世界，从而改变这个世界。与后来的写作相比，西斯内罗斯这个时期的写作还略显青涩，她还没有能力为奇卡纳女性找出更好的道路，也无力向种族主义、阶级压迫、父权制、天主教发出猛烈的批判，因此，她只能通过个人微薄的力量来改变芒果街。正如学者阿尔文娜·昆塔纳的观点，她认为《芒果街上的小屋》表现出了两个特征：首先，它是委婉的、礼貌的；其次，它是批判的，"看起来（它）从中产阶级、主流的视角，温和地挑战了父权体制和文化。但是细读之后，（它）是将（叙述者埃斯佩朗莎）天真的叙述作为一种策略，使得作者能够建构一个安全的空间，从中暴露出因为文化与经济上的下层地位而导致的（奇卡纳女性的）生存异化"。（Quintana，1996：73）

## 二、呼喊的女人

如果说在《芒果街上的小屋》中西斯内罗斯对种族主义、阶级压迫及父权制的批判是"礼貌的"、温和的，那么她在《喊女溪故事集》中则塑造了一些叛逆的女性形象，同时表达了对造成奇卡纳女性多重边缘化境况的体制的批判。短篇小说《喊女溪》及《不要跟墨西哥人结婚》体现了她的这种思想。笔者在前面已经做过论述，奇卡诺文化极力贬低"哭泣的女人"及马林奇的地位，将她们看作叛徒、荡妇、妓女，而在这两篇短篇小说中，西斯内罗斯却分别根据"哭泣的女人"原型及马林奇原型塑造了两位女性形象，这显然是对奇卡诺父权制的一种大胆反叛与挑战。

在短篇小说《喊女溪》中，西斯内罗斯塑造了一位从"哭泣的女人"转变成"愤怒呼喊的女人"的克里奥费拉（Cleófilas），她怀着"爱情梦""美国梦"和"公主梦"，从墨西哥嫁到"边界另一边"的美国小镇（a town *en el otro lado*）。在少女时代，作为家里七个孩子中唯一的女儿，克里奥费拉受到父亲的宠爱，为了打发时光，克里奥费拉整天将时光消磨在阅读杂志和看肥皂剧（*telenovela*）上。这些杂志和电视剧教给她的是："像水晶一样最纯洁、透明的激情，那种经常会在书上、歌曲里和电视剧里见到的激情，人一生中轰轰烈烈的爱情，无论付出什么代价都要得到。……无论经历什么样的心酸、分离和背叛，爱，无论怎样都要爱，因为那是最重要的东西。"（Cisneros，1991：44）从这些媒体的宣传中，这个单纯的姑娘得到的信息是"人就应该像那样生活。为了爱而痛苦是美好的。所有的痛苦最后都会变成甜蜜"。（Cisneros，1991：45）索尼娅·萨尔迪瓦-胡尔（Sonia Saldívar-Hull）认为："20 世纪 70 年代，墨西哥从美国引进了最新的电视技术，墨西哥媒体充斥着消费者意识形态（consumer ideology）和道德说教，让女性驯顺，让男人和女人们接受他们贫穷的生活状态。"（Saldívar-Hull，2000：107）在对女性道德说教的媒体轰炸之下，不谙世事的克里奥费拉编织着自己的玫瑰梦，幻想着自己的浪漫爱情，她坚信无论爱情带来的是甜蜜还是心酸、痛苦，她都应该承受，无论怎样，爱情最终还是甜蜜的。在肥皂剧的影响下，她期待着自己像公主一样被丈夫百般呵护。

媒体的宣传不仅播种了克里奥费拉玫瑰色的"爱情梦"、甜蜜的"公主梦"，还让她也相信"美国梦"。她嫁到的美国小镇——得克萨斯的塞甘（Seguín）让她觉得听起来像"钱币叮当作响的声音。她也可以像肥皂剧里的女孩一样穿漂亮的套装，拥有漂亮的房子"。（Cisneros，1991：45）像许多涌入美国的墨西哥移民一样，她也梦想美国可以为她带来更好的生活和经济条件，她以自己在美国工作的丈夫为傲，"他在塞甘的一家啤酒公司担任重要的职位。或者是轮胎公司？……他们会在春天结婚，一起开着他的新皮卡回到塞甘的新房子。当然,(房子)也不是全新的,但是他们会重新粉刷。为什么不呢?他能出得起钱"。(Cisneros,1991:45)从这段话中,我们可以看出克里奥费拉得意、炫耀的态度,她甚至不清楚丈夫究竟是在啤酒公司工作还是在轮胎公司工作,只是因为丈夫在美国工作,他们就好像拥有了更高的社会地位和更好的经济条件。萨尔迪瓦-胡尔认为,墨西哥从美国引入电视技术后,不仅加强了对理想女性形象的宣传,也让墨西哥人拥有了"美国梦","克里奥费拉是墨西哥女性中的一个代表,她们跨越边界到了北边(*el norte*,指边界之北——美国),相信'美国梦'的神话,我们可以看出霸权是如何运作的"。(Saldívar-Hull,2000:107)

但是,美梦终归是梦,总会有醒来的一天。沉浸在媒体宣传的浪漫爱情故事之中的克里奥费拉在面对现实生活的时候,她的美梦全部都被击碎。她的丈夫,在她少女的幻想中应该是超脱尘世的、爱她入骨的白马王子,而现实中他虽然也同肥皂剧中的男主人公一样"微笑、亲吻、拥抱她",却"放屁、打嗝、打呼噜"。(Cisneros,1991:49)"她每天能在洗脸池中看到他的胡须,她每晚都得把他的鞋拿到门廊上晾干,他会在公共场合剪指甲,要求每一道菜都分别放在不同的盘子里,并且他一回家就要吃到饭。"(Cisneros,1991:49)更加不能让克里奥费拉接受的是,"他一点都不爱音乐和肥皂剧,也不爱浪漫、玫瑰、映照在河面上像珍珠一样的月光",他只会"拉上窗帘,催促她回去睡觉"。她称他为"这个男人、这个父亲、这个对手、这个家庭守护者(keeper)、这个老爷(lord)、这个主人、这个丈夫"(Cisneros,1991:49)。她的丈夫并不是她少女时代幻想中的白马王子,他不仅庸俗,而且粗鲁。他不满她每天沉浸于书本中的玫瑰梦,扔掉了她的书。"她的。在她脸颊上留下一道灼热的伤痕。她能够原谅。但让她悲痛的是这是她的书,一个爱情故事,这本书是她来到美国后最喜欢的,在这里她没有电视机,看不到肥皂剧。"(Cisneros,1991:52)我们在这里不仅看到克里奥费拉玫瑰色的爱情梦像肥皂泡一样地破裂,也看到了她"美国梦"的幻灭。美国并不是想象中流淌着"奶与蜜"的应许之地,她的丈夫甚至生活在贫困之中,她从墨西哥嫁到美国,生活条件不但没有变好,反而变得更差,这点我们从她的家里连电视机都没有就可窥出端倪。她与丈夫之间的冲突不仅是幻想与现实之间的冲突,更是她受父权制文化荼毒之深的体现。以大众媒体为代表的墨西哥和奇卡诺父权制文化给女性灌输这样的思想:要做男性的附属品,男性是女性的保护者,家庭和孩子是女性最终的归属,"克里奥费拉完全陷入一种文化,它鼓励年轻女性相信她们的生活目标就是婚姻和孩子"。(Saldívar-Hull,2000:107)

更加悲惨的是,克里奥费拉不仅美梦破碎,还遭受了严重的家庭暴力:

> 第一次的时候,她震惊了,她没有哭,也没有自卫。她过去常说如果男人、任何男人想要打她,她必定还手。
>
> 但当这一刻真的到来的时候,他扇了她一个耳光,然后一个又一个;直到她的嘴唇裂开,流出了淡紫色的血(an orchid of blood),她没有还手,没有哭泣,也没有像她以前看的肥皂剧中的女主人公一样跑走。
>
> 在她自己的家里,父母从未伸手打过孩子们。这个世界上,有些东西她永远都不会原谅。永远。
>
> 第一次发生的时候,她很震惊,不知所措。她一言不发、一动不动、呆若木鸡。她什么都没做,只是摸了摸灼热的嘴唇,看着手上的鲜血,仿佛直到这时她都不明白发生了什么。
> (Cisneros,1991:47-48)

玛丽莲·麦斯威尔(Marilyn Maxwell)认为:"我们(美国)的文化体制一直持厌女症的态度,因此造就了对女性实施暴力并且认可这种做法的社会环境。"(Maxwell,2000:xvii)"由于社会将性别角色强加于女性身上,因此对于女性的暴力是得到许可的,甚至是受到鼓励的。"(Johnson,2004:42)"暴力与种族和性别问题交织在一起使得梅斯蒂扎的处境更加危险,因为在美国,对于有色人种的暴力是一种被许可的暴力，对于有色人种女性的暴力则更加得到许可。"（Johnson，2004：42）在第一章中，笔者曾经阐述过，墨西哥裔女性比男性和其他种族的女性更加处于暴力的危险中。因为，在墨西哥和奇卡诺文化中有着根深蒂固的父权制传统，因此在家庭中，她们往往会成为暴力的受害者；美国的种族主义及经济压迫使得墨西哥裔女性遭受着多重的边缘化，她们处于社会底层，这使得她们更容易成为暴力的目标。不仅仅生活在边界两边的墨西哥裔女性处于危险的境地，在跨越边界的过程中，墨西哥裔女性也时常暴露于危险和暴力之中。在身体上，她们会有无助感，也会成为强奸和谋杀的目标；在心理上，由于对未知未来的担忧，她们则更容易焦虑。在丈夫的家庭暴力之下，克里奥费拉的反应并不是如她以前所想象的以牙还牙，相反，"她一言不发、一动不动、呆若木鸡"。从这个细节，我们可以看出克里奥费拉的震惊程度，这与她以前为自己编织的爱情美梦、温馨的家庭生活梦完全不符，如果以前她只是觉得现实生活与她的梦想有出入，在这里，我们可以看出克里奥费拉的美梦完全破碎了。

丈夫不仅仅对她实施家庭暴力，而且在她生孩子住院时背叛了她。绝望的克里奥费拉想过回到墨西哥，回到父亲身边。但是很快她就打消了这个念头："多不光彩啊。邻居们会说什么？你的丈夫呢？"（Cisneros，1991：50）克里奥费拉觉得"这里的城镇建成这样，让你只能依靠丈夫。……没有地方可去"。（Cisneros，1991：50-51）在迷茫、徘徊的时候，克里奥费拉想到了家门前的喊女溪。

作者在小说的开头就介绍了这条名为"喊女溪"的河流，"喊女（La Gritona，即hollering woman）。这么可爱的一条河竟然有这么一个滑稽的名字。……虽然没人能说出这个女人是因为愤怒还是因为痛苦而呼喊"。（Cisneros，1991：46）喊女溪，在小说里具有强烈的象征意义。当克里奥费拉遭遇丈夫的暴力和背叛之后，她经常坐在溪旁揣测它名字的来由:"它是劳安(La Llorona)①,那个哭泣的女人吗?劳安,她淹死了自己的孩子们。或许这条河就是根据她来命名的。……劳安在呼唤她。她确定。"(Cisneros, 1991:51)克里奥费拉与这条河流产生了强烈的认同感,她觉得自己就好像"哭泣的女人",无助、悲伤、绝望、愤怒。笔者在第一章曾经对墨西哥文化中的三位母亲形象进行了梳理,"哭泣的女人"和马林奇在墨西哥文化中是圣母的对立面,是坏女人、坏母亲,"哭泣的女人"是一个消极的文化符号,一个"没有尽到母亲、妻子、情人、爱人、爱国者职责的女性"。(Mirandé & Enríquez, 1979:33)安扎尔杜瓦也指出:"在'哭泣的女人'传说中,我们的文化将所有的恐惧和女人所带来的威胁的感觉都投射到了她身上,她于是变成了杀死自己孩子的坏母亲。"(Anzaldúa, 2000:220)在小说里,西斯内罗斯显然并没有将"哭泣的女人"看作坏女人、坏母亲的象征,但是她依然将"哭泣的女人"用作一个消极的文化符号,将她等同于驯顺的、无力的、软弱的女性。此时的克里奥费拉,处于与她的左邻索莱达(Soledad)和右舍德洛利斯(Dolores)同样的境地。这两位女性在小说中也具有显著的象征意义,soledad 在西班牙语中是"孤独"的意思,而 dolores 则有痛苦、悲伤之意。索莱达自称是"寡妇",她的丈夫"要么就是死了,要么就是跟别的女人跑了,要么就是出去买烟,从此就再也没有回来"。(Cisneros, 1991:46)德洛利斯的"房子里充满香烛的味道","为了纪念战争中死去的两个儿子和后来因为失子之痛而死去的丈夫"(Cisneros, 1991:47)。这两个女人"忙于怀念男人,他们有的是因为自己选择,有的是因为社会环境而再也没有回来"。(Cisneros, 1991:47)显然,索莱达和德洛利斯是墨西哥/奇卡诺文化推崇的女性,驯顺的妻子、慈爱的母亲,她们所有的世界就是家庭这片狭小的私人空间。克里奥费拉是让自己的余生与这两个女人一样,死守在家庭这个狭小的空间、怀念离开

---

① 劳安即前文中的"哭泣的女人",有的地方将"哭泣的女人"音译为劳安。笔者此处为避免与后面一句话重复,特在此将"哭泣的女人"译为劳安。

的男人，还是选择做一些改变？摆在她面前的似乎是一个异常艰难的选择。

她第二次怀孕的时候，又遭受了家庭暴力。这次她终于不能再忍受，于是产生了逃跑的念头，她想办法让丈夫带她去医院，然后从医院找人帮她逃跑。医院的护士格雷西艾拉（Graciela，有感谢之意）给她的朋友菲利斯（Felice）打电话求助。电话的内容反映出了克里奥费拉和其他墨西哥裔女性相似的处境："这位可怜的女士浑身淤青。……又一个从边界那边嫁过来的新娘。"（Cisneros，1991：54）这句话意味深长，可见在医院工作的格雷西艾拉见过很多跟克里奥费拉一样从墨西哥嫁到美国的女人，她们都是怀着美好的憧憬来到这个国家，到头来却是美国梦碎、遍体鳞伤。根据格雷西艾拉和菲利斯的计划，菲利斯开车将克里奥费拉送到得克萨斯的边界城市圣安东尼奥（San Antonio），然后克里奥费拉再坐灰狗巴士回到墨西哥。

在故事的最后一部分，出现了特别戏剧性的场面：在开车驶过喊女溪的时候，菲利斯"张开嘴，发出了像墨西哥街头歌手（mariachi）一样大声的呼喊"，"把克里奥费拉和孩子吓坏了"。（Cisneros，1991：55）菲利斯自己解释了她呼喊的原因："每次我通过这座桥的时候都要呼喊。因为它的名字。喊女溪。所以我呼喊。……我喜欢这条河的名字。它让你想像泰山一样呼喊。对吗？"（Cisneros，1991：55）在克里奥费拉的眼里，"这个女人的一切都让她觉得吃惊"，"她开着皮卡。……她没有丈夫。皮卡是她自己的。她自己选的。她自己付钱买的"。（Cisneros，1991：55）在许多人（也包括克里奥费拉）看来，皮卡是男人开的车，一个女人开着皮卡让她觉得不可思议。更让克里奥费拉觉得神奇的是：一个女人竟然可以没有丈夫！她竟然能够自己付皮卡的钱。从这里可以看出，在克里奥费拉的眼里，女人是必须依靠丈夫的，无论是从物质上还是从精神上。通过菲利斯的种种行为，我们可以看出她是一位独立的女性。菲利斯，在西班牙语中是快乐、幸福之意，这是西斯内罗斯在小说中设置的与索莱达和德洛利斯（孤独与悲伤）完全相反的一个女性形象。过去，在悲伤与绝望之时，克里奥费拉喜欢坐在河边，思考"喊女溪是因为悲伤还是因为愤怒而呼喊"这个问题。彼时，在她的眼中，喊女溪是因为悲伤，也是因为愤怒而呼喊，克里奥费拉就像"哭泣的女人"一样，对于自己悲伤的经历，只能发出无力的哭泣或愤怒而低沉的呼喊。而在遇到菲利斯之后，她发出了像流水一样的"一长串笑声"。奇卡纳评论家瑞博莱多认为："在《喊女溪》中，桑德拉·西斯内罗斯运用了'哭泣的女人'隐含的象征意义，将她变成了奇卡纳女性力量的源泉。……这声呼喊不是女性遭遇的愤怒或痛苦的呼喊。女人们开始大笑。"(Rebolledo，1995：80)萨尔迪瓦-胡尔认为："西斯内罗斯（对'哭泣的女人'形象）的修正提供了将'哭泣的女人'看作强大的女性的可能性。……西斯内罗斯对一个强大的厌女症式的民间传说①进行了完全的女性主义修正，……克里奥费拉开始掌握她自己的历史。"(Saldívar-Hull，2000：116-117）显然，瑞博莱多和萨尔迪瓦-胡尔都认为《喊女溪》这个故事是对"哭泣的女人"传说的颠覆或修正，克里奥费拉不再是那个只知道哭泣的柔弱女人，她选择了逃离婚姻，返回墨西哥，就说明她迈出了反抗父权制的勇敢的一步。西斯内罗斯给小说设定的结局值得读者深思：克里奥费拉发出的笑声，是她超脱了"痛苦"和"愤怒"之后超然的笑声，她走出了左邻索莱达和右舍德洛利斯被禁锢于家庭的女性生活轨迹，走向了不同的人生。我们看到了一个不同于"哭泣的女人"的克里奥费拉，她勇敢地迈出了出走的步伐，与《芒果街上的小屋》中那些一生都坐在窗前向往着外面美好的世界，却被囚禁于家庭和街道的狭小空间的女性们相比，她勇敢的出走行为无疑已经前进了一大步。

## 三、马林奇

奇卡纳作家和理论家不仅颠覆了传统中圣母瓜达卢佩和"哭泣的女人"的原型形象，还颠覆了马林奇是叛徒和勾引男人的女人的

---

① 即"哭泣的女人"的传说。

男权话语，将她看作为了种族的生存而有意选择做西班牙人翻译的女性；有时候她也被看作墨西哥人的母亲，墨西哥民族的祖先；还有的学者认为好战的阿兹特克帝国蚕食吞并了其他的印第安部落，因此它的灭亡是不可避免的，马林奇将科尔特斯看作能使各部族免于毁灭的羽蛇神，因此她愿意帮助他。一些作家或者理论家将马林奇看作是拥有非凡语言能力的女性，她用她的语言能力调和了两种文化的矛盾，她们经常以马林奇自比，还有一些女同性恋者如切丽·莫拉加也将自己比作勇敢的马林奇。总之，奇卡纳作家和理论家赋予了历史中沉默的马林奇话语权，让她去开口言说自己的思想和感受，她被她们塑造成了调停者、先知、女英雄、母亲等等形象，她从一个沉默的"叛徒"变成了慈爱的、有能力的、有学识的、胸怀天下的、强大的女性，无论女性主义者如何阐释她，"最重要的是马林奇从沉默者变成一个与神话和历史对话的人物"。（Rebolledo，1995：76）

在短篇《不要跟墨西哥人结婚》中，西斯内罗斯就塑造了一个马林奇式的"坏女人""背叛者"——克莱门西亚（Clemencia）。小说中，女主人公／叙述者克莱门西亚爱上了有妇之夫，白人男性——德鲁（Drew），并与其保持藕断丝连的感情长达19年。但是，最终她还是被德鲁抛弃。为了报复，她勾引德鲁的儿子成为其情人。在克莱门西亚的自述中，我们可以看到她被德鲁称为"马林奇"："德鲁，还记得你叫我马琳娜丽（Malinalli）①吗？那是一个玩笑，一个你我之间的秘密游戏，因为你看起来像科尔特斯，你有着像他一样的胡子。与你的肤色相比，我的皮肤是黑色的。你说，很漂亮。……你说，我的马琳娜丽，马林奇，我的情妇。"（Cisneros，1991：74）在《孤独的迷宫》（*The Labyrinth of Solitude*）中，奥克塔维奥·帕斯认为在科尔特斯与马林奇的关系中，男性殖民者科尔特斯是主动的、具有侵略性的、处于支配地位的，而女性被殖民者马林奇是处于被动地位的，他将马林奇称作"被侵犯的母亲（*La Chingada*，即

---

① Malinalli，是"马林奇"的闺名。

the violated / fucked mother)……被强迫开放的、遭受侵犯的母亲"。(Paz,1962:79)帕斯说:"侵犯者(the *chignón*)是男性;他将被侵犯者(the *chingada*)——女性——撕开,她是完全被动的,对于外部世界是完全没有防备的。他们之间的关系是暴力的,是由男性的愤世嫉俗的力量和女性的弱小决定的。"(Paz,1962:77)克莱门西亚与德鲁的关系就是这样,在德鲁眼里,他自己是侵犯者、男性、白人,而克莱门西亚是被侵犯者、女性、棕色皮肤,在他们之间的权力关系中,克莱门西亚明显处于弱者的地位。

克莱门西亚想要反转他与德鲁之间的权力关系。她一直在让自己变得强大起来,因此,她是马林奇,但不是那个"背叛者""妓女""坏女人""坏母亲"马林奇,她是奇卡纳女性主义者重新阐释过的马林奇,是一位拥有强大力量的女性;抑或可以说,她是"背叛者""妓女""坏女人""坏母亲",但不是那个被人唾骂的马林奇,而是一个将命运掌握在自己手中的、积极的反抗者,而不是消极的承受者。作为一个女性,她想要反转与殖民者、男性的权力关系,让他们成为"他者"、弱者、被侵犯者,这表现在她与德鲁的关系、她与其他白人女性的关系和她与德鲁的儿子之间的关系上。

克莱门西亚在 19 岁时成为德鲁的情人,她是德鲁的学生,但他们最后并没有走到一起,因为"(家庭)责任。除此之外,他永远不会娶我。不要跟墨西哥人结婚。不要跟墨西哥人结婚。……当然不。我明白。我明白"。(Cisneros,1991:80)从这段独白中,我们可以看到克莱门西亚被抛弃的原因:一、因为他有家庭,他要对家庭负责;二、因为"不要跟墨西哥人结婚"。小说开头第一句话就是:"我妈妈总是跟我说,不要嫁给墨西哥人。"(Cisneros,1991:68)这句话似乎已经成为美国一句约定俗成的谚语,或者一个不言自明的规则。虽然母亲也是墨西哥人,却内化了主流社会对墨西哥人/墨西哥裔美国人的种族和阶级歧视,她告诫克莱门西亚不要嫁给墨西哥人。可是具有讽刺意味的是:"marry"这个词不仅有嫁的意思,也有娶的意思。母亲和克莱门西亚都不明白,当她们因为歧视而说出"不嫁墨西哥人"这样的话时,殊不知在白人男性的眼里,她们也是墨西哥人，白人男性也是不会娶她们的。从克莱门西亚的自白"当然不。我明白。我明白"这句话中，可以看出她的痛苦和无奈。她最后毅然决然地终止了这段关系，虽然她此后的将近20年时间都对德鲁念念不忘。小说中有一段对克莱门西亚决定终止这段关系的描述：德鲁趁妻子不在，带克莱门西亚回家幽会。克莱门西亚看到了德鲁家里摆着的俄罗斯套娃，她"一层一层地打开俄罗斯套娃，直到看见套娃的中心，最小的娃娃在其他娃娃之中。……在回家的路上，[她]把那个木头娃娃扔到了泥泞的河里。这让[她]感觉很好。……然后[她]开车回家，就像死了一样沉沉睡去"。(Cisneros, 1991：81-82) 克莱门西亚扔掉套娃，显然是决心结束这段关系。她一层层打开套娃直到取出最小的套娃这个动作是颇具象征性的，在种族、阶级、性别的重重藩篱之中，她是那么柔弱无力，就像被层层束缚的套娃，她把"她"拿出来，扔到河里，还给了她自由，从而也给了自己自由，她决心要走出这重重藩篱，开始新的生活。

整篇小说都是克莱门西亚的独白，她的受述者是德鲁和他的儿子。独白中，她试图通过叙述掌握主动的话语权，从而颠覆与德鲁之前的权力关系，重建一种新型的关系，而这种新关系中，显然她不再是弱者。"你（即德鲁的儿子）的父亲一遍一遍地画我，因为他说，我是他的'金色女人'（*doradita*），浑身金色，太阳晒过之后的颜色，那是他最喜欢的女人的类型，拥有像河边的沙子一样肤色的女人。他将我置于他的翼下，将我带到他的床上，这个男人，这个老师，你的父亲。"(Cisneros, 1991：76) 后殖民理论认为：西方/殖民者以自我为中心，将东方/殖民地/被殖民者塑造为他者，建立了自我/他者、西方/东方、殖民者/被殖民者、男性/女性等一系列二元对立关系。爱德华·赛义德认为：西方总是将东方女性化，东方在西方看来是沉默的、神秘的、色情的、充满异域风情的、诱人的、温柔的，东方女性对于西方男性来说也具有上述的特征。事实上，这种权力关系模式并不仅仅局限于东方和西方，殖民地和殖民者、第三世界与第一世界之间也存在着这样的权力关系："西方殖民者用男性来描述自己,用女性来代表被殖民者。他们将对被殖民者的征服比喻成男人征服女人。"(卢俊,2003:234)在帕斯看来,科尔特斯与马林奇的关系又何尝不是这样:科尔特斯代表的是侵略者/男性/殖民者/强者/征服者,而马林奇则代表着他的对立面:被侵略者/女性/被殖民者/弱者/被征服者。在上面那段克莱门西亚的自述中,她与德鲁的关系就是这样的,她是被侵犯者(la chingada)/被凝视者,而德鲁是侵犯者(le chingón)/凝视者。国内学者陈榕指出:"凝视中蕴含着种族意识。"(陈榕,2006:359)斯图亚特·霍尔曾说:"身体被'阅读',就像一段文本,……它提供了绝对的'他性'并因而提供了'种族'间不可更改的一种差异。"(霍尔,2003:268)在这里,克莱门西亚不仅是性别凝视的对象,也是种族凝视对象,她的肤色对于德鲁来说意味着异域风情,她的身体对他来说具有无限的诱惑力,他并不是爱她,而是迷恋她的身体,她在他眼里是"他者",是一个美丽的物体,而不是有血有肉、有思想的人。

在独白中,她扭转了与德鲁的权力关系:

> 没有我你什么都不是。我用口水和红色的尘土把你创造出来。如果我想,我用手指就能把你消灭。让你灰飞烟灭。你只是我在画布上创造出来的作品。我把你创造出来,你就不是她的一部分了,你全部都是我的。……我一寸都不会让步。……我不停地在画布上画你,即使是现在。过了那么多年。你知道吗?傻子。……我让这个世界从我的视角看你。如果这不是权力,那什么是呢?(Cisneros,1991:75)[①]

美国黑人女性主义理论家贝尔·胡克斯提倡一种"对抗性的凝视",通过对抗性的凝视,他者不再是凝视的客体,而变成了观看的

---

[①] 克莱门西亚是个画家,她在小说中说自己"白天是翻译。晚上是画家。做翻译是为了能够挣钱画画"(Cisneros,1991:71),因此在这段话中她所说的用口水和红色尘土创造了德鲁是指她用画笔在画布上创作了德鲁的形象。

主体，这个主体不仅观看，而且"想要用观看改变现实"。（hooks，2000：198）克莱门西亚要让这个世界通过她的——一个墨西哥裔的、女性的——视角来看他，他成为她凝视的对象，并且通过她的画笔、她的眼睛再现他，使得他成为"这个世界"凝视的对象。

我们在小说中看出克莱门西亚／西斯内罗斯对于马林奇"被侵犯的母亲"形象的强烈颠覆性。在帕斯的眼中，马林奇是被动的、被侵略的、被撕开的，而在小说中，克莱门西亚选择做一个"侵犯者"，而不是"被侵犯者"："你没穿衣服的时候几乎不像一个男人。我怎么解释呢？你在我的床上就像一个孩子。一个需要拥抱的大男孩。我不会让任何人伤害你。我的海盗。我的像男孩一样的纤瘦男人。……我跃进你的身体，将你像苹果一样撕开。将你展现于别人面前，让人观看。……你因为你的裸体而难为情。但是我看到了你真实的样子，当你将你打开展现在我眼前的时候。"（Cisneros，1991：78）前面提到帕斯所阐述的马林奇与科尔特斯的关系："被侵犯的母亲"马林奇是被强迫开放的，男性侵犯者将被侵犯者——女性——撕开，她是完全被动的，对于外部世界是完全没有防备的。与帕斯所论述的马林奇与科尔特斯的关系相反，在这里侵犯者变成了马林奇，她强迫德鲁开放自己，将他"像苹果一样撕开"，展现于她面前，让她观看。学者珍·怀亚特（Jean Wyatt）认为："为了反抗马林奇身上被动的性特征（passive sexuality），克莱门西亚采用了'侵犯者'（*chingón*，与'被侵犯者'*chingada*相对）挑衅的、暴力的性立场。"（Wyatt，1995：245）

克莱门西亚通过叙述，不仅重建了与德鲁的权力关系，掌握了权力，她也在叙述中努力颠覆与德鲁的儿子的权力关系。她在对德鲁的独白中说："你的儿子。他知道他的出生跟我有多大的关系吗？我是那个说服你让他出生的人。"（Cisneros，1991：74）因为"你的父亲想离开你的母亲，和我一起生活。你母亲哀求他跟他生一个孩子"。（Cisneros，1991：75）为了报复德鲁，克莱门西亚勾引了他的儿子，他比她小19岁，也是她的学生，这正好是克莱门西亚与德鲁关系的一种反转，她说："这些年我一直像蜘蛛一样等待着机会，自从我19岁开始,而他那时候还是尘土,我是那个同意他来到这个世界的人。"(Cisneros,1991:75)"我和这个男孩睡觉,他们的儿子。让这个孩子像我爱他的父亲那样爱我。让他想要我。过来,我亲爱的。来妈妈这里。……我能从他看我的眼神里看出他完全被我掌控。"(Cisneros,1991:82)在克莱门西亚和德鲁的关系中,克莱门西亚是"马林奇",而德鲁是"科尔特斯"。相反,在克莱门西亚和德鲁儿子的关系中,克莱门西亚变成了"母亲",而德鲁之子则是"儿子",他处于她的掌控之中。通过对他儿子的掌控,克莱门西亚觉得自己也掌控了德鲁,从而更进一步扭转了他们之间曾经的权力关系。

克莱门西亚向德鲁的儿子坦白:"你出生的那晚,我在和你的父亲睡觉。正是在你母亲受孕的那张床上。我和你的父亲睡觉,根本不理会那个女人,你的母亲。"(Cisneros,1991:77)在与德鲁分开后的19年中,她不停地引诱有妇之夫,"那不是我最后一次跟正在医院分娩的女人的丈夫睡觉。我想知道我为什么那么做?当女人正在医院给予生命的时候,我和她的男人睡觉。这给了我一种疯狂的快感,我觉得自己能在那些女人不自知的情况下杀掉她们。……她们的孩子在吮吸她们的乳房,而她们的丈夫在吮吸我的"。(Cisneros,1991:77)克莱门西亚这么做的动机是什么?怀亚特认为:"克莱门西亚还将她的性掠夺延伸到了女性身上。……女性的身体被敞开,暴露出来,变得易受攻击。……这是一种(对女性的)强奸。"(Wyatt,1995:249)前面我们曾说,在小说中,克莱门西亚成为"侵犯者",她的"侵犯"不仅表现在颠倒了与男性/殖民者/侵犯者的权力关系,而且也表现在她对女性的侵犯上,通过对女性间接的侵犯,她展现了自己"男性"侵犯者的特性。她这样做,就像是对女性的一种强奸,从而找到自己"侵犯者"的快感。在小说中,克莱门西亚"强奸"女性是有选择性的,她们都是白人女性,她说:"如果她(德鲁的妻子)是像我一样棕色皮肤的女人,或许我会有负罪感,但她不是,因此我不在乎。……我不在乎这样做是对是错。我不在乎他的妻子。她不是我的姐妹。"(Cisneros,1991:

76）这样，克莱门西亚不仅颠覆了"侵犯者"与"被侵犯者"的性别关系，也反转了他们之间的种族关系："侵犯者"不再是白人，同样，"被侵犯者"也不再是棕色皮肤。

通过上述对德鲁、德鲁儿子与德鲁妻子及其他白人女性的新型权力关系的建构，小说成功塑造了一个拥有强大力量的"马林奇"式的女性形象，就像克莱门西亚在开篇的自述："我是（男人的）共犯，我犯了有预谋的罪过。我故意导致了其他女人的痛苦。我怀有报复心理，我是残酷的，我什么都能做出来。"（Cisneros，1991：68）有人可能会质疑克莱门西亚的所作所为，她与有妇之夫的不伦之恋、引诱很多有妇之夫的种种行为明显违反了社会道德。但是，什么是道德？在男权制的社会里，女性所谓的道德都是男性为女性划定的界线，女性必须在界线之内活动，稍一越界，就变成了"马林奇"。西斯内罗斯为了挑战男权话语，刻意塑造了这么一个跨越界限的女性。她也许是世人眼中的坏女人，但却是西斯内罗斯及众多奇卡纳女性主义者眼中勇敢的马林奇。

## 第二节 女性身体书写

### 一、女性身体与身体写作

在西方文化中，一贯有着精神／身体的二元对立思想。这种传统可以追溯到古希腊哲学家柏拉图那里。在柏拉图的很多论述中，"身体和灵魂的对立二元论是一个基本的构架：身体是短暂的，灵魂是不朽的；身体是贪欲的，灵魂是纯洁的；身体是低级的，灵魂是高级的；身体是错误的，灵魂是真实的；身体导致恶，灵魂通达善；身体是可见的，灵魂是不可见的。大体上来说，灵魂虽然非常复杂，但它同知识、智慧、精神、理性、真理站在一起，并享有一种对于身体的巨大优越感"。（汪民安，2005：5）在中世纪，基督教神学也强调身体和灵魂的对立，它将上帝之城与世俗之城对立起来，上帝之城居住的是上帝拯救的人，而世俗之城居住的是上帝的弃儿，基督教神学认为"欲望的身体无法通达上帝之城。身体，尤其是性，是人接近上帝而必须克制的放肆本能。……灵魂活跃状态的前提，是身体的必要尘封"。（汪民安，2005：7）到了文艺复兴时期，身体得到了热烈的赞美，但是这种赞美只是短暂的。之后的哲学依然将灵魂／精神／心灵放在比身体重要的位置，这个时候，"通往知识之路的不是灵魂，而是意识、心灵和推算的内心世界——身体在知识的通途中依然没有找到它的紧要位置"。（汪民安，2005：7）身体和精神的二元对立，到了尼采那里才被彻底推翻，在尼采那里，身体才得到了它应该有的重视。"尼采的口号是，一切从身体出发。"（汪民安，2005：10）而"当代理论对于身体爆发的兴趣凭借的还是福柯"。（汪民安，2005：18）福柯认识到，历史在某种意义上是身体的历史，身体铭刻着历史的痕迹。在尼采那里，身体具有主动性、生产性，"身体具有一种强大的生产力，它生产了社会现实，生产了历史，身体的生产就是社会生产"。（汪民安，2005：19）而在福柯这里却恰恰相反，身体是被动的，它总是卷入政治领域中，"权力关系总是直接控制它，干预它，给它打上记号，训练它，折磨它，强迫它完成某些任务、表现某些意识和发出某些信号"。（福柯，1999：27）因此，福柯的身体"是倍受蹂躏的身体，被宰制、改造、矫正和规范化的身体，是被一遍遍反复训练的身体。我们看到，这样的身体不再是洋溢着动物精神的身体，洋溢着权力意志的身体，而是悲观、被动、呆滞的身体"。（汪民安，2005：20）

黄华认为：

福柯关于身体和性的分析，对于女性主义有较大的借鉴意义，因为尽管定义身体存在一定的困难，但福柯反本质的身体观念有利于女性主义克服关于身体的本质主义倾向。……福柯将身体和性置于权力／体制之间，使之成为话语传递的首要目标。这与女性主义缘由的身体理论产生了共鸣，共同开启了历史上尘封已久的女性身体，使之成为瓦解菲勒斯中心的强大力量。

（黄华，2006：103）

身体成为女性主义反对女性压迫的一个核心概念。法国女性主义理论家茱莉亚·克里斯蒂娃认为：主体来自母体，来自与"卑贱物"共同排出的区域，当主体发现自身的存在正是卑贱物，他开始不断试图对母亲"弃却"、与母亲分离，"主体的诞生过程便是对母亲不断'弃却'和分离的过程"（黄华，2006：210），他穷其一生来逃离与母亲子宫的一体化，远离女性身体对男性合法身份的威胁，为自己建构一个合法的、干净的、远离"卑贱"的、体面的社会身份，同时排斥、压抑、贬低女性的身体。母亲、女性孕育了生命，却被赋予了卑贱的身份；母亲/女性的身体，被看成了卑贱之物。女性主义者的任务之一就是要将被男权、理性、心灵驱逐到地下的身体重新挖掘出来，歌颂它、赞美它、褒奖它，让它重新焕发光彩。法国另外两位伟大的女性主义理论家埃莱娜·西苏和路西·伊利加蕾都倡导"身体写作"，对女性的身体进行书写。书写女性身体的作家们通过两种途径来对抗传统对身体的压制：一种是歌颂女性与身体的联系，从而推翻身体隶属于心灵这样的观点；另外一种就是拒绝身体与心灵的分离。"'书写身体'，'让身体被聆听'使得写作变得不再是一件只关乎精神的事情。"（Warhol & Herndl, 1997：343）西苏在《美杜莎的微笑》一文中，借用希腊神话中妖女美杜莎的形象，"砸碎禁锢在妇女身体上沉重的锁链，冲破世俗的重重束缚，将妇女的身体从数千年的囚禁中解脱出来，随之解放的还有妇女的声音、情感、欲望，欲望的释放将开启她们巨大的身体空间，为她们的说话提供了无数的可能性。这种话语将带来一种新的写作形式，它将颠覆旧的阳性书写"。（黄华，2006：119）她说："书写你自己。必须让人听到你的身体。只有这样，巨大的潜意识资源才能喷薄而出。我们的气息将会散布到全世界。……写作，不仅会解放女性与其性行为、女性与其存在的关系，从而使得她接近她与生俱来的力量，也能够归还她原本的本领、快乐、器官，及她一直被封锁的巨大的身体领域……。"（Cixous, 1997：350-351）

西苏提出了"女性书写"的概念,她认为男性的语言与身体是分离的、割裂的,而女性则不同,她们的语言和身体是密不可分的,她认为女性的"口唇冲动、肛门冲动、发声冲动、生殖冲动——所有这些冲动都是我们的力量——就像写作的欲望:一种在体内活出自我的欲望,对膨胀的身体的欲望,对语言、对血的欲望"。(Cixous,1997:359)西苏还认为,女性应该根据自己特殊的生理特点,用血写作、用乳汁写作。她认为女性几乎可以书写任何有关女性特质的东西,而这些女性特质都是通过女性的身体体现出来的,"(女性可以书写)她们的性,即其无尽的、易变的复杂性,写她们的情欲,她们身体上一片极小却又广阔的区域的突然的欲望;她们不要写命运,而要写关于这样那样的身体冲动的冒险之旅,写旅行、穿越(crossings)、跋涉、突然或逐渐的觉醒,对身体某个区域的发掘。女性的身体,打破重重束缚和监管,表达出她遍布于全身各个方向的意义"。(Cixous,1997:355)伊利加蕾也提倡女性的身体书写,她认为女性言说身体和性快感是女性自我意识觉醒的起点。她提出"女人话"的概念,指出这种语言与女性的身体特质相似,具有散漫的、流动的、多元的特征,"伊利加蕾将触觉的多元性和液体般的流动性作为'女人话'的风格"(黄华,2006:127),她认为"女人全身都是性器官",因此她的性快感是多元的,而她的语言如她的性快感一样,也是多元的,"人们说她神经质、不可捉摸、心浮气躁、变幻莫测——更别提她的语言恣意发挥,杂乱无章,让他摸不着头脑"。(Irigaray,1997:366)

## 二、女性身体的有用性及(不)可见性

西斯内罗斯实践了女性主义理论家提倡的女性书写,她在作品中书写女性的身体、女性的欲望、女性的生产、哺乳、月经等等特殊经历。黛博拉·麦迪森认为西斯内罗斯的性观念中包含两种元素:她为去神秘化的女性性力量而欢呼,也对于厌女症和通过女性的性行为而控制女性有强烈的意识。(Madsen,2000:117)笔者非常赞同麦迪森的观点,无论是在她的小说中还是在诗歌中,她都揭露和

批判了奇卡诺父权制和天主教对女性性行为的控制，它们用种种界限将女性禁锢起来，禁止她们逾越界限；在作品中，她也塑造了一些勇敢、追求自由的女性形象，她们通过反叛的性行为、跨越性边界来挑战父权制及天主教。

麦迪森认为："对身体外观的控制，女性的身体是如何通过文字和肉体呈现的，是一种强有力的控制女性心理的策略。在父权制的语言中，女性特质是通过女性身体来定义的。……（男性）通过——例如娱乐、生育和养育孩子、烹饪、外貌诱人——来判断女性身体的有用性，而不是将女性的身体看作个体或女性主体的呈现。"（Madsen，2000：117-118）在《芒果街上的小屋》中有一个《小脚之家》（"Family of Little Feet"）①的故事，这个故事很好地阐释了麦迪森的上述观点。《小脚之家》讲述了来自"小脚之家"的女人给了埃斯佩朗莎和她的两个朋友三双高跟鞋，她们穿着高跟鞋在芒果街上走过的故事。故事中展现了看到她们的各色人们的反应，杂货店老板班尼（Benny）先生说："它们很危险。你们这些女孩太小了，还不能穿这样的鞋。把鞋脱下来，不然我要报警了。"（Cisneros，1994：48）接着她们遇到一个流浪汉，他看到穿着高跟鞋的小女孩，对她们说："如果我给你们一美元，你们能亲我一下吗？"（Cisneros，1994：50）穿上高跟鞋，这几个还未成年的女孩马上拥有了成年女性的特质，她们有了长长的腿、性感的脚，这使得她们本来在男人眼中隐形的女孩的身体变成了充满诱惑的成熟女性的身体，在男人的凝视之下，她们穿着高跟鞋的脚成了女性的代名词，她们的脚因为高跟鞋而变得性感，成了男性欲望的对象，她们随时都会成为男性侵犯的目标，因此班尼先生才会说："它们是危险的。"正如麦迪森所说，这几个小女孩在男人的眼中根本不是一个有血有肉有思想的女性个体，只是一双移动的高跟鞋，对于男性来说，她们的有用性——她们能够获得男性的注意，就是因为她们脚上所穿的象征女性有用性的高跟鞋。在遇到流浪汉之后，年幼的三个女孩似乎意识

---

① 指的是一个家庭，家里的成员脚都很小。

到了穿高跟鞋的危险，于是她们脱下了高跟鞋，并且之后再也没有穿过，埃斯佩朗莎发出了"美丽让我们觉得很累"（Cisneros，1994：50）的感慨。在有另一篇题为《屁股》（"Hips"）的小故事中，几个性别意识刚刚启蒙的女孩谈论女性的屁股。有的女孩认为做饭的时候，屁股可以帮你抱好孩子；有的女孩认为屁股是为了跳舞；有的女孩认为没有屁股，就是男人了……她们认为应该学会走路时怎么扭屁股，"要练习——走路的时候要走得好像你一边（的屁股）想走这边，而另一边想走那边"。（Cisneros，1994：60）屁股成为男性判断女性有用性的一个重要标准：是否诱人、是否性感、是否有很好的生育能力。而这些年幼的女孩们很显然内化了父权社会这些判断女性和女性身体的标准，按照男性的眼光来塑造自己的身体，通过练习来使得自己在男性的眼中更加有魅力。

在《卡拉米洛披肩》中，西斯内罗斯也关注了女性身体对男性的有用性问题。特蕾西·罗伯茨-坎普斯（Traci Roberts-Camps）认为在这部小说中，"西斯内罗斯展现了奇卡纳女性在美国文化中的可见性（visibility）和不可见性（invisibility）"。（Roberts-Camps，2008：130）这句话看似矛盾，但恰恰是奇卡纳女性在美国社会中处境的最好体现。她们的可见性即主流文化对她们存在的敏感性，只要她们出现，总是会有白人、男性凝视的眼光投向她们，审视她们；而她们的不可见性意为她们生活在社会的底层，她们的声音被压抑，没有人会注意到她们，没有人会听到她们的声音。安扎尔杜瓦也曾说过："我是可见的——看我这张印第安脸庞——然而，我是隐形的。我的鹰钩鼻使得他们看不到我①，我是他们的盲点。但是我存在，我们存在。"（Anzaldúa，1987：86）罗伯茨-坎普斯认为在《卡拉米洛披肩》里，"西斯内罗斯强调了奇卡纳（不）可见性的两个方面，它们都是与女性身体相关的，它们分别是：肤色和女性生命的不同阶段"。（Roberts-Camps，2008：131）在小说中，

---

① 这里并不是说她的鹰钩鼻使得美国社会看不到她，而是一个比喻性的用法，她的鹰钩鼻代表着她是一个墨西哥裔美国人，因而她在他们眼里是隐形的。

有一句话，无论在墨西哥还是在美国都是适用的，"皮肤白，这个世界就会对他宽容。"（Cisneros，2002：157）"《卡拉米洛披肩》中对肤色的描写是作者着墨最多的地方之一。"（Roberts-Camps，2008：132）故事叙述者拉拉的祖母和曾祖母虽然都有印第安血统，肤色较黑，但她们内化了殖民者／统治者的"血统论"，将肤色作为判断人等级的一个重要标准，对此，笔者在第四节将进行详细论述。而拉拉却与祖母和曾祖母不同，她喜欢印第安女孩坎德拉利亚（Candelaria）① 棕色的皮肤，认为这是巧克力的颜色。贯穿小说的重要意象——卡拉米洛披肩——就是棕色的，而卡拉米洛披肩在小说中代表着多重文化杂糅的墨西哥／奇卡诺文化，因此棕色就代表着墨西哥／奇卡诺文化身份，"西斯内罗斯的主人公（拉拉）将深色皮肤等同于美丽，比如坎德拉利亚与披肩的例子，因此挑战了以肤白为美的观点"。（Roberts-Camps，2008：140）

除了肤色之外，西斯内罗斯在《卡拉米洛披肩》中还关注了女性身体的另一个问题：在女性生命的不同阶段，女性身体的可见性和不可见性。女性的身体在哪些阶段是可见的，哪些阶段是不可见的，完全取决于它们在生命不同的阶段对于男性是否具有有用性，正如罗伯茨-坎普斯所说："是否具有有用性是评价女性的标准，而是否具有娱乐性、母性和性诱惑力则是评价女性身体的标准。"（Robert-Camps，2008：153）在童年时期，奇卡纳女性是隐形的，因为对于男性来说，这个时候的女性身体既不能承担家务，也不能生养子嗣，不能照顾男人，更不具有性诱惑力。拉拉祖母索莱达的一生就是这样：童年时期，她是隐形的。因为母亲去世，父亲再娶，她在家里是多余的，没有人会注意到她，关注她的冷暖、她的悲喜；当她被送到亲戚家做仆人时，她变得更加隐形、更加沉默；当她的身体"成熟"，变成少女的时候，她才引起了男性的注意，嫁入祖父家，过上了相对不再漂泊的日子；当她生完孩子时，身体发生变

---

① 在小说中，是负责为拉拉的祖母家洗衣服的一个印第安女孩，后来拉拉得知，这个女孩是她同父异母的姐姐。祖母因嫌弃她地位低下，不承认她是孙女，她和她肤色黝黑的母亲负责为祖母家做一些粗活以谋生计。

化,她变成了中年女人、老女人,人们开始讨厌她;直到最后,她生病、死去,她的亲人(尤其是儿媳)嫌弃她给他们带来了麻烦。在小说第70节,拉拉用祖母一生的身体变化来总结她的一生:

> 祖母只有在她的身体发生变化,发育得足够获得男性关注的时候,她才变得可见。但是,当她的身体再发生变化,因为生孩子她的身体变得松垂,不可能再复原时,她又变得隐形。当她不再虚荣,不再关心自己的时候,她开始消失了。男人再也不看她,当她做母亲的职责完成之后,社会再也不会给予她关注。
>
> 在她四十多岁的时候,她就意识到了自己和自己在社会中的地位的变化,这使得她难过、抱怨,她因此会突然陷入悲伤。最后,她习惯于被忽略、被无视、没有人看她,她习惯于男人看到她根本不会抬头,也习惯男人的眼睛不会像从前那样盯着她看。这让她有一点释然,一点平静。……
>
> ············
>
> 她变得隐形了。她变得隐形了。这是她一生都害怕的。(Cisneros,2002:347)

在第70节中,拉拉还描述了祖母变得彻底隐形,即死去时身体的感受:

> 一种海水一样温暖、极乐的感觉。海水将她和她的自我举起,它们飘出了她的生命。消散(dissolving)和生成(becoming)的感觉同时发生。这让她充满了激情,她不再烦躁不安、手忙脚乱,她让自己飘出身体之外,飘出那个拘禁她生命的地方,让她成为虚无(nothing),让她成为一切(everything),大和小、伟大和渺小、重要和谦卑。(Cisneros,2002:348)

西斯内罗斯称自己是一个"佛教卢佩主义者"(Buddhalupist),

即在她的精神世界里，佛教和圣母瓜达卢佩都起着重要的作用，她的精神性（spirituality）是佛教与天主教的结合体。她的网络主页上说："我努力想过一个佛教徒的生活，但我又不是一个严格意义上的佛教徒。我同时也信仰圣母瓜达卢佩，但我又不是一个真正的天主教徒。我一直在追寻自己的精神道路。"①从上面描述祖母死亡过程的这段话中，我们可以看到佛教的哲学辩证思想，"万物非有非无，而又非非有、非非无"。（转引自马英，1994：51）"小无定性，终自遍于十方，大非定形，历劫皎于一世。则知小时正大，芥子纳于须弥；大时正小，海水纳于毛孔。"（转引自马英，1994：51）祖母的死让她的肉体在这个世界上消失，成为虚无，而她又成为一切，她的灵魂不再受肉体和一切世俗规则的约束，可以自由地飘荡。如罗伯茨-坎普斯所说：在死亡的这一时刻，"她可以变成她一生中都不被允许成为的人。索莱达的身体不再受社会规则约束"。（Roberts-Camps，2008：161）

### 三、禁忌与身体写作

艾丽西亚·奥斯特莱克（Alicia Ostriker）认为："美国女诗人（作家）书写她们的身体时尴尬的感觉越来越少，而热情却越来越高涨。她们写做爱时候的感觉；她们写坐在马桶上吃东西；她们写她们的脸、胳膊、乳房、子宫、月经、脖子、喉咙、膝盖、牙齿；她们写生产、哺乳、变老；关于堕胎的诗歌、关于乳房检查的诗歌、关于强奸的诗歌变成了女性诗人（作家）写作中经常涉猎的话题。……"（Ostriker，1986：93）奇卡纳女性，因为从小接受的天主教教育告诉她们对自己的身体应该讳言，"甚至提到内衣都是禁忌"（Rebolledo，1995：196）。奥斯特莱克说："看一个女作家的思想是否有解放性飞跃，方法之一就是看她身体沉默的部分是否开始言说。"（Ostriker，1986：92）对于在天主教传统中成长的奇卡纳作家来说尤其如此，如瑞博莱多所说："为了打破对于身体的沉默，女

---

① 参见桑德拉·西斯内罗斯的个人主页：http://www.sandracisneros.com/FAQ.php

作家，尤其是奇卡纳女作家，已经感到了言说身体的必要，虽然这可能意味着她们要用否定它（身体）的语言言说。"（Rebolledo，1995：196）就像在《卡拉米洛披肩》里一样，拉拉评论她祖母年轻时候的经历：

> 索莱达在懂得什么叫爱之前，就像一块石头一样是中性的，像丝质的披肩一样纯洁，好像她在出生之前就被阉割。她确实是。并不是被刀子，而是被一种叫作宗教的东西。她对自己的身体那么的无知，她甚至不知道自己的身体有多少个孔洞，也不知道它们各自的功能。那时就像现在一样，对于女性性教育的规矩就是——知道得越少越好。（Cisneros，2002：156）

如安扎尔杜瓦所说，奇卡诺文化中的圣母瓜达卢佩被文化所阉割，变成了一个无性的偶像，她是贞洁的，不应该用性这么不洁的东西来玷污她圣洁的形象。因此在奇卡诺文化中，好女人就要贞洁，就要远离性这个禁忌，不能谈论性、不能享受性。拉拉在上面的一段话中说祖母被一种叫作宗教的东西阉割，是一种非常形象的比喻，她将天主教比作了匕首，在有些国家的宗教或者习俗里，女孩小的时候就要进行割礼，天主教虽然没有行割礼的传统，但它就像一把匕首，将女性享受性快乐的权利割去，因而奇卡诺文化中的女性就像被阉割一样。在小说的第三部分，拉拉与一个名叫厄内斯托（Ernesto）的男孩私奔，当拉拉把自己的第一次交给他之后，他对拉拉说："拉拉，我们是罪人。我们为了结婚而私奔，以求我的父母接受我们。性只是为了生殖。教堂是这么说的。我们还没有结婚。事实上，我不能娶你，因为你不是天主教徒。"（Cisneros，2002：386）厄内斯托的逻辑就是：因为拉拉不是天主教徒，他们是永远不可能结婚的，因此他们的性行为不是以生育为目的的，而不以生育为目的的性在天主教中是犯罪的。拉拉悲愤地斥责厄内斯托，同时也是斥责天主教："你妈妈和变态的宗教认为什么都是邪恶的。"（Cisneros，2002：386）瑞博莱多说："邪恶就是知道你犯罪——反抗教堂、反抗父母、反抗社会规则。犯罪就是展露你的身体、有不被认可的性关系、将你的自我展现在公众面前；犯罪就是做情妇或爱人而不是妻子；犯罪就是不做修女；犯罪就是爱另一个女人；犯罪就是走入男人的空间：政治、写作、酒吧。"（Rebolledo，1995：193）因此，在天主教和代表虔诚的天主教徒的"妈妈"眼里，拉拉和厄内斯托的行为是犯罪，他们是罪人，他们是邪恶的。

西斯内罗斯在她的作品中，进行了身体书写，她不仅描写女性身体，还细致描写女性的月经、怀孕、生产及做爱的感受等等。麦迪森认为"作为一个奇卡纳作家，逾越父权制的禁忌成为她作品的重要一面。她清楚地知道女性的性是（父权制）对于女性的武器"。（Madsen，2000：122）她的两本诗集《我的邪恶方式》（1987）和《放荡女人》（1994）就收集了很多大胆直白描写女性的身体与性的诗作。"她'邪恶'是因为她掌控自己的性，言说自己的性——这是一种在父权制下被禁的力量。她的邪恶在于挑战父权制建构的界限，这条界限将女人'合法'与'非法'的行为分隔开来。"（Madsen，2000：119）她在同名诗歌《放荡女人》里大胆地发表了自己的宣言："他们说我是野兽……婊子。/ 或者女巫……大家说我是 / 危害社会的人。/ 我是女潘乔·比利亚（Pancha Villa）①。"（Cisneros，1994：112-113）在《放荡女人》中，西斯内罗斯收录了一些诗歌，如《黑色蕾丝文胸类的女人》（"Black Lace Bra Kind of Woman"）、《下面》（"Down There"）等等，从它们的题目，我们就可以预见到这些诗歌中大胆、直白的对于女性身体"禁地"的描写。在一些作品里，她描述了女性的月经。在《卡拉米洛披肩》里，拉拉叙述了自己的初潮：

  白天姑妈不在家的时候，血来了。家里除了祖母外没有其他人。……

---

① 潘乔·比利亚（Pancho Villa），原名多罗特奥·阿兰戈（Doroteo Arango），是1910—1917年墨西哥资产阶级革命中著名的农民领袖，墨西哥民族英雄。文中的 Pancha Villa，为 Pancho Villa 的阴性形式，因此意为"女潘乔·比利亚"，即"女英雄"之意。

我曾经问过我的朋友它是什么样子的,她们说就像漏水的水龙头漏出的一滴水。或者像轻巧的风筝线。或者像树上滴下来的一滴汁液。谎言。它像身体向下吞咽东西,只不过是这种吞咽的感觉发生在下面。

在命运街①的房子的粉红色浴室里,我的初潮来了。……

它会持续多久呢?五天?六天?七天?到第十天,我害怕了,于是问姑妈。——别害怕。很快就会停的。(Cisneros,2002:259-260)

在她的诗歌《下面》(Cisneros,1994:22-23)中,西斯内罗斯对月经有着更加直白的描述,她在诗歌开头便直白地宣布:"是的,/我想谈谈月经(Men-stration)。"她甚至详细地描述了月经的颜色及味道:"透明的一滴/到第五天变成了巧克力酱的颜色。"月经的味道是"甜甜的、独特的味道"。她宣称"用血来书写。……/如果血浓于水,那么/月经比兄弟情义要浓厚"。在诗里,西斯内罗斯直白地谈论女性的月经,并且认为女性因为有共同的经历(例如月经),所以她们之间的姐妹情谊要浓于男人们的兄弟情义。从她的诗歌里,可以看出她将诗歌的所谓典雅的语言完全抛诸脑后,麦迪森认为:"在这首诗里,西斯内罗斯创造了一种写诗的词汇,来书写女性身体的现实。她这样做不仅将女性的性变成一个合法的诗歌主题,而且挑战了从前诗歌里关于女性身体呈现的所谓典雅。"(Madson,2000:120)

在小说中,西斯内罗斯/拉拉还对祖母分娩时的身体感受进行了详细的描述:

当分娩开始的时候,她感到身体就像被一部突然开始运转的机器拖拉着向前冲,像被一架战车、一匹脱缰的野马往前拉着,

---

① 命运街,Destiny Street,是《卡拉米洛披肩》中拉拉的祖母所居住的房子的所在地,位于墨西哥城。拉拉每年夏天都要从美国返回祖母家里度假。

而她的身体还依然悬在后面。没有回头路，不能改主意。你的生命就像风中招展的旗帜；你的生命就像一块破布一样渺小。——啊。就像孤儿、像被宣判死刑的囚犯，她听到一声不记得从哪里发出来的声音。——啊，啊，啊，每呼吸一下就像一把刀戳中她。——她听到自己喊，妈，就像古今中外所有的女性生产的时候一样，这声喊叫，是永不改变的、唯一的呼喊方式，从喉咙中发出，奇怪、骇人，却又有力。（Cisneros，2002：191）

有人说："桑德拉·西斯内罗斯既是佛，又是马林奇。"[①]这是一句非常形象的描述。她是佛，因为她将佛教看作为人类谋福祉的宗教，而这与她的写作思想不谋而合。她是马林奇，不仅因为她的作品揭露和批判父权制及天主教对奇卡纳女性及她们身体的控制，还因为她塑造了一些勇敢、追求自由的女性形象，她们大胆言说自己的思想、身体、欲望，她们通过反叛的性行为、跨越性边界来挑战父权制及天主教。她把天主教中无性的圣母看作"性女神"，她说："我现在看到的圣母瓜达卢佩不同于我童年时期眼中的圣母。她是性女神，她让我对自己的性力量、性精力感觉良好，她提醒我用我的外阴言说……言说最基本的、最真实的真理，用我的阴部书写。"（Cisneros，1994：49）

## 第三节 "不要跟墨西哥人结婚"中阶级观的折射

"不要跟墨西哥人结婚"，这种说法中饱含了美国人对墨西哥裔的阶级歧视。在本章第一节中，笔者从性别视角论述了《喊女溪故事集》中的短篇小说《不要跟墨西哥人结婚》，在这节中，笔者主要以《芒果街上的小屋》为例对这句话中所包含的阶级歧视进行阐述。

---

① 参见 http://www.elandar.com/back/winter99/stories/story_cisneros.html

《不要跟墨西哥人结婚》的开篇就是这句话。叙述者克莱门西亚的母亲告诫她千万不能嫁给墨西哥人。受到母亲的影响,虽然身为墨西哥人,她自己却对墨西哥人——甚至所有的拉美人都怀着深深的歧视。她在小说中说:

> 墨西哥男人,得了吧。很久以来,他们不是抹桌子①,就是站在卖肉的柜台后切肉,或者开着我每天上学所乘的校车,那些都不算是男人。不是我当成潜在情人的男人。墨西哥人、波多黎各人、古巴人、智利人、哥伦比亚人、巴拿马人、萨尔瓦多人、玻利维亚人、洪都拉斯人、阿根廷人、多米尼加人、委内瑞拉人、危地马拉人、厄瓜多尔人、尼加拉瓜人、秘鲁人、哥斯达黎加人、巴拉圭人、乌拉圭人,我根本不在乎他们。我从来看不到他们。是我妈妈让我这么做的。(Cisneros,1991:69)

怀亚特认为克莱门西亚将种族与阶级混淆在一起,模糊了它们的界线:"'墨西哥人'在这里意味着餐厅服务员、屠夫的助手、司机——所有的工人阶级男性混在一起,被贴上种族的标签,事实上却标示着一个阶级的名称——服务者阶级。"(Wyatt,1995:247)

帕博罗·维拉(Pablo Vila)在他的著作《边界身份:美墨边界的宗教、性别及阶级叙事》(*Border Identifications: Narratives of Religion, Gender, and Class on the U.S.-Mexico Border*)中指出:在边界的两端——美国南部边界与墨西哥接壤的地方和墨西哥——阶级话语都是缺失的。其中的原因是:在墨西哥,人们将摆脱贫穷的希望寄托于在美国工作(要么移民到美国,要么居住在边界地区,每天往来于边界两边),而非为重新分配财富而斗争;在美国靠近边界的南部地区,美国人则用一句"所有的墨西哥人都是穷人"将贫穷的原因都归结在墨西哥人或墨西哥裔身上。维拉指出:"这样一种表述(包含多种解释):要么是否认边界北端(美国)的贫穷,要么

---

① 此处指的是有些墨西哥男人在餐馆当服务员。

就是承认美国也存在贫穷，但是将贫穷的原因归咎于墨西哥移民或者墨西哥裔美国人，因为他们或他们的祖先还没有摆脱从墨西哥带来的文化缺陷。"（Vila，2005：171）"不要跟墨西哥人结婚"与"所有的墨西哥人都是穷人"一样，包含着深深的种族和阶级歧视。

从西斯内罗斯的作品中，我们可以看到美国社会对墨西哥裔的种族和阶级歧视。有学者论述了《芒果街上的小屋》中房子和芒果街的象征意义，她认为：

> 正如小说的名字告诉我们的，"房子"和"芒果街"都是整个小说的中心象征。埃斯佩朗莎居住的芒果街和房子构成了她的世界，一个她在成长的过程中必须认真思考的世界。是她对这个特殊环境的反应、心理和社会力量的相互作用决定了她成长的方向。通过她与房子（即私人空间、家庭、集体记忆）及芒果街（即社会空间，拉美裔社区）的辩证关系，"我"逐渐理解了自我。（Eysturoy，2010：67）

如上所述，房子和芒果街在主人公埃斯佩朗莎的成长过程中起到了重要的作用。从代表私人空间的房子和代表公共空间的芒果街那里，埃斯佩朗莎看到了墨西哥裔女性在家庭中的地位和墨西哥裔在美国社会中的地位。小说一开始，埃斯佩朗莎就为我们描述了她居住的房子：

> 我们不是一直住在芒果街上。在此之前，我们住在卢米斯（Loomis）街；在那之前，我们住在其乐（Keeler）街；在那之前，我们住宝林那（Paulina）街。再往前，我就不记得了。让我记忆深刻的是我们总是在搬家。……
> 
> 芒果街上的小屋是我们的。我们不用再付给别人租金或者跟别人共享空间，也不用总是小心翼翼地不弄出声音来，也没有总是用扫帚敲击房顶的房东了。但是即使这样，这也不是我们想要的房子。……

> 我们必须尽快离开卢米斯街上的房子。那里的水管坏了，房东不修，因为房子太老了。我们只得使用隔壁的卫生间，用装牛奶的桶接水。因此爸爸妈妈决定找一个房子，所以我们搬到了芒果街上的房子里，离卢米斯很远，在城市的另一头。
>
> 芒果街上的房子根本不是父母为我们描述的那样。它非常小，外表是红色的，有着狭窄的台阶和狭小的窗户，好像它们都屏住呼吸，不敢出大气一样。有些地方的墙砖破裂了，前门严重变形，推的时候必须使劲。没有前院，只有市政府种在路边的四棵树。后面是一个小小的车库，但是我们还没有车，还有一个小小的后院，让两边的建筑物衬托得更加狭小。我们的房子里有楼梯，但仅仅是普通的楼梯。房子里仅有一个卫生间。两个人分享一个卧室：爸爸和妈妈一间、卡洛斯和琪琪一间、我和奈妮一间。（Cisneros，1994：3-5）

从这段描述，我们可以看到埃斯佩朗莎一家所过的居无定所的生活和他们恶劣的生活条件。他们居住的房子遭到了别人的歧视，埃斯佩朗莎说："从前我们住在卢米斯的时候，我们学校的一个修女经过我家门口，看到我在玩耍。……她问我：'你住在哪儿？'我指着第三层跟她说，那儿。'你住在*那儿*？'（原文中此处即为斜体）。"（Cisneros，1994：5）从修女的语气中，埃斯佩朗莎感受到了严重的歧视，她心里也油然而生一种深刻的羞耻感："*那儿*。我顺着她手指的地方看去——第三层，油漆剥落，爸爸往窗户上钉了木条防止我们摔下来。你住在*那儿*？她说话的方式让我感觉到我什么都不是。*那儿*。我住在*那儿*。我点点头。"（Cisneros，1994：6）在小说的另一处，埃斯佩朗莎再次提及她对房子的羞耻感，学校的另一位老师让她指一下他们家的房子在哪儿，埃斯佩朗莎指给她看。她很惊讶地说："那个房子？她指着一排丑陋的三层建筑，这些建筑就算是衣衫褴褛的人都羞于走进去。是的，我点点头，虽然我知道那不是我

的房子①，我哭了起来。"（Cisneros，1994：54）

有学者认为："对于埃斯佩朗莎来说，芒果街上的房子是她生活中受压迫的社会经济地位的象征，也是让她感觉（与主流社会）疏远的源头。"（Eysturoy，2010：134）正是因为感觉疏远，她才产生了远离这幢"悲哀的红房子"的强烈愿望。从前面埃斯佩朗莎对房子的描述中，我们也可以看到她对房子的感受："狭窄的台阶和狭小的窗户，好像它们都屏住呼吸，不敢出大气一样。"对于房子的描写事实上是她内心感受的折射，没有生命的房子是不会呼吸的，而这里她将房子拟人化，房子好像不敢出大气，事实上反映了她自己内心的压抑，破败的房子使得她不敢出大气，让她感觉到低人一等，让她在人前感觉畏畏缩缩。正如有学者指出，"（这样的描写）是一种转喻式的描述，是（埃斯佩朗莎）自我的展现"。（Olivares，1996：162）

埃斯佩朗莎的境况实际上来源于西斯内罗斯真实的生活经历，她小的时候家里就频繁地搬家，直到十一岁，她的家里买了一套自己的房子，他们才算安定下来。因此，不停搬家成为西斯内罗斯内心的阴影，拥有一套房子成为她最大的憧憬。"拥有一幢自己的房子"的梦想成为她文学作品中一个非常重要的主题。在发表于2002年的长篇小说《卡拉米洛披肩》里，她再一次通过小主人公/故事叙述者拉拉展现了自己的"房子"情结。拉拉与埃斯佩朗莎和西斯内罗斯一样，也经历了家庭的不断搬迁，因此也满怀"拥有一幢自己的房子"的期望，直到有一天，她的爸爸买下了一幢属于他们自己的房子，这时拉拉极度希望能拥有自己的一个房间，但是最终她发现，她期待的那个房间被祖母占据，自己还是处在无根的漂泊状态。②因为童年的经历，"房子"成了西斯内罗斯一生挥之不去的情结。1997年，西斯内罗斯终于用自己写作所挣的钱买下了属于自己的一幢房

---

① 在整篇小说里，埃斯佩朗莎都表达了想要一幢自己的房子的愿望，在她的想象中，她的房子应该是典型的美国中产阶级居住的房子。

② 这部分笔者将在下一节详细论述。

子。她将房子刷成了鲜艳的紫色，① 虽然这种奇怪的颜色遭到了邻居及官方的强烈反对，但西斯内罗斯依然故我，她在接受采访时说："这不只是有关我的房子。这有关历史。"（Brackett，2005：95）

同样，芒果街这个拉美裔社区也反映了拉美裔及墨西哥裔受压迫的社会经济状态，同时也是促使叙述者改变自己的社会地位、拥有一幢自己的房子的梦想的催化剂。正如学者布里奇特·科文（Bridget Kevane）所说："埃斯佩朗莎的（成长）旅程深深地植根于她对于社区（barrio）的观察。它们帮助她了解自己的身份。……对于社区的描述包含了贫穷、种族主义、移民、父权制等主题及其对社区带来的毁灭。"（Kevane，2010：92-93）埃斯佩朗莎刚刚搬到芒果街上的时候，一个叫凯西（Cathy）的女孩告诉她："这个街区变得越来越差了。"（Cisneros，1994：15）凯西家是白人，他们"要搬到芒果街北边的地方，离这里远点，而像我们一样的人却一直搬进来"。（Cisneros，1994：15）埃斯佩朗莎在这里所说的"像我们一样的人"显然是指贫穷的墨西哥裔／拉美裔。凯西是一个白人女孩，童言无忌，她的话很直接，但是一针见血地反映了白人对拉美裔的歧视，她警告埃斯佩朗莎小心她的新邻居们："乔是个贩卖婴儿的人贩子，离他远点。他很危险。……两个穿得破破烂烂的、像老鼠一样的女孩住在街对面，你肯定不愿意认识她们。……艾丽西亚自从上了大学，就变得越来越自大。"（Cisneros，1994：14）凯西抱着一种居高临下的态度警告埃斯佩朗莎："不要跟她们（即上面'穿得破破烂烂'的两个女孩）说话。难道你闻不到她们身上有股扫帚的味道吗？"（Cisneros，1994：17）而埃斯佩朗莎却完全不理凯西的警告，她的内心告诉她这两个女孩跟她是一样的，有很多的共同点，于是她很勇敢地挑战极有优越感的凯西，"但是我喜欢她们"。于是她成了两个女孩的好朋友。

《芒果街上的小屋》不仅有对形形色色的女性的描写，也有对男

---

① 墨西哥人非常喜欢紫色、绿色、红色、橘色、粉色等色彩鲜艳的颜色，因此西斯内罗斯将房子刷成紫色，一方面是宣告墨西哥是她的文化之根，同时也显示了得克萨斯州将盎格鲁文化与拉美文化杂糅在一起的文化特色。

性的刻画。从他们的生存状态，我们可以看到墨西哥裔／拉美裔在美国社会的艰难求生之路和他们所遭受的歧视。小说中有一个小故事，专门讲述了一个名叫杰拉尔多（Geraldo）的年轻男孩的遭遇。他遭遇了车祸，肇事者逃逸，被送到医院后，人们发现他口袋里任何能表明身份的东西都没有。"没有地址。没有名字。口袋里什么都没有。真让人觉得羞耻。"（Cisneros，1994：81）在医院的急诊室里，"没有医生，只有一位实习医生值班。如果医生能来，如果他没有失那么多的血，他们会知道怎么治疗。但是这又怎么样呢？……他不过是又一个不会说英语的湿背，又一个湿背。你知道这些人。他们看起来总是一副怯怯的样子"。（Cisneros，1994：81）埃斯佩朗莎在这里的叙述非常隐忍，她的语气看似极为平淡，却表达了最大的愤怒。她看似平静的叙述和淡淡的反讽是对美国社会种族和阶级歧视的最强烈的批判。她站在那些急诊室的医生的一边将杰拉尔多称为"又一个湿背"，这是美国白人或其他族裔对墨西哥裔，甚至是墨西哥裔对自己同胞的蔑称。在他们的眼里，杰拉尔多们"什么都没有"，没有合法的身份、没有钱，他们是隐形的，没有人在意这样的一条生命。这条原本年轻鲜活的生命本来是可以挽救的，但是医生却是那么冷漠和不负责任。对于见惯生死的他们来说，那又有什么呢？他只不过是又一个"湿背"而已。在这个小故事的结尾处，埃斯佩朗莎说："他的名字是杰拉尔多。他的家在另一个国家。他远在那里的亲人们会企盼、悲痛、怀念。杰拉尔多——他来到了北边……我们再也没有听到过关于他的任何消息。"（Cisneros，1994：82）西斯内罗斯对于这些所谓的"湿背"是非常同情的，杰拉尔多的个人经历、情感等等一切都被抹杀，他唯一的代号就是"湿背"，但是西斯内罗斯却努力还原和讲述杰拉尔多的历史和故事，使得他不再隐形，成为一个值得让人同情的、有丰满血肉的人。"西斯内罗斯展现了这个社会对于非法移民的冷漠，……像杰拉尔多这样一个被人看作'湿背'的人，人们认为没有必要抢救他，他被扔在那里等死，但是实际上他是一个勤奋工作的男人，他要努力维持他的家庭的生计。"（Kevane，2010：95）

西斯内罗斯关注的另一个阶级问题是奇卡诺文化内部的阶级差异和歧视问题。西斯内罗斯出生于一个存在着阶级差异的家庭。她的父亲来自墨西哥城一个中产阶级家庭，他们自夸拥有贵族血统。西斯内罗斯认为"来自墨西哥城的人们总是觉得比任何人都强。我的父亲来自这样的背景，他是作为一个社会移民（social immigrant）而非一个经济移民（economic immigrant）来到美国的，因此他与其他很多奇卡诺都不一样"。（Torres，2007：210）而西斯内罗斯的母亲则来自一个经济移民家庭，是第二代移民。西斯内罗斯的外祖父在墨西哥革命期间逃到美国，在铁路上工作，然后把家里的人都带到了美国。因此，在她的家庭里总会有一些"斗争"，而这些斗争都是"阶级斗争"，在祖母的眼里，父亲娶了阶级地位比她的家族低的女人，西斯内罗斯说："这是真正的阶级战争，这是有关我的历史中我最不喜欢的东西，但是我在最近发表的小说里关注了这个问题。"（Torres，2007：212）

16世纪，西班牙人入侵墨西哥后，与原本在这片土地上生活的印第安人的血统进行了杂糅，形成了一个新的种族——梅斯蒂索人，而血统纯正的西班牙殖民者的后代，称为克里奥尔人。除了梅斯蒂索人和克里奥尔人之外，在殖民地，由于劳动力的缺乏，殖民者还蓄养了来自非洲的黑人奴隶，西班牙人与黑人结合所生的后代称为穆拉托（mulatto），穆拉托的产生使得墨西哥（及拉美）文化及种族又多了一份杂糅的元素。统治者们为了维护自己的统治，按照所谓的"血统"（castas）对墨西哥进行了等级的划分，以确保他们手中的权力。根据殖民者的"血统论"，这个血统／等级的金字塔是按照肤色来决定位置的，白皮肤的克里奥尔人自然位于金字塔的塔尖，而肤色越深，则越处于金字塔的下层，越遭受歧视，处于下层阶级的人几乎是不可能改变自己的阶级地位的。"虽然这种血统制在西班牙统治时期被制度化了，但是直到1810年墨西哥独立后，这种殖民残余和种族偏见依然存在，直至今天。"（Heredia，2009：40）因此可以说，墨西哥／奇卡诺文化中有着鲜明的等级和阶级意识。

西斯内罗斯的父亲与母亲的等级差别成为她很多文学作品中关

注的话题,在《不要跟墨西哥人结婚》中,西斯内罗斯就关注了这个问题。克莱门西亚认为母亲不让她嫁给墨西哥人正是因为自己的经历。她的母亲嫁给了一个墨西哥男人,

> 她忍受了一个墨西哥家庭能够施加在一个女孩头上的所有的忧伤,因为她来自"另一片土地"(*el otro lado*),①(边界)另一边,我的父亲娶了她降低了自己的身份。如果他要是娶一个美国白人女孩,那就会不同。那样的话他的阶级地位就提升了,即使那个白人女孩很穷。但是,还有什么比一个不会说西班牙语的墨西哥女孩更荒谬呢?还有什么比娶一个不懂得每一道菜分装在不同的盘子里、不懂得叠餐巾、不懂得如何摆放银质餐具的女孩更可笑的呢?(Cisneros,1994:71)

在小说中,克莱门西亚描写了母亲/外祖父凌乱、"简单"的家,而用父亲对生活品质的要求与其进行对比。"我的父亲总是说:品质(*calidad*)。品质(quality)。……我父亲一定觉得美国墨西哥人很奇怪,与他知道的墨西哥城的人们生活方式截然不同。在墨西哥城,仆人会用配有银质餐具的碟子和餐巾呈上西瓜,或者用专用叉子来吃芒果。不像这样,在院子里,大张着双腿,或者在厨房里,坐在报纸上。不,永远不会这样。"(Cisneros,1994:71)

西斯内罗斯如此关注奇卡诺文化内部的阶级/等级差异问题,是因为这个问题带给了她莫大的关于身份问题的困扰。她的父亲来自墨西哥,但是有着贵族血统;母亲来自美国,却出身于贫穷的"经济移民"家庭。父亲的家庭看不起母亲,因为她的阶级地位低;母亲的家庭则看不起父亲,因为在他们眼里,父亲只不过是另一个"湿背"。"在《卡拉米洛披肩》里,西斯内罗斯对墨西哥这种僵化的种族和社会等级制提出了质疑。"(Heredia,2009:40)在《卡拉米洛

---

① 指美国,克莱门西亚的母亲与作者西斯内罗斯的母亲一样,都是墨西哥第二代移民,出生于美国。

披肩》里，拉拉的一段话显示了西斯内罗斯对于等级／阶级问题的态度：

> 绿色眼睛的墨西哥人；金发的墨西哥人；长着阿拉伯酋长面孔的墨西哥人；犹太墨西哥人；长着德国式大脚的墨西哥人；法裔墨西哥人；矮胖的墨西哥人；塔拉乌马拉族（Tarahumara）①墨西哥人；地中海墨西哥人；长着突尼斯式眉毛的墨西哥人；墨西哥黑人；华裔墨西哥人；卷毛、雀斑脸、红发的墨西哥人；长着美洲虎式嘴唇的墨西哥人；萨波特克（Zapotec）②墨西哥人；黎巴嫩裔墨西哥人。我不知道你说我不像墨西哥人的时候到底是指的哪种墨西哥人。我是墨西哥人。虽然我生在美国。（Cisneros，2002：353）

这段话充分体现了西斯内罗斯在《卡拉米洛披肩》中所倡导的新混血女性的杂糅意识。墨西哥人这一统一的称呼里面包含着各种不同的身份，无论拥有何种体貌特征，无论现在生活在何处，无论来自哪个国家，只要祖辈曾经在这里生活，或者现在来到这个国家生活，他／她就成了墨西哥人。

## 第四节 跨越边界的身份追寻之旅

西斯内罗斯认为，语言不仅可以是枪，还可以是鲜花和桥梁，语言可以像子弹一样射出去杀人，但是也可以播种下和平的种子。她认为她之前的作品太过强调反抗，"如果让我重新来写《喊女溪》或者《芒果街上的小屋》，我会好好地深入男性人物的内心，探索他们对女性施加暴力的原因。我会更进一步去探讨他们如何变成现在

---

① 塔拉乌马拉族是墨西哥北部的一个印第安部族。
② 萨波特克是墨西哥南部的一个印第安部族。

的他们，不是去为他们寻找借口，而是去理解他们"。（Elliott，2002：107）从这里我们可以隐约看出西斯内罗斯写作思想转变的轨迹。在前面论述的那些作品中，她更多的是对种族主义、阶级歧视、父权制的揭露和批判，而在《卡拉米洛披肩》中，我们可以看到她对安扎尔杜瓦"新混血女性意识"的接受和倡导。"新混血女性意识"批判霸权主义，提倡不同文化、种族、阶级、性别之间的互相包容，不同文化之间给予彼此足够的空间。《卡拉米洛披肩》的结局是主人公／叙述者拉拉披上了象征多种文化融合的卡拉米洛披肩，意味着她接受了自己融合了多种文化的身份，这个时候，她变成了安扎尔杜瓦所说的"新混血女性"。在《卡拉米洛披肩》之前的作品《喊女溪故事集》中，我们也可以看到西斯内罗斯的"新混血女性意识"，例如短篇小说《小小奇迹，信守诺言》。可以说，《喊女溪故事集》是西斯内罗斯从《芒果街上的小屋》及其他一些诗歌的揭露和批判到《卡拉米洛披肩》的包容和杂糅意识的过渡。

《小小奇迹，信守诺言》中并没有讲述故事，而是展示了墨西哥裔许愿者向圣母许愿时的内心独白，给人留下了深刻的印象，尤其是最后一段许愿。许愿者罗莎里奥（Rosario）向圣母瓜达卢佩讲述了自己的心路历程。在亲戚朋友的眼中，罗莎里奥是一个特立独行的女孩。亲戚们见到她，总是问她这些问题或跟她说这些话：

莎约（Chayo），①你什么时候结婚？看看你表妹莱蒂西亚（Leticia），她可是比你小啊。
你长大打算要几个孩子？
要是我当了妈妈……
你会变的，你看着吧。等你遇到自己的白马王子。
…………
当你当了母亲后……（Cisneros，1991：126）

---

① 罗莎里奥的昵称。

罗莎里奥说：

> 我不会当母亲。现在不会。可能永远也不会。……
> 我不想当母亲。我倒是愿意当父亲。至少当父亲你还可以当艺术家，可以爱什么东西而不是爱什么人，没有人会说那（爱东西）自私。
> ……虽然在我的家里、在我的亲戚朋友中、我认识的人里、甚至在肥皂剧中，没有女人愿意独自一人生活。
> 我愿意。（Cisneros，1991：127）

罗莎里奥为什么不愿意结婚？读者在下面的叙述中得到了答案。

> 圣母瓜达卢佩。很久以来，我都将你拒之门外。因为我一看到你，就好像看见我的妈妈，每次我的父亲喝醉酒回家，吵吵嚷嚷，抱怨母亲让他的生活过得乱七八糟。
> 我一看到你交叠的双手，就好像看到我的祖母嘴里嘟囔着，"我的儿子，我的儿子，我的儿子……"。我一看到你，就埋怨你以上帝之名为我的母亲、她的母亲及所有的母亲的母亲带来的痛苦。我不能让你进我的家门。（Cisneros，1991：127）

在这里，我们看到了罗莎里奥的愤怒和她愤怒的由来，结婚、做母亲就意味着重复母亲、祖母、外祖母的生活，而罗莎里奥将母亲们的不幸归咎于圣母瓜达卢佩。她责怪圣母太过懦弱、太过驯顺，在她的示范之下，所有的母亲们都变得跟她一样软弱。因此她说："我不想成为我的母亲、我的祖母。所有那些自我牺牲，所有那些沉默的忍耐。不。现在不。我不。"（Cisneros，1991：127）在她的心目中，圣母瓜达卢佩应该是这样的："我想让你裸露着乳房，手里握着蛇。我想让你跳起来，翻身骑上牛背。我想让你吞下人的心脏，让火山灰咯咯作响（rattle volcanic ash）。"（Cisneros，1991：127）从裸露的乳房、蛇、人的心脏这些意象，我们可以想到强大、掌控人之生死的"蛇裙女神"，显然，罗莎里奥表达了想让圣母瓜达卢佩变成"蛇裙女神"的愿望。

罗莎里奥还叙述了作为一个特立独行的女性，因为不接受世俗所赋予女性的角色，她所遭受到的种种污蔑和不公：

> 别以为不以你为榜样的生活过得容易。别以为我没有得到惩罚。异教徒、无政府主义者、马林奇、胡说八道的人（*hocicona*）。但是，我不会闭上我愤怒的嘴巴。我的嘴巴总是将我置于麻烦之中。这些是他们在大学里教给你的吗？"高贵冷艳"小姐。"觉得别人都不如她"小姐。① 做事像白人女孩一样。马林奇。别以为被人叫作叛徒不伤人。我一直努力给我的妈妈、我的祖母解释我为什么不想像她们一样。（Cisneros，1991：128）

在小说的开始，罗莎里奥来到供奉圣母瓜达卢佩的教堂感谢她。从前面我们可以看到，她将所有的愤怒都发泄到了圣母身上，将圣母视为所有女性不幸的源头，那么她为什么还要感谢她呢？

> 我不知道从什么时候开始。我不知道我是如何最终理解了你的。你不再是"温和的玛利亚"，而是我们的母亲"托南钦"。你（圣母）建立在特佩雅山（Tepeyac）的教堂就屹立在她（托南钦）的寺庙之上。无论是哪种宗教的女神，这里都是一片神圣的土地。
>
> 在一个国家诞生的时候，你有这样的力量将人民统一起来，在内战期间，你又这样做了。在加利福尼亚农场工人罢工期间，（你的力量）让我思考：或许在我的母亲的沉默里、我祖母的忍耐里，有一种力量。因为那些遭受痛苦的人拥有一种特殊的力量，是吗？一种理解别人的痛苦的力量。理解是愈合的开始。

---

① 此处原文中为斜体。

（Cisneros，1991：128）

　　1810年，米格尔·伊达尔戈（Miguel Hidalgo）神父举着圣母瓜达卢佩的画像，宣告了墨西哥独立战争的开始。圣母瓜达卢佩成功地将上层阶级的克里奥尔人与底层的印第安农民团结在一起为独立而战。1910年，墨西哥革命的领导人艾米利亚诺·萨帕塔（Emiliano Zapata）率领军队，开始了以土地改革为目标的墨西哥革命。革命中，他也使用了圣母瓜达卢佩的形象将他的追随者们团结起来。1965年，在美国加利福尼亚州的德拉诺（Delano），由奇卡诺农场工人组织UFW（United Farm Workers）领导人塞萨尔·查维兹（César Chávez）领导奇卡诺农场工人举行了反抗土地拥有者剥削的游行和罢工，在游行队伍之首，查维兹举着圣母瓜达卢佩的画像，再一次用圣母的形象将奇卡诺们团结在一起。显然，上面的一段话中，罗莎里奥说的就是这三个重要的历史事件。在这些历史事件中，圣母瓜达卢佩都充当了重要的角色，她将不同种族、不同阶层的人们统一起来，她是墨西哥人/奇卡诺人的母亲，她不是懦弱、驯顺、逆来顺受的女性，而是强大的母亲和精神领袖。苦难让墨西哥民族拥有了一种"特殊的力量""能够理解别人痛苦的力量"，而墨西哥女性/墨西哥裔女性继承了这种力量。她们慈爱、沉默、包容，但她们的沉默和忍耐又何尝不是一种巨大的力量呢？就如罗莎里奥所说，因为她们经历了更多的痛苦，因此更加理解痛苦，而能够感知痛苦，就是愈合伤口的开始。西斯内罗斯在这里表达的思想与老子的道家思想非常相似，老子在《道德经》中说："天下莫柔弱于水，而攻坚强者莫之能胜，以其无以易之。弱之胜强，柔者胜刚，天下莫不知，莫能行。"其意为：天下的事物没有比水更柔弱的了，而攻坚克强没有什么比水更加胜任，因为没有什么东西能够替代它。弱小的战胜强大的，柔弱的战胜刚强的，天下人都知道，但天下人却做不到。"老子还说："上善若水。水善利万物而不争。"意为：至高境界的善行就像水一样，水能泽被万物，却不争名利。西斯内罗斯在这里所说的母亲、祖母、外祖母正像老子所谓的"水"，世间万物都受到她们的恩泽,不仅如此,她们还像水一样能够以柔克刚,虽然看似柔弱,却拥有巨大的力量。罗莎里奥理解了圣母瓜达卢佩,因为她懂得了圣母瓜达卢佩的沉默和忍耐是一种"上善",而她为女人们树立了很好的榜样,让女人们的忍耐和宽容中包含着"理解"——这种巨大的愈合力量。

最后,罗莎里奥说:

> 我知道了你真实的名字是寇特拉苏佩(Coatlaxopeuh, She Who Has Dominion over Serpents,"统治蛇族的女神");我将你看作托南钦(Tonantzín, Our Reverend Mother,"我们可敬的母亲");我知道了你有许许多多的名字:特提奥茵南(Teteoinnan, Mother of the Gods,"众神之母")、拖西(Toci, Our Grandmother,"我们的祖母")、考奇科特扎尔(Xochiquetzal, Maiden,性欲与性爱之神及爱神)、特拉佐尔特奥特尔(Tlazolteotl, goddess of purification, midwives, filth, and patroness of adulterers,具有善恶两面的"巫术女神")、"蛇裙女神"、查尔丘特里魁(Chalchiuhtlicue, She of the Jade Skirt,"玉裙女神")、柯约莎克(Coyolxauhqui,"蛇裙女神"的女儿)、乌伊斯托希瓦托(Huixtocihuatl, goddess of salt,"盐女神")、奇科莫寇特尔(Chicomecoatl, goddess of agriculture,七蛇神)、奇瓦寇特尔(Cihuacoatl, snake woman,"蛇女");①……因此,我不再为我是我母亲的女儿、我祖母的孙女、我祖先的孩子而感到羞愧。
>
> 我将你看作很多面,在你身上我可以看到佛祖、道、弥赛亚、耶和华、安拉、天空之心(the Heart of the Sky)、大地之心(the Heart of the Earth)、远近之主(the Lord of the Near and Far)、精神(the Spirit)、光明(the Light)、宇宙(the Universe),通过爱你,我学会爱自己。(Cisneros, 1991: 128)

---

① 这里出现的名字都是阿兹特克神话/宗教中女性神祇的名字,奇卡纳理论家和作家将这些女性神祇从尘封的历史中挖掘出来,重新阐释她们,赋予了她们强大的力量。

珍·怀亚特认为：罗莎里奥对圣母瓜达卢佩的排斥仅仅是一个阶段，之后她又重建了圣母。（Wyatt，1995：266）在圣母瓜达卢佩身上，罗莎里奥不仅看到了忍耐，看到了力量，也从她的脸上看到了来自世界各地、各种宗教神明的面孔，他们虽然有不同的名字，但却拥有同样的使命：拯救人类，使人类得到救赎，获得心灵的平和及安宁。从这段话中，我们可以看到罗莎里奥真正理解了圣母瓜达卢佩的含义；更加难能可贵的是，她知道不能片面地看待圣母，她将她看作各种宗教中至高神明的统一体，体现了西斯内罗斯提倡的融合、包容不同文化的"新混血女性意识"。而这种"新混血女性意识"，在《卡拉米洛披肩》里也得到了充分的阐释和体现。

　　发表于2002年的长篇巨著《卡拉米洛披肩》充分展现了西斯内罗斯优秀的写作才能，小说有400多页，包含86个章节，可以说，它既是一部家族小说，也是一部成长小说，在小说中，"西斯内罗斯通过探寻特定种族语境及经济剥削模式对女性成长过程的关键性影响，扩展了女性追寻故事的内涵"。（Eysturoy，2010：134）小说以叙述者拉拉成长的心路历程为经线，以拉拉的祖辈雷耶斯家族四代人一百多年的经历为纬线，经纬交错，游走在历史与当下、家族与个人之间，编织了一条精美的"卡拉米洛披肩"。遗憾的是，国内外学界目前对西斯内罗斯的研究主要集中在她的《芒果街上的小屋》和《喊女溪》，而对于《卡拉米洛披肩》这样一部气势恢宏、匠心独运的巨著，却鲜有研究者涉及。

　　故事总共分为三个部分，第一部分名为"阿卡普尔科①的回忆"，讲述故事叙述者塞拉亚（Celaya，在小说中她的昵称是拉拉，下文中将其称为拉拉）的大家庭及其两个叔叔三家人每年夏天的跨越美墨边境之旅；第二部分名为"当我还是尘埃之时"，回顾了祖母一生的经历；故事的第三部分题为"身如飘萍，无着无落"（halfway between here and there，in the middle of nowhere），主要讲述拉拉和祖母"无着无落"的痛苦经历和感受。整个小说，就是一场艰难的

---

① 阿卡普尔科，即Acapulco，是墨西哥南部一个港口城市。

跨越边界之旅。拉拉一家人频频往返于美墨之间,跨越边界的旅程同时也是他们寻求身份认同的过程,这个过程带给他们的不只是身体上痛苦的记忆,更多的是心灵上的痛苦挣扎。他们都有种无根无基、无着无落之感,而对此感受最深的尤数拉拉和祖母。祖母死后,她的灵魂到处飘荡,无法进入另一个世界。她必须得让拉拉帮她把她的故事讲述出来求得别人原谅,才能跨越生死边界,进入另一个世界。通过讲述祖母的故事,拉拉不仅帮助祖母跨越了生死的界线,也帮助自己跨越了种族、性别、阶级、文化的边界。她意识到自己与祖母的血脉是相连的,明白了将祖母塑造成"可怕的祖母"的是历史和文化。披上祖母的卡拉米洛披肩,拉拉认识到并且接受了自己像披肩一样融合了多重文化的身份,她被不同的种族、阶级以及文化撕裂的自我终于得以弥合。

## 一、美墨边界,"家在哪里?"

小说的第一部分,讲述拉拉和她的大家庭每年一次的墨西哥之旅。每年夏天,拉拉一家及她的两个叔叔三家人都要开车从芝加哥回到墨西哥。对于这三个家庭,跨越美墨边境之旅已经变成了一种惯例、一种仪式。跨越美墨边境的同时,他们也跨越了第一世界及第三世界两个截然不同的世界,跨越了白色及棕色两个种族,跨越了盎格鲁及墨西哥两种文化。跨越边界,带来了他们对自己身份的困惑。

跨越边界之后,将要面对的是两种截然不同的文化、语言,第一世界和第三世界两个截然不同的世界,这种处境和身份的突然转变必然会给跨越边界者带来心理及生理上的不适。每年一次的跨越边界之旅带给拉拉很多痛苦的记忆,这种痛苦首先就体现在身体上:"跨越边界之时,没有人再想唱歌。每个人都浑身燥热,身上黏黏糊糊,大家情绪都不好。整个旅程开着窗户,风把头发吹得硬邦邦,背上和膝上全都是汗。"(Cisneros,2002:16-17)身体上的痛苦,实际上是跨越边界时心理不适在身体上的一种投射。

跨越边界,不仅是从美国跨越边界进入墨西哥,还有从墨西哥进入美国。给他们带来最大痛苦的不是从美国回到墨西哥,而是从墨西哥边界跨越到美国边界。拉拉的父亲来自墨西哥的中产阶级家庭,到了美国之后却成了工人阶级的一分子,过着贫穷、居无定所的日子,虽然获得了美国公民身份,却因为墨西哥面孔而被怀疑为"非法"移民。拉拉的祖母从墨西哥来到美国跟大儿子一家一起生活,但是却由身份优越的中产阶级变成遭受歧视的墨西哥"非法"移民。而作为第二代移民,拉拉经历的痛苦更甚,她的父亲是墨西哥人,母亲是墨西哥裔美国人,父亲来自中产阶级家庭,而母亲来自工人阶级家庭,祖母看不起母亲贫穷的出身,而母亲看不起父亲墨西哥人的身份。拉拉从小就必须选择站在父亲一边还是母亲一边,她每年回到墨西哥的时候都要被祖母说她有美国式的"野蛮",但在学校里,却因为她白皙的皮肤而受到棕色皮肤同学的歧视。因此,她的自我被两种阶级、两种文化、两个种族、两种语言撕裂,她有种强烈的"无着无落"的感觉,加之自己的家一直处于漂泊不定、居无定所的境遇之中,拉拉一直在找不到身份、找不到归属的痛苦中挣扎。

  小说中涉及三代人跨越边界的经历。叙述者拉拉的父亲伊诺森西奥(Innocentio)在墨西哥上了一年大学后,因为成绩很差,怕被父亲责罚,于是决定跨越边界去美国寻求另一种生活方式。伊诺森西奥到了美国后,做过各种各样的苦工,为了获得美国的公民权,他冒着生命危险,参加了二战,退伍后如愿获得了美国公民身份。一次有人诬告他的商店里雇佣非法移民,他遭到了移民局(INS)的盘问,他们让他出示能证明他美国公民身份的文件。好不容易找到埋在箱底的由杜鲁门总统亲笔签名的退伍证明后,伊诺森西奥让拉拉把文件大声读给移民局的人听。移民局的人听了之后,"只是耸耸肩,嘟囔了一句'对不起'",伊诺森西奥此时出离了愤怒,"父亲浑身颤抖,没有说他平常总爱说的'没关系,朋友',父亲追上将要上车的移民局官员,朝他们吐口水,'你们这些叛徒(移民局的官员也是墨西哥裔,因此伊诺森西奥如此称呼他们)。我为了你们给这个国家服务。为了什么,嗯?狗娘养的!'"(Cisneros,2002:377)

随后，他将这件事情打电话告诉了所有认识的人，"蒙特雷的，芝加哥的，费城的，墨西哥城的"，"妹妹，我没跟你说谎。我真的对政府（工作人员）说了那些话……你可以不相信我，兄弟，但这是真的……多么野蛮！谁能相信这件事情会发生在我——一个退伍老兵——身上……"。（Cisneros，2002：378）安扎尔杜瓦曾说："美国西南部的外国佬们（白人）把所有住在边土的居民都视为越界者（transgressor），外国人，无论他们有没有公民身份，不管他们是奇卡诺、印第安人还是黑人。不要进入，越界者会被强奸、残害、勒死、投掷毒气、枪击。只有那些拥有权力的人——白人或者跟白人站在同一战线的人——才是边土的'合法'居民。"（Anzaldúa，1987：4）可以理解伊诺森西奥的愤怒，他为美国贡献了自己的力量，不惜以生命为代价，这一直是他引以为傲的事情。他一直渴望着能够被美国接受、认可，一直以拥有美国公民的身份骄傲，但是这次事件让他意识到，无论他如何努力，如何视自己为美国公民的一分子，美国都是不可能接纳他的，他永远都是一个"越界者"，永远没有"合法"身份。

小说中更强烈地感受到身份危机的是拉拉。她虽然生在美国，长在美国，可是作为一个来自贫穷的工人阶级家庭（拉拉的父亲伊诺森西奥虽然来自墨西哥的中产阶级家庭，但移民美国后，他以开家具店做家具为生）的女孩，她经历了太多漂泊不定的生活。就像《芒果街上的小屋》里的埃斯佩朗莎一样，她也渴望拥有一所自己的房子，可是十多年来，她连一间自己的屋子都没有。作为七个孩子中唯一的女孩，她永远都是被孤立的一个。她的父母一直许诺给她一间自己的屋子，但直到她进入青春期，需要自己的隐私、需要一个自己的空间读书思考问题的时候，她依然还是睡在客厅的沙发上。从她记事起，她的家庭就像候鸟一样，每年夏天都要穿越边界回到墨西哥城，返回美国后，一切又要重新开始。回到墨西哥的经历并没有为她带来找到归属的安全感，相反带给她的却是身体和精神上的痛苦的记忆，"即使她的精神忘记了，但她的身体却记得"（Cisneros，2002：18）。伊诺森西奥在芝加哥与拉罗莎（Zoila）相遇，于是定居芝加哥，但就像埃斯佩朗莎的经历一样，他们的家换来换去，但无论如何换，都是贫民窟里的破败不堪的房子，可以说拉拉的童年居无定所。祖母卖掉了墨西哥城的房子，出资为伊诺森西奥在得克萨斯的圣安东尼奥买了一栋自己的房子，当伊诺森西奥打电话将这个消息告诉家人的时候，全家皆大欢喜，对新房子充满无限的憧憬，拉拉以为自己终于可以得到一间属于自己的房间了，但是当他们举家南迁得克萨斯之后才发现这所房子实在是太过破败，根本没有办法如她所憧憬的一样在里面安逸地生活，而且她想要的房间被祖母占据了，拉拉"一个自己的房间"的美梦又一次破灭。

当伊诺森西奥在圣安东尼奥的生意无以为继之时，他向家人宣布，"我们要回家。"（Cisneros，2002：379）可是家在哪里？拉拉绝望地喊出她的这些问题来质问父亲，"家？家在哪里？北边？南边？墨西哥？圣安东尼奥？芝加哥？在哪，爸爸？"。（Cisneros，2002：379）西斯内罗斯将这一章命名为"身如飘萍，无着无落"，这是拉拉和她的家庭、甚至是所有墨西哥移民家庭境况的真实写照。

## 二、生死边界，"无着无落"

小说第一部分向读者展现了一个女家长式的强势女性，"可怕的祖母"的形象，她与拉拉很多可怕的童年回忆有关，凡是跟祖母有关的回忆都是痛苦的：她强迫拉拉剪掉长发，变成了假小子，被哥哥们嘲笑，让她永远记得剪刀贴在脖子上那种冰凉的感觉；伊诺森西奥生日时，她强迫拉拉吃掉不喜欢吃的食物，否则不能离开餐桌一步；她好像长着石头心肠，冷漠、无动于衷，拉拉哭泣的时候，她总是会说："我在你这个年纪的时候就失去了我的父母，但你看到我哭过吗？"她看不起拉拉的母亲，总认为她出身于下层的美国墨西哥裔家庭，却能够嫁入有着贵族血统的雷耶斯家，是一种高攀，她总是说："你嫁给我的儿子，雷耶斯家族的一分子是高攀。我的儿子本来可以找比你强好多的女人，你连西班牙语都说不准。……你像奴隶一样黝黑。"（Cisneros，2002：85）；她为了挑拨拉拉父母的关系，故意将伊诺森西奥的惊天秘密告诉拉罗莎：伊诺森西奥在婚前曾经跟家里做粗活的印第安仆人有过关系，并且生下了一个女儿，使得拉罗莎差点发疯；拉拉非常喜欢在他们家做粗活的印第安仆人的女儿坎德拉利亚（Candelaria），而祖母却嫌弃她们肮脏、地位低下，百般阻挠拉拉跟她跨越了种族及阶级界限的友谊。

"可怕的祖母"事实上是可怜的祖母。她活着的时候就身世凄惨，年轻时"身如飘萍"。她出身于一个编织卡拉米洛披肩的能工巧匠之家。很小的时候，她的母亲在编织一条精美的披肩时突然暴病而死，父亲将她送给了远在墨西哥城的远房亲戚抚养，在亲戚家里她被当成仆人一样，得不到任何人间的温暖，在一个个流泪的夜晚，只有那条没有完成的披肩陪伴着她，抚慰着她孤寂而凄苦的心灵。长大一些之后，她决定通过婚姻拯救自己。一次偶然，她遇上了纳西索（Narciso），去纳西索家当了仆人，她受他的诱惑怀孕，但纳西索根本没想娶她，后来在纳西索父亲的干涉下，他才勉为其难地娶了她。但婚后他又对她不忠，她只能把爱和希望都寄托在刚出生的孩子身上。几十年来，她忍受着这段没有爱情的婚姻，逐渐变得冷漠、挑剔，直到拉拉的祖父去世之后，为了跟最爱的儿子伊诺森西奥一起生活，她卖掉了在墨西哥城的房产，离开了她的根，去了一直被她诟病为"野蛮"的美国，跟儿子一起生活。跨越边界之后，她的生活发生了彻底的改变，在墨西哥，她的家族有着贵族血统，属于中产阶级，但是来到美国后，"发生了一些事情，他们不像在墨西哥那样被人尊为贵族，他们不过是墨西哥人，因而也遭遇到了跟其他墨西哥人一样的对待"（Cisneros，2002：289）。身故之后，祖母又经历了灵魂飘荡在天地之间，无法跨越生死边界的痛苦。

小说的第三部分，读者从拉拉口中得知，在拉拉讲述故事的时候，祖母已死，但是她的灵魂飘荡在两个世界间，"身如飘萍，无着无落"，就像她活着时候所处的境遇一样。她告诉拉拉，因为她伤害了很多人，必须求得她们的原谅才能进入另一个世界，"你得替我跟他们说对不起，拉拉。你很擅长说话。告诉他们，求你了，拉拉。让他们理解我。我不坏。我害怕。我从来不愿意孤单，看看我现在在哪儿"（Cisneros，2002：407），"拉拉，既非生也非死，不生不死，这样的状态让我觉得非常孤单，就像电梯悬在中间一样。我现在没有归属。直到别人原谅了我，我才能跨越到另一个世界。谁会原谅我呢？我的生活就像一团乱麻似的打了那么多结。帮帮我，拉拉，帮我跨越，好吗？"。（Cisneros，2002：408）拉拉虽然痛恨"可怕的祖母"，但是毕竟血浓于水，她决定将祖母的故事讲出来，帮助祖母跨越生死界限。

### 三、"蛇头"的经历

Coyote，西班牙语，本意为郊狼，俚语意为帮偷渡客从墨西哥偷渡到美国的人，中文一般将这些帮人偷渡的人称为"蛇头"。当祖母恳求拉拉通过将她的故事叙述出来从而使得她能够跨越生死界限的时候，拉拉问她："像蛇头一样帮你偷渡过边界吗？"（Cisneros，2002：408）正如拉拉所说，在叙述祖母故事的过程中，她充当了一个"蛇头"的角色，替祖母讲述她的故事，帮助祖母这样一个像她自己一样"身如飘萍，无着无落"的人跨越了生死边界。

小说的第二部分实际上是拉拉在帮祖母讲她的故事，以使得祖母能够进入另一个世界。在这部分，拉拉回顾了她的祖先雷耶斯（Reyes）家族百年的历史，回溯了祖母变成"可怕的祖母"的历程。祖母的名字是索莱达（Soledad），意为孤独，这正是祖母一生的写照。她很小的时候就失去了母亲，狠心的父亲将她送到远房亲戚家寄养，她在远房亲戚家受尽虐待。去到纳西索家之后，可以说她是从一个火坑跳入了另一个深渊。与她有着同样出身的婆婆歧视她，认为她地位卑贱，嫁给她的儿子是"高攀"。在小说中，祖母的婆婆雷吉纳（Regina，意为女王）虽然出身同样低微，但她却有一种高高在上的"女王"气势，事实上"雷吉纳不应该太过看不起她的邻居们，毕竟，她也是靠踩着她丈夫——一个西班牙人——的肩膀才爬上现在的社会地位的"。（Cisneros，2002：116）索莱达嫁给纳西索后，扮演着贤惠顺从的妻子的角色。她在自述中说，"我嫁入了一个特别有地位的家庭。起初，我不能在我丈夫面前吃饭。我是在厨房里吃。……纳西索一生都在吹嘘，'我都不知道厨房的墙壁是什么颜色的'"。（Cisneros，2002：121）婆婆雷吉纳虐待她，"当她生气时，会逮着身边的人出气。而这个出气筒往往是索莱达。有时候她用指关节弹她，有时候是用拳头、木勺、恶言恶语，雷吉纳不假思索地对这个可怜的女孩施暴"。（Cisneros，2002：165）在墨西哥/奇卡诺文化中，"男性创造出规则和法律，而女性传承它们。母亲告诉她们的儿子殴打他们的妻子，因为她们不听话，因为她们爱讲闲话，……因为她们不想安分守己地做家庭主妇"。（Anzaldúa，1987：16）女性是父权制的受害者，可是当女性成为婆婆之后，她们又会成为父权制的传承者，助纣为虐，帮助男性来欺辱女性。虽然同为女人，有着共同的出身，共同的遭遇，但雷吉纳对于索莱达却没有丝毫恻隐之心，因为她不知不觉中已经被父权话语同化，她成了父权话语的传承者，成了男性压迫女性的同谋。小说中，纳西索的父亲因为中风而说话含混不清，没有人理解他说什么，只有索莱达能明白，"因为她跟他一样的喑哑"。（Cisneros，2002：151）因为低微的出身，因为皮肤不白，因为是女人，索莱达生活在社会的最底层，被夺去了所有的话语权，因此她是沉默的、喑哑的，即使她想诉说，也没有人会倾听。她在家庭中得不到丝毫的温暖，不仅承受着"地位优越"的婆婆的虐待，而且她和丈夫的婚姻也是无爱的，墨西哥男性中心的文化传统决定他根本不可能把地位低微的她当成灵魂伴侣。在他们的婚姻中，他无情地背叛了她，陷入婚外恋情，不能自拔。生下大儿子伊诺森西奥之后，索莱达漂泊的心灵才有了归宿，她把所有的希望都寄托在他身上，她把自己所有的爱都给了他。在小说第三部分，拉拉跟祖母的鬼魂有一次倾心长谈，她问祖母为什么将父亲还有一个女儿的秘密告诉母亲，从而对母亲造成深深的伤害，祖母回答："都是因为爱。"更确切地说，是由于祖母在成长的过程中缺乏爱，"我失去了我的母亲、父亲，多年前，又失去了纳西索"。（Cisneros，2002：408）因此，我们理解了祖母为什么与她的儿媳拉罗莎有着如此深的嫌隙，因为她们在争夺伊诺森西奥的爱。小说中，拉拉一直在强调祖母特别疼爱伊诺森西奥，即使他已经长大成人、娶妻生子,她也像小时候那样宠爱她,而她对其他两个儿子和一个女儿的爱却逊色很多。因为祖母生活经历中爱的缺乏使得她迫切地想得到爱,因此当伊诺森西奥出生后,她将全部的爱都倾注在他身上,伊诺森西奥是她的唯一、她所有的爱、她的精神寄托,因此这种爱是其他一切都无法与之相比的。他出生后,"她感觉到这个男人,这个男孩,这个身体,这个纳西索赋予她的小生命,她与他的身体紧紧地联系在了一起。……索莱达不再是索莱达·雷耶斯,不再是有着悲伤眼睛的女孩。……她拥有了一切,哦,上帝,一切"。(Cisneros,2002:154)

在小说第一部分,"可怕的祖母"还表现出对于拉拉的母亲及家里的洗衣工坎德拉利亚母女深深的种族及阶级歧视。她嫌弃他们出身低贱、地位低下、肤色黝黑,而事实上,祖母跟她们是一样的,她自己也是仆人出身,有着棕色皮肤,那么为什么她会如此嫌恶她们?弗朗兹·法农在《黑皮肤,白面具》中论述了黑人将白人的种族歧视内化、产生主动心理认同的过程。保罗·弗莱勒(Freire)也论述了殖民化的过程,"对于文化侵略来说,那些被侵略者接受了他们生来低贱的歧视性观念。因为什么都有其对立面,如果那些被侵略的人认为她们低贱,他们相应就得承认侵略者的高贵……被侵略者与他们自己和他们的文化疏离得越久,他们就越想成为侵略者那样:学他们的走路方式、穿衣方式、说话方式"。(Freire,1996:151)索莱达长期处于被歧视与被压迫的境况之中,逐渐内化了"侵略者"的话语,按照他们的言行方式来行事。因此她才会看不起皮肤较黑的儿媳、歧视土著血统的仆人,事实上,她对她们的歧视来自她的婆婆及居于统治地位的上层社会对她的歧视,当她重复了婆婆的经历,从底层社会爬到上层社会后,她将自己曾经承受的压迫又转嫁到了别人头上,她这个受害者不自觉地成为压迫者。

童年和成年后遭受的伤害——爱的缺乏、被压迫、被歧视的经历——让祖母产生了心理创伤,她之所以后来变得"可怕",是心理对创伤的一种反抗机制,是身体出于自我保护的本能。当了解了祖母的经历之后,拉拉理解了祖母,她不再视她为"可怕的祖母",她懂得了是压迫女性的男权文化将祖母从一个柔弱、爱哭泣的无助女孩磨砺成了一个从不流泪、掌管一切家庭大权的"女家长"。

### 四、跨越边界，找到归属

实际上，拉拉又何尝不是像祖母一样，"不知身在何处"，在帮助祖母跨越生死边界的同时，她也获得了心理的成长，跨越了种族、性别、阶级、文化的边界，找到了自己一直苦苦追寻的身份问题的答案。

由于她特殊的身份，拉拉承受了比同龄女孩更多的成长之痛。她在两个世界、两种文化、两种语言、两种肤色间游走，她的自我被劈裂开来。身份的困惑让她的内心痛苦、煎熬，再加上文化和宗教强加在女性身上的种种束缚，为了寻找自由呼吸的空间，为自己寻找"一间自己的屋子"，她做出了"越界"的行为。17岁时，为了能离开自己让人窒息的家庭，她交了男朋友，希望能通过婚姻寻找救赎。她决定跟男友私奔，以期男友的父母接受她，同意他们尽快结婚。但是当她和男友逃到墨西哥城，把自己的身体交给了男友后，却遭到懦弱的男友无情的抛弃。他是一个虔诚的天主教徒，懊悔自己做出了有悖宗教精神的越轨行为，于是离开了拉拉。拉拉遭受了生命中不能承受之痛。就在她心痛欲碎时，祖母的鬼魂出现。拉拉质问祖母，"为什么你总是纠缠着我？"祖母回答："我？纠缠着你？是你，拉拉，是你纠缠着我。我实在无法忍受了。为什么你非要重复我的生活？这是你想要的吗？像我一样地生活？爱上你的心、爱上你的身体本没有错，但是你首先要等到你长大到懂得爱你自己。你怎么知道什么是爱？你还是个孩子。"（Cisneros，2002：406）从这里，我们可以看出祖母对拉拉的爱，即使她飘荡在两个世界之间，自己在遭受着死后还找不到归属的痛苦，她却依然关心着拉拉，她用自己的人生经历告诫拉拉不能再重复她的生活，不能再承受她一生中所承受的种种苦痛。通过帮祖母讲故事，她理解了祖母，通过自己心痛的经历，她知道了祖母对她的爱和关怀。小说的最后，在父母结婚三十年的庆祝仪式上，拉拉披上了祖母的披肩。

这个由祖母的母亲亲手编织,在祖母的身边陪伴了她一辈子,陪着她度过无数寂寞、孤苦的夜晚的披肩,从祖母手上传到了她的手上。她披上祖母的披肩,表明她接受了自己曾经憎恨的祖母,她意识到她和祖母的命运是交织在一起的:

> 我就是"可怕的祖母"。我看到了她的内心,祖母,遭受了那么多次背叛后,她只爱她的儿子。他也爱她。我爱他。因此我必须在我的心里为她保留一席之地,因为她把他放在心里,就如同她曾经在她的子宫里孕育他,他们就像钟和钟里的钟锤,紧紧相连、息息相关。他在她的身体里,我在他的身体里,像中国盒子,像俄罗斯套娃,像充满浪花的大海,像经纬交织的披肩。无论喜欢与否,我们是相同的。(Cisneros,2002:424-425)

拉拉认识到了她和父亲、祖母之间一脉相承的血缘关系,明白了爱父亲就必须得爱祖母。她将祖母的披肩披在身上,不仅表示了对祖母的认同,还具有更深刻的含义。小说以注释的方式解释了墨西哥女性都喜欢的披肩的来历,"披肩诞生于墨西哥,但是就像所有的梅斯蒂扎一样,它来自世界各地。它的雏形是印第安女人包裹孩子的布料,它的流苏来自西班牙披肩,受到了中国出口到马尼拉的宫廷丝绣的影响,最后通过西班牙大帆船经由阿卡普尔科带到了墨西哥"。(Cisneros,2002:96)披肩,作为一种融合了多种文化的墨西哥民族性的服饰,标志着各种文化、各种传统、不同世界的融合,"它标志着小说中组成主人公身份的四种(印第安、西班牙、墨西哥和美国)文化"(Muhs,2006:28)。安扎尔杜瓦为处于身份焦虑之中的混血女性(墨西哥裔美国女性)找到了一条道路:她们应该培养一种灵活的方式、包容的态度,"走出习惯性的模式,从趋同性思维转向发散性思维,走向一种全局性的视角,一种包容而不是排斥的视角"(Alzaldúa,1987:79),她将这种包容的心态称为"新混血女性意识"。她认为"新混血女性应该培养一种对差异的包容心态。她学会在墨西哥文化里做印第安人,从盎格鲁视角做墨西哥人。

她学着在各种不同文化之间游走。她有多样化的个性，她以多样化的行为行事"。(Alzaldúa，1987：79)披上融合了多种文化的披肩，表明拉拉接受了自己身上多重身份的现实，她成了新混血女性，她接受了自己将多种文化杂糅于一身的身份。安扎尔杜瓦坚定地认为奇卡纳女性可以生活在一个拥抱她们所有自我的地方。拉拉就找到了这个地方。披上披肩，她在自我分裂中挣扎的痛苦内心终于得到了平复，她从此可以平静地面对自己将两个种族、两种文化、两种语言、两个世界集于一身的复杂身份。可以说，披上卡拉米洛披肩之后，她为自己创造了一个新的空间，"她能够将她的墨西哥传统与她的北美未来连接在一起，创造一个'第三空间'，一种变化不定的、矛盾的身份。她意识到自己是交换与综合的制造者，不断超越盎格鲁与拉美两种文化的疆域"。(Salvucci，2018：195)此时，拉拉的身上不仅综合了墨西哥与盎格鲁两种文化，作为奇卡纳女性的一员，她"不仅是双重文化的，而且是跨文化的（intercultural）"。(Bruce-Novoa，1990：98)

在西斯内罗斯看来，她前期的作品太过片面地强调反抗，即奇卡纳女性对种族歧视、阶级压迫、性别压迫的抗争，但是从《卡拉米洛披肩》我们可以看到她在作品里表达的更多的是包容。拉拉披上披肩的一瞬间，她接受了自己作为新混血女性的现实，跨越了种族、阶级、文化的界限，心中产生了对于自己文化杂糅身份的包容和接受。她认识到了杂糅是奇卡诺文化的特色，对于自己的文化之根，她应该好好地爱惜、珍藏。拉拉在神圣庄严的圣母瓜达卢佩教堂顿悟，当她抬头看到圣母瓜达卢佩之时，她说："我仰望着圣母，她低头看着我。……宇宙就像一块布，所有的人全都是交织在一起的。每一个人都与我相连，我也与他们相连，就像织成披肩的线一样。拽出一条线，整个披肩就会被拆掉。每个走入我生命中的人都会影响我的生活模式，而我的也会影响他们的。"(Cisneros，2002：389)她领悟到所有的人生命总是交织相连的，就像织成披肩的线交织相连一样，而这，正是西斯内罗斯将小说命名为《卡拉米洛披肩》所想表达的真实思想。

## 小　结

　　卡斯蒂略曾对西斯内罗斯做过如是评价:"西斯内罗斯想要反映而不是公开地批判。"这句话有些失之偏颇。西斯内罗斯的第一部小说《芒果街上的小屋》确实对奇卡纳女性的生存状况反映得多,批判得少。这或许与作者选择的叙述视角——一个十二岁女孩的视角——有关,或许也与作家的成长历程有关。与人的成长过程一样,作家的写作也是一个不断成长、成熟的过程,因而作家的写作态度不可能一成不变。她在采访中曾经说过她前期的作品太过强调反抗,"如果让我重新来写《喊女溪》或者《芒果街上的小屋》,我会好好地深入男性人物的内心,探索他们对女性施加暴力的原因。我会更进一步去探讨他们如何变成现在的他们,不是去为他们找借口,而是理解他们"。(Elliot, 2002: 107) 从西斯内罗斯的这些话里,我们可以看到她的写作思想确实经历过重大的转变。在她写作的中期,以《喊女溪故事集》为代表,她开始变得更加犀利,她在其中塑造了一些叛逆的女性形象,表达了对造成奇卡纳女性多重边缘化境况的体制的批判。如果说埃斯佩浪莎在《芒果街上的小屋》中想要为那些走不出芒果街的女人们走出去的理想是远大的,而她的行动力却是有所欠缺的,那么在《喊女溪》中,克里奥费拉已经开始迈出行动的步伐,而在《不要跟墨西哥人结婚》中的克莱门西亚则完全走向了叛逆的马林奇之路,她不仅完全抛弃了父权制强加在女性头上的偶像——圣母瓜达卢佩,甚至拥有更加强大的力量,彻底颠覆并扭转了奇卡纳女性与男性和白人的权力关系。总的来说,西斯内罗斯用自己的写作实践了她**"为了那些无法走出去的人们"**的誓言。

　　西斯内罗斯与安扎尔杜瓦和卡斯蒂略一样,都颠覆了西方传统思想中心灵/身体的二元对立。她在文章中曾将圣母瓜达卢佩视为性女神,彻底颠覆了圣母无性的身体的形象,她还宣布"用阴部书写"。她在作品中关注女性身体的有用性与其可见性和不可见性的关系，揭露了父权社会中女性在不同的生命阶段身体是否"有用"，完全取决于男性。当女性年幼或者年老时候，她们会被视为无用之人，因为她们的身体在这个阶段对于男性来说是无用的；而当女性年轻或者处于生育期时，她们则是有用的，因为她们这时候是男性的性目标，能为男性传宗接代。此外，西斯内罗斯还在作品中进行西苏与伊利加蕾所提倡的身体书写，她在作品中抛开了天主教对于性，尤其是女性之性的种种禁忌，大胆地书写女性的特殊经历：她们月经、哺乳、生育等等时候的感受。逾越父权制的禁忌成为她作品的重要一面，因为她清楚地知道言说女性之性是女性对抗父权制的有力武器。

阶级问题是西斯内罗斯作品中关注的一个重要问题。她笔下的女性主人公——如埃斯佩浪莎和拉拉——与她幼时一样，总是处于颠沛流离的生活状态之中，她们与年幼的西斯内罗斯同样都强烈地渴望拥有一幢自己的房子，从此不再受奔波之苦。可就是这么一个美好的愿望，西斯内罗斯却从未让作品中的女孩们实现过，这当然也源于西斯内罗斯自己的经历。正是因为她挥之不去的"房子情结"，她在作品中对阶级问题的关注要更多于其他两位作家。另外，除了"房子情结"，西斯内罗斯还有较为特殊的家庭背景，她的父亲来自墨西哥城拥有贵族血统的家庭，而她的母亲则是第二代墨西哥移民。她的母亲歧视父亲的家庭，因为他们来自墨西哥，而她父亲的家庭则因为他的母亲肤色较黑、出身低微而看不起她。因此，西斯内罗斯在作品里除关注墨西哥裔在美国社会中所面对的阶级问题，还关注他们内部的等级问题。她的《不要跟墨西哥人结婚》就表现了等级及阶级歧视。她对此问题的看法也展现了她的"新混血女性意识"。她认为：无论是何出身，无论是何肤色，无论来自哪个地方，他们最终都是墨西哥人。她甚至还进一步认为：即使她出生于美国，在美国生活，但是她最终还是认同自己墨西哥人的身份。

西斯内罗斯与卡斯蒂略一样，将奇卡纳女性的身份追寻作为作品中重要的主题。《卡拉米洛披肩》就展现了奇卡纳女性的身份追寻之旅。当拉拉面对自己被不同的种族、阶级、文化撕扯得支离破碎的自我时，她会为自己找到一种什么样的身份归属呢？在经历了地域上、身体上、心理上的不断跨越、奔波、颠沛、寻找之后，拉拉终于意识到自己想要确定一种身份归属是不可能的，也是片面的，她必须接受自己杂糅的身份。她最终悟出：自己的身份就像身上披着的祖母传下来的披肩，采集了来自世界各地的材料，经纬交织地编织在一起。而她的身份，就像这条卡拉米洛披肩一样，将不同的种族、阶级、文化杂糅在一起。意识到这些，她才获得了心灵上的安宁，也帮助祖母跨越了生死边界。

西斯内罗斯的写作思想经过了两次转折，第一次转折是从较为温和转向批判，第二次转折则是从批判转向"新混血女性"的包容意识。在第二次转变中，她认为她以前的写作像子弹一样，是射出去杀人的，而她希望以后她的写作能够播下和平的种子。她的《卡拉米洛披肩》是对安扎尔杜瓦"新混血女性意识"理论的一个完美的阐释。

# 第四章 丹尼斯·查维兹：成长与服务的意义

丹尼斯·查维兹，身兼小说家、剧作家、教师、导演、演员等数种角色于一身。她1948年8月15日生于美国新墨西哥州南部的拉斯克鲁塞斯（Las Cruces），这里距离著名的美墨边境"埃尔帕索（El Paso）-华雷斯（Juárez）"[①]地区仅42英里（约68千米）。与卡斯蒂略和西斯内罗斯不同的是，查维兹出生于一个中产阶级家庭，她的父亲是一位律师，母亲是一位西班牙语教师。她的父母在她11岁时离婚，母亲上班时，就由墨西哥的亲戚跨过边界来照顾她们三姐妹。从位于梅西亚（Mesilla）[②]的天主教学校圣母玛利亚中学（Madonna High School）毕业后，她进入新墨西哥州立大学（New Mexico State University）学习，于1971年获得戏剧专业学士学位。三年后，她在位于得克萨斯州圣安东尼奥的三一大学（Trinity University）获得艺术硕士学位。1984年，她又在新墨西哥大学（University of New Mexico）获得创作（creative writing）硕士学位。她先后在圣达菲学院（College of Sante Fe）、北墨西哥社区大学（Northern New Mexico Community College）、休斯敦大学、新墨西哥州立大学等大学教授写作、创作、文学、戏剧等课程。与卡斯蒂略和西斯内罗斯相似，她的家庭也讲双语。她的母亲和来自母亲家的亲戚们主要讲西班牙语，而她父亲的家庭则主要讲英语，因此她也经常在两种语言之间变换，她认为"西班牙语于我而言是一种心灵的语言，一种灵魂语言"。（Ikas，2002：50）查维兹写了35部戏剧，

---

[①] 埃尔帕索位于美国得克萨斯州，华雷斯是一个墨西哥城市，两城市分别位于格兰德河的北边和南边，隔河相望。

[②] 新墨西哥州一城市。

但最著名的还是小说。她于 1986 年出版的短篇小说集《最后的菜单女孩》赢得了评论界的好评；1994 年，她出版了长篇巨著《天使的面孔》，这部小说为她赢得了 1995 年"前哥伦布基金美国图书奖"，小说初稿有 1500 页之多，后被压缩到 467 页；2001 年，她出版了《爱上佩德罗·因方特》。她获得的重要奖项还包括：1984 年洛克菲勒基金会奖学金；1995 年"州长文学艺术成就奖"（Governor's Award for Achievement in the Arts and in Literature）。她在发表《天使的面孔》后，被《名利场》杂志列入拉美文学"四姐妹"。她自己说："我感到自己与其他的（奇卡纳）作家休戚相关——切丽·莫拉加、桑德拉·西斯内罗斯、安娜·卡斯蒂略，还有其他一些作家。无论我们是来自于都市还是加利福尼亚，无论我们生长在大城市还是草原，我想我们关注的问题是同样的。我们关注性、边界、身份、自由、女权等问题。因此我感觉到我们之间的团结一致。"（Blake，2008：14）

查维兹自己曾说过："我不把自己看作一个反叛作家。"（Brown-Guillory，1999：35）如果说卡斯蒂略是三个作家中最激进和批判的，那么查维兹则是三位作家中最温和和包容的。首先：她没有卡斯蒂略和西斯内罗斯那么强烈的对于边界身份的焦虑。在接受采访时，被问及对于边界的感受，查维兹认为：

> 我的边界是一个流动性的世界。这儿存在着一个隔膜（membrane），但是是让人舒服的隔膜。……我生活在边界现实中，身在其中我感到非常舒服。我知道很多人对此并不感到舒服。……我把世界看成一个存在丑陋和卑鄙的人的地方，不好的事情每个人身上都会发生：墨西哥人、盎格鲁人、任何人。粗鲁和丑陋的确存在，但这却不是我想要选择的生活方式。……在这里，暴力能够转换为别的东西。或许某一天，边界会消失。……是的，在这里，我们的皮肤被撕裂。①但是，你却能够生长出新的肌肤。……我们是混血的民族，但是这却让我们

---

① 在这里，皮肤是一个比喻性的用法，比喻奇卡诺/奇卡纳的文化身份。

因此拥有力量。……是的，伤害确实存在，但是皮肤却依然完好。它有很好的适应力。（Blake，1994：17-18）

从这段采访中我们可以看出查维兹对边界的看法：她有着安扎尔杜瓦的"新混血女性意识"，深刻地感受到了边界的流动性、变化性，同时也感受到了边界文化的杂糅性。与安扎尔杜瓦略有不同的是，虽然她有着"新混血女性意识"，但却没有安扎尔杜瓦对于边界存在的各种歧视的批判性，她认为边界是一个让她舒适的所在，而这种感觉在我们之前提到的作家、理论家如安扎尔杜瓦、莫拉加、卡斯蒂略、西斯内罗斯等人身上是找不到的。她认为生活在边界的人会受伤害，但伤口却会愈合；生活在边界的人虽然遭受自我的撕裂，但却可以发展出新的身份。因此，虽然与其他奇卡纳作家、理论家一样，对未来的边界生活有着美好的憧憬，但是查维兹的作品却因为批判性的缺乏而导致作品与上述其他作家相比较为温和。

其次，与前面两位作家一样，查维兹将自己界定为一位奇卡纳作家。"我是一个奇卡纳作家。这就意味着我有奇卡纳的政治与社会立场。"（Brown-Guillory，1999：32-33）但是与奇卡纳作家的定位相比，查维兹更愿意将自己看作一个女性主义作家，她说："我是一个非常具有政治性的作家。我对女性的问题很感兴趣。我的主题之一就是女性。我代表女性发声。"（Ikas，2002：54）她在这里所说的政治性并不是指种族政治性，而是指性别的政治性。当采访者问她："你是为所有阶级、所有种族的女性写作？还是主要为墨西哥裔美国女性？"她的回答是："我不区分墨西哥裔美国人、盎格鲁人、非裔，或者其他族裔女性。我是一个墨西哥裔美国／奇卡纳作家，我书写美国的西南部，书写我知道的世界。但是我认为我的人物和主题是具有普遍性的。"（Ikas，2002：54）从这里可以看出，她与卡斯蒂略与西斯内罗斯是不同的，其他两位作家深深地打上了奇卡纳作家的烙印，她们关注的目光主要停留在墨西哥裔女性身上，不仅关注她们在奇卡诺传统中遭遇的父权制的压迫，同时也关注她们在盎格鲁文化中遭受的经济剥削和种族歧视，而查维兹感兴趣的是奇卡诺社区内的女性的问题，她自己说她关注女性，无论她们来自哪个种族，但恰恰她所了解的女性是墨西哥裔女性，因此她才书写她们，这正是她说她的主题和人物具有普遍性的原因。

如她在采访中所说，"**我书写生活、爱和苦难后的蜕变，以及服务（service）的意义**"（Brown-Guillory，1999：35-36），当然她的作品也不乏女性的叛逆言行，但其终极探求不是势不两立的敌对，而是以一种更加温和的方式为处于多重困境中的奇卡纳女性寻找出路。如果说卡斯蒂略和西斯内罗斯通过"向外"寻找生存、对抗的方法及身份认同，那么查维兹则是通过"向内"，即从女性的内心自省寻求生存与抗争的策略及身份认同。本章主要涉及查维兹的《爱上佩德罗·因方特》和《天使的面孔》两部小说。两部小说可以说都是女性成长小说，小说中的两位女主人公经历了一些事件，经过了内心的挣扎和痛苦之后，终于获得了心灵的成长。《爱上佩德罗·因方特》写的是一个墨西哥裔女孩对一个有妇之夫的疯狂爱情，作品的主题是令人绝望的爱情及女主人公特雷西纳因此而获得的成长。《天使的面孔》是一部长篇巨著，共分为九部分六十三章，主要讲述的是一个名为索维达（Soveida）的女性从女孩成长为成熟的女人的故事。贯穿故事的线索有两条：一、索维达从小一直追求精神上的慈悲（grace）①，获得宗教要求女性的完美的道德；二、索维达作为一个饭店的女侍者，从工作中逐渐体悟到"服务"的真谛。两条线索都指向一个方向：女性通向奇卡纳女性精神性之路。在索维达的成长过程中，有很多人都是她的老师：从女性身上她得到了很多温暖、学习到了各种美德，从她们身上她也看到了自身有待改进之处，可以说，她们是教会她美德的老师；相反，男性却是她成长的反面教材，他们身上有着各种各样继承自父权制文化传统的劣根性，通过审视和批判他们，索维达批判了奇卡诺文化中的父

---

① 这里的 grace 一词，源自基督教。根据基督教神学理论，上帝与人类定下两个契约：第一个契约为行为之约（covenant of works），是上帝与亚当所定，但亚当违反了契约；上帝又与亚伯拉罕定下了第二个契约，即慈悲契约（covenant of grace），也有人将其翻译为恩典之约，在契约中，上帝许诺派耶稣基督拯救亚伯拉罕的子孙。文中据此将 grace 一词翻译为慈悲。

权制,从他们行为的反面,索维达看到了自身完善所需要的美德。

## 第一节 女性情谊

在小说《天使的面孔》的扉页上,索维达发出这样的质问:"我祖母的声音几乎没人能听得到,那是低语,是呻吟,谁听到了?我母亲发出了愤怒和痛苦的呼喊,谁听到了?我的声音非常响亮,那是呼吸、新生命、歌声,谁能听到?"这正是世世代代墨西哥裔女性的写照。

阅读美国少数族裔女性作家的作品,我们可以发现,很多少数族裔作家都非常重视社区内部女性、女性家庭成员、女性朋友之间的关系。例如在非裔美国作家中,托尼·莫里森的《秀拉》《天堂》《爱》等作品都聚焦于女性之间的关系。爱丽丝·沃克也在她的《紫色》中塑造了西丽与莎格之间的姐妹情谊。她在论述她的妇女主义思想时谈到黑人女性间的姐妹情谊,她认为"妇女主义者是……一个热爱(性爱或非性爱)其他女人的女人。喜欢或偏爱女人的文化、女人情绪的多变性……和女人的力量"。(Walker,1983:xi)黑人女性主义理论家贝尔·胡克斯认为姐妹情谊是黑人女性间的联盟,因为她们拥有共同的特点,因而可以分享共同的生活经历(hooks,2000:48-63)。黑人女性间的姐妹情谊传统源于黑人的历史。"黑人女性为了生存,发展了一种互助互爱的姐妹情谊。"(Kolchin,1993:18)在奴隶制时期,男性黑奴总是被奴隶主卖掉,剩下女性黑奴在家里照顾孩子。这些女人必须学会在没有男性帮助的环境中生存,女性在一起,共同抚养孩子,共同面对生活中的困难,因此形成了类似于母系社会的社区结构。奴隶制废除后,黑人女性之间彼此的依赖不仅没有因为奴隶制的消亡而减少或消失,反而进一步加强。因为她们依然遭受着种种歧视和压迫,"姐妹情谊使得黑人女性能够像家人一样应对压迫,减轻黑人在白人统治社会成长的艰辛"(Rubenstein,1993:126-127),"姐妹情谊让黑人女性能够抵抗种族压迫和性别歧视"（McBryde，2010：5）。黑人女性"结下姐妹情谊来互相帮助、互相赞美"（McBryde，2010：41），进而帮助她们找到自我，帮助她们在这个种族歧视及性别歧视的社会中找到温暖与关爱。除此之外，"女性朋友，是黑人女性的另一个自我"（Quashie，2001：190）。在她们彼此的眼中，看到的是另一个自己。

对于处于多重边缘的少数族裔女性，她们互相之间的情谊不失为一种对抗外部社会风刀霜剑的有效策略。因此，与其他少数族裔女性同处于多重边缘化境遇之下的奇卡纳女性，也与其他少数族裔女性一样，将姐妹情谊看作生命中最重要的情感之一。奇卡纳文学中，描绘女性间亲密关系的文字比比皆是。奇卡纳文学评论家瑞博莱多指出："很多奇卡纳作家的作品有一个惊人的相似之处，即她们都发现与女性家庭成员（包括祖母、外祖母、姑妈、姨妈等等）和女性朋友之间的亲密关系的重要性。"（Rebolledo，1995：108）很多奇卡纳文学评论家及理论家也对女性之间关系的重要性予以了充分的关注。第二章曾经论述过几位重要的奇卡纳理论家对于建立女性社区的倡导，切丽·莫拉加在《爱在战时》中批判了父权制和恐惧同性恋的奇卡诺文化，作为同性恋者，她在另外一本著作《最后一代》中致力于为奇卡纳女同性恋寻找一个"同性恋阿兹特兰"，她着力改变家庭内部的状态，"努力将家庭恢复为女性主义-同性恋的居住模式"（Kaup，2001：232）；卡斯蒂略在《屠杀梦想者》一书中也致力于为奇卡纳女性寻找一个归宿，与莫拉加有着同样的怀旧心态，她提倡建立一种"以母亲为联系纽带的原则"，她为她们寻找的是前阿兹特克文明时期（母系社会时期）那种以母亲为联系纽带（mother-bond）的"家"。另外，墨西哥及奇卡诺文化中独特的教父母（compadre，comadre）[①]、干亲现象使得奇卡纳女性能够彼此结

---

[①] compadre 英语意为 co-father，comadre 英语意为 co-mother。墨西哥及奇卡诺文化中共享教父母的说法来自天主教。从一个孩子受洗礼开始，他/她的教父母就和孩子的生父母同样承担教育孩子的责任。根据天主教教义，孩子受洗礼的同时，教父母要接受辅导孩子使他顺从天主教信仰成长的责任。同时，教父母还要保证这个孩子以后可以走上一条成功的人生之路（从教育、婚姻、个性培养等各方面）。孩子洗礼之后，孩子的教父母就和孩子的生父母成为孩子共同的爹娘。comadre 一词，除了有教母之意外，还有女性亲戚、闺中密友、大婶及接生婆之意。

下亲密的友谊和获得比别的文化中的女性更为紧密的联系。奇卡纳学者艾思琪贝尔（Esquibel）认为干亲现象是一种独特的联系，它将毫无关系的女人们联系在一起，"强调女性之间关系的永久性，其持久性远超于男性关系的短暂性"。（Esquibel，2006：119）除了上面提到的理论作品中对女性关系的论述外，在奇卡纳文学中，我们可以找到大量的描述女性情谊的作品，例如卡斯蒂略的《米斯基亚瓦拉书简》中特丽莎与艾丽西亚的姐妹情谊、《远离上苍》中索菲和女儿们的母女情谊及索菲所创造的母系社区；西斯内罗斯《芒果街上的小屋》中叙述者埃斯佩朗莎与莎莉之间的姐妹情谊；查维兹《爱上佩德罗·因方特》中女主人公特雷西纳·阿维拉（Teresina Avila）与她最好的朋友厄玛·格拉纳多斯（Irma Granados）之间的友谊等等。"这种姐妹情谊，是一种强大的女性联盟，可以来对抗强加于奇卡纳女性身上的文化与家庭压力。"（Herrera，2011：52）

在《爱上佩德罗·因方特》中，"特雷西纳和她最好的朋友厄玛之间的友谊是小说的一个重要主题，因为厄玛在她自我塑造（self-creation）的过程中起到了极大的帮助作用"。（Herrera，2011：51）小说的女主人公名叫特雷西纳·阿维拉，典出西班牙圣徒"特丽莎·德·阿维拉"——一个"未被任何凡间男人触碰过的女人"（Chávez，2001：68）。但是具有讽刺意味的是，与圣徒式的母亲对她的期望相反，她却成了一个奇卡诺文化观念中道德败坏的女人，因为她爱上了一个有妇之夫，用她自己的话说，她是一个"生活在罪恶之中、生活在'蛮荒之地'、生活在一个名叫卡布里托维尔（Cabritoville）①的地方的女人。我爱上的男人已经结婚了，他很有钱，比我小五岁"。（Chávez，2001：71）在小镇上，因为她与这个有妇之夫——卢西奥（Lucio）——的关系，她被贴上了"妓女"（puta）的标签，这使得她成为小镇的放逐者。而她的教母的女儿厄玛，从小跟她一起长大，同她有着亲如手足的关系。厄玛不仅是特雷西纳的闺中密友，同时也是能够读懂她内心的人，是教她成长的人。女

---

① 在小说中，卡布里托维尔是美国靠近美墨边界的一个小镇。

性主义心理分析理论认为同性友谊在女性身份形成的过程中起着重要作用，"友谊使得女性通过与另一人的关系厘清自我身份，成为女性自我界定的手段，反映了女性自我最基本的层面"（Abel，1981：416），厄玛就是那个让特雷西纳厘清自我身份的人。特雷西纳说："我喜欢她能够说出我心中所想、但又无法表达的。我听她说话的时候，就像听我自己说话一样，如果我自己能像她一样会说，她说的就是我想说的。"（Chávez，2001：49）从这里我们可以看出，厄玛能够读懂特雷西纳所想，她们的心灵存在极大的默契，"特雷西纳能够通过厄玛的声音听到自己的声音，这加强了她们之间的联系，使得她们成为拥有同样思想的两个身体"。（Herrera，2011：57）厄玛不仅能读懂特雷西纳的内心，还是特雷西纳成长的老师，她教会特雷西纳去爱自己。她一针见血地指出特雷西纳对卢西奥的感情让她迷失了自己，"你觉得需要他来证明你的自我价值。为什么，我不明白。你的行为让人觉得好像他来自上层阶级，让人觉得好像对你来说阶级地位很重要。……自由不是跟一个不爱你的人纠缠不清"。（Chávez，2001：160）厄玛从旁观者的角度再三警告特雷西纳：无论是从社会的、文化的，还是从卢西奥自身的性格原因看来，她与卢西奥是永远也不可能在一起的。厄玛看到特雷西纳在这段感情中迷失了自己，她似乎不为别的而活，她生活的唯一目标就是跟善变的卢西奥纠缠在一起，如果特雷西纳这段自虐式的感情一直拖延下去，终将会毁掉她的自我价值感，毁掉她自己。因此她对她说："多年以前上中学的时候我跟你说过，现在我仍旧要跟你说，女人不是只为男人活着。"（Chávez，2001：18）对于厄玛来说，女人的自我价值，并不是由男人来决定的。厄玛是一个比特雷西纳更冷静、更清醒的女性，她的奇卡纳女性意识要比特雷西纳强烈得多，如评论家所说："厄玛是一个有政治意识的奇卡纳女性，她是特雷西纳的榜样。"（Herrera，2011：59）她不仅帮助特雷西纳建立性别上对自己的肯定，而且对于自己的墨西哥文化之根有强烈的自豪感，"她使得特雷西纳钦佩她的不屈不挠和她深刻的文化自豪感"（Herrera，2011：59）。一次，她们两个一起去圣达菲旅行，遇到了一个西班牙种族主义者,称她们为"被征服的墨西哥笨蛋"(Chávez,2001:186),厄玛对此发表了一番慷慨激昂的演说:"我是墨西哥文化的使者。我的文化。我必须是。因为这里和其他地方的人都认为墨西哥人是未开化的。"(Chávez,2001:187)她列举了自己文化中的艺术和文明成就,挑战了这个种族主义者的反墨西哥情绪。

特雷西纳在叙述中多处描述了她们情同手足的姐妹之情。特雷西纳和厄玛都是一个电影俱乐部的成员,除了与其他俱乐部成员一起观看由墨西哥著名影星佩德罗·因方特主演的电影之外,她们两个还经常在厄玛的家里一起看电影。特雷西纳如此形容她们一起看电影的时光:"在这样的时候,生活太完美了。以后我们还能一起看多久的电影,我们不确定。但是在这一刻,我们之间有不可战胜的姐妹情谊,它对屋子外面的世界说'去他的'。……这样的夜晚是那么的美妙。没有男人……来打扰我们、激怒我们,或者向我们索求什么。"(Chávez,2001:114-115)特雷西纳虽然预感到她们之间的情谊会因为男性的介入而变得不再坚固,但是却给她们筑起了一个暂时的港湾,让她们可以沉浸在美妙的电影情节和甜蜜的姐妹情谊之中,如埃雷拉所说:"厄玛的家里这时成为一个女性的空间,两人再次结下情谊。虽然情谊可能是短暂的,但是却挑战了父权将女性分开的企图。厄玛建立了一个母系的空间,将两个女人从束缚中解放出来,让她们的友谊开出绚烂之花。"(Herrera,2011:57)

从厄玛和特雷西纳的故事和其他奇卡纳作家的作品里,我们可以看到:来自同性之间的友谊和亲密情感帮助奇卡纳女性认可自我的价值、找到自己的身份、获得内心的成长,同时也为她们互相搭建了一个"避风港",她们的"姐妹情谊支撑女性来应对主导文化对奇卡纳女性的种族和性别建构"。(Herrera,2011:61)不仅是奇卡纳女性,所有的族裔女性,包括亚裔、非裔、印第安裔女性都面对同样的困境,身处同样多重边缘化的境遇之中,因此,从女性身上获取温暖和力量成为族裔女性重要的生存策略。黑人女作家托尼·莫里森在她的多部作品中都探讨了女性之间的姐妹情谊,在她 2003年发表的作品《爱》中,她也描绘了两位女主人公希德和克里斯丁的姐妹情谊。小说标题中的"爱"有多重含义,可以指作品中各个人物之间的父爱、爱情、仁爱、慈爱,但最主要的是指两位女主人公之间的"爱"。莫里森在接受采访时坦承:"我非常感兴趣的不是男女之爱,而是女人之间的各种关系。"(Houston,2008:235)但值得注意的是:女性/族裔女性间的姐妹情谊经常会受到父权制的干扰。如埃德里安娜·里奇(Adrienne Rich)曾说我们的社会充满着"强制的异性恋"(compulsory heterosexuality)。① 在父权社会中,女性之间的姐妹情谊是不可容忍的,"父权文化将女性之间的紧密联系看作对父权秩序的威胁"(Herrera,2011:57),很多时候,女性也内化了这种父权秩序,在挚友面前,她们由于"强制的异性恋"观点的威胁,通常会选择男性,因此"与男性之间的关系威胁或者破坏,甚至毁灭了女性之间的友谊"(Herrera,2011:52)。奇卡纳评论家艾思琪贝尔也曾经说过:"两位女性之间的关系受到异性间关系的挑战,异性关系通常会获得优先权。"(Esquibel,2006:119)《爱》中的两位女主人公希德和克里斯丁原本是挚友,她们的情谊却因为克里斯丁祖父科西的介入而遭到破坏,希德11岁时候被克里斯丁的祖父娶入家门,变成了自己挚友的"祖母"。从此,两个女孩反目成仇,此后50年一直争斗不断,延续着她们既爱又恨、既敌又友的爱恨纠缠,直到希德临死之前她们才冰释前嫌,意识到是她们让科西成了她们生活的中心,是她们赋予了他无上的权力,建立了他的父权。她们本来不应该敌对,而是应该手拉手、依靠她们彼此间深沉的姐妹之爱生活。《秀拉》中的两位女性秀拉和内尔在某种程度上也是因为男性的介入而越走越远,直到秀拉死去,内尔才意识到自己对她的深爱。在《爱上佩德罗·因方特》中,特雷西纳和厄玛的姐妹情谊也受到了男性的威胁:如特雷西纳所预感的那样,她们的姐妹情谊因为一位男性的介入而不再那么"如胶似漆"。厄玛爱上了一个白人男子并且嫁给了他,这引起了两人的争吵:"'我不喜欢你这样,厄玛。我们以前总是拥有很多共同的东西,但是现在你总

---

① 来自 Rich, Adrienne. "Compulsory Heterosexuality and Lesbian Existence," 1980.

是那么忙,没时间理我。'然后厄玛,我以前最好的朋友,我的灵魂、我的心脏一样的姐妹,用悲伤和遗憾的眼光看着我。'醒醒吧,特雷(Tere)!卢西奥从未爱过你,也根本不会爱上你。至少韦斯利先生是爱我的!'"(Chávez,2001:224-225)

令人欣慰的是:如果说《爱上佩德罗·因方特》中的女性情谊是从紧密走向疏远,查维兹的另一部作品《天使的面孔》中的女性关系则是从疏远走向紧密。《天使的面孔》中描绘的并不仅仅是两位女性之间的情谊,而是整个家庭中、甚至整个社区中的女性情谊。

在《天使的面孔》中,生活在美国新墨西哥州美墨边境黑水镇(*Agua Oscura*)的多撒门德斯(Dosamantes)家族是一个有百年历史的家族。在女主人公/故事叙述者索维达的少女时代,这个家庭被一个"恶灵"(boogeyman)缠绕,这是家族里一个让人难以启齿的秘密。在小说第九章,"恶灵"第一次出现。无父无母的玛拉(Mara)是索维达姨母的女儿,她的父亲在她出生前就抛弃了她们,她的母亲身患癌症而死。索维达的母亲将玛拉放在婆婆即索维达的祖母那里寄养。玛拉与索维达一起长大,是最知心的姐妹。第九章中,玛拉向索维达提及她的"恶灵":"我被'恶灵'缠绕着。卢阿尔多(Luardo,是索维达的父亲)进了我的房间,摸我。我想尖叫。我做噩梦,怕德洛利斯(Dolores,索维达的母亲)发现。她会把我绑到床上打我。……我不能再叫他爸爸了。现在我叫他卢阿尔多。"(Chávez,1994:52-53)是的,萦绕着多撒门德斯家族的"恶灵"正是索维达的父亲卢阿尔多。但是,玛拉告诉索维达,"德洛利斯和祖母卢佩塔是我的'女恶灵'(boogeywoman)"。(Chávez,1994:52)为什么这么说呢?因为玛拉在这个家里过得非常不快乐。祖母总是将她自己看作玛拉的恩人,时时处处提醒玛拉让她感恩。不仅如此,在标题为"驱魔仪式"的第十四章,"玛拉一直噩梦缠身,半夜又哭又叫。祖母很担心。房子里肯定有魔鬼,或许还不止一个"。(Chávez,1994:85)于是卢佩塔和德洛利斯请来了神父给玛拉驱魔。祖母对来给玛拉驱魔的神父说:"是我把她养大的。在这个家里,以前不曾有过秘密,不曾有过阴郁。她来到这个家里后一切都变了。

给她祈祷吧,她生病了。……她给我带来的只有麻烦,现在我知道为什么了。为她祈祷,她需要治疗。我给了她一切,我像爱自己的孙子一样爱她、给她吃穿。我不认识她了,她变了。"(Chávez,1994:85)"德洛利斯和卢佩塔不得不把玛拉绑在床上。现在她长成了一个女人,她的身体长成了成熟女人的身体,她有了女人的欲望,男人把她当女人看。魔鬼进入了她的肉体。"(Chávez,1994:85)在这里,我们可以看到为何玛拉将索维达的祖母和母亲看作她的"女恶灵":玛拉本来是卢阿尔多卑鄙无耻的乱伦行为的受害者,祖母却将她看作家里一切不安的源头,将家里变得阴郁的罪过推到玛拉这样一个无助、可怜的年轻女孩身上。祖母说"在这个家里,以前不曾有过秘密,不曾有过阴郁",这完全是假的,只不过是祖母想粉饰太平、逃避现实的一个谎言。在这个家里,其实有着太多的秘密,每个秘密都给女性带来了心理的创伤,因此她们不愿提起,甚至欺骗自己和别人那些不好的事情根本没有发生过。从玛拉的口中,我们知道祖母很多的秘密。一次在与祖母争吵时,她对祖母说:"为什么你不能原谅我的母亲?为什么你不能原谅我?这么多年我跟你在一起。我帮助你、爱你。我要怎么做才能向你证明我不是我妈妈,不是我姨妈,我只是我?……因为我不是多撒门德斯家族的一员,是因为这个吗?是因为这个还是因为卢阿尔多让我做了那些事情?他伤害了我。……"(Chávez,1994:95)玛拉愤怒地控诉祖母总是对她抱有偏见,总是限制她的自由。聪慧的玛拉敏感地猜到个中原因无非有两个:要么是因为她不是祖母的亲孙女,要么是因为卢阿尔多对她所做的事使得祖母对她抱有深深的成见。祖母对这番质问的反应是:"玛拉!我现在不跟你谈。我说不。不。你别再说卢阿尔多了。他什么都没对你做,他对你很好。你要设身处地为别人着想,不要总是想着自己。为什么你不能感恩自己所拥有的,而总是学你妈妈那套?你跟你妈妈真像。"(Chávez,1994:95)祖母还曾经说过:"卢阿尔多一直是个好孩子。他是这个家里女人们的福音。"(Chávez,1994:127)祖母对于自己儿子的卑鄙行径采取了鸵鸟政策,抱着回避的态度,不让玛拉提起,自己不愿面对。事实上,多撒门德斯家还不止这个秘密，一次玛拉在与索维达聊天的时候告诉索维达"我真不敢相信祖父竟然曾经打过祖母。这在多撒门德斯家族历史上翻开了新的一章"。（Chávez，1994：51）祖母作为这个家族中女家长一样的人物，为了维护家族的所谓尊严，不知保守了多少秘密，而她对于这些秘密的保守无疑是对别的女性的伤害，是对父权制的纵容。祖母自己也承受了这些痛苦，但她将这些痛苦埋在心底，默默忍受着。无怪乎祖母在索维达小时候一直坚持想让索维达当修女，她告诉索维达："她们是神圣的女人。她们知道世界是什么样的，她们了解男人。她们中很多人曾经结过婚。其他的一些人有兄弟。我几个最好的朋友是修女。她们的祈祷是非常灵验的。她们将生命献给了上帝，他感谢她们。慢慢地，这些修女让上帝变成了一个慈爱的男人。"（Chávez，1994：63）祖母这番话中包含着两重含义：首先，祖母认为这些修女正是见惯了男人，看透了男人的所作所为，因此才成为修女。这说明祖母也厌倦了她的婚姻、厌倦了她看到的男性，无奈她是不可能再成为修女了，因此她才一直坚持让索维达完成她的心愿，避免索维达看到男人不堪的一面和婚姻无奈的一面；其次，这段话表明在祖母的心目中，上帝就是男性的代表。他就是一个冷酷无情的男人，他与世间其他男性一样对女人没有任何仁慈之心。而这些修女全心全意地献身于他，使得他非常感动，因此才变得仁慈一些。

索维达的母亲德洛利斯又何曾不是像祖母一样，背负了太多的痛苦、屈辱和无奈。虽然她早已与索维达的父亲离婚，但是他留给她的痛苦太甚，因此她在离婚多年后还忍不住向索维达抱怨：

> 将来要找一个能帮助你的男人。一个不介意在家里做家务、知道如何用斧头和螺丝刀、能够爬到屋顶修理冷气机、不用一再催促就知道修剪草坪、洗车、扔垃圾的男人。找一个身体上没有长毛的人。男人裸体的时候很难看。你看了会吓一跳。……我不想再看了。……无论你做什么，都不要嫁给墨西哥人。我并不是对他们有成见，他们真的不是好丈夫。……偶尔会有一

两个好男人，但是首先要看他们的母亲。看看她有没有很好地教养他，尊重女性。大多数墨西哥人想让女人待在家里，认为这就足够了。我告诉你，这就是我所经历的一切。这些年我都待在家里！直到离婚后我才自由。不要嫁给墨西哥人，除非你了解他的母亲。（Chávez，1994：139）

德洛利斯的这番话也表达出两重含义：首先，她一针见血地指出在奇卡诺文化中女性的地位。男人们都有大男子主义，女人在家里像仆人一样。这句话不仅透露出一些性别方面的信息，还透露出了一些性方面的信息。在年幼的索维达面前，母亲不好说得那么直白，但是可以看出，她对索维达父亲的身体厌恶至极，这主要是因为他对她身体的无限制的榨取。他总是索取，作为妻子，德洛利斯被迫奉献，她的激情已经被卢阿尔多榨干，因此在她眼里的男性身体才会如此丑陋不堪；其次，从这段话还可以看出德洛利斯对奇卡诺文化中母子关系的深刻认识：儿子会长成什么样，主要看母亲的教养。如果母亲自己将父权制内化，用父权制的一套准则来教育儿子，那么儿子肯定会变成父权制的继承者、大男子主义者。从这里我们也可以看出德洛利斯对婆婆卢佩塔的不满，她的这些话暗示了正是因为卢佩塔没有教养好，卢阿尔多才不懂得尊重女性。托尼·莫里森曾经深刻认识到女性与父权制的关系，在某种程度上，女性是父权制的帮凶，她曾说："如果不是女人们赋予了这个男人权力，他根本不会有如此权力。女人们像卫星一样围绕在他的周围，提供了滋生他权力的土壤。"（Saur，2008：225）奇卡诺文化中也有这样的现象，德洛利斯的话一语中的地指出这种现象。如安扎尔杜瓦所说："男性制定规则和法律；女性传承它们。"（Anzaldúa，1987：16）切丽·莫拉加也曾论述过奇卡诺文化中的重男轻女思想，虽然自己身为女性，母亲们却有严重的重男轻女思想，莫拉加说："你如果不将男性放在首位，就是对你的种族的叛徒。"（Morage，2000：95）莫拉加深挖了母亲重男轻女思想的根源：

> 如果你要问奇卡纳母亲最爱哪个孩子,她会毫不犹豫地告诉你,所有的孩子她一样爱,但是事实上,她并不是这样。男孩子们是不一样的。有时候我觉得她这么做是因为她相信通过她的教养,她能够培养出她喜欢或想嫁的男人。通过她的儿子,她能够尝到一点男性特权的甜头,因为在没有种族和阶级特权的情况下,男性特权是母亲唯一可能得到的。……男孩可以得到母亲无须回报的爱。(Moraga,2000:93-94)

从卢佩塔身上,我们可以看到她对卢阿尔多毫无原则的溺爱:自己的儿子不会犯错,无论什么错误,根源都在女性身上。如安扎尔杜瓦和莫拉加所说,卢佩塔就是父权制度的维护者,也可以说:在奇卡诺文化中,像卢佩塔一样的女人们既是父权制的受害者也是父权制的卫道士。从德洛利斯上述的一段话中,我们可以看出她对卢佩塔这种态度的憎恨。可是她自己也难免陷入了这种怪圈,她在前面抱怨卢阿尔多及与他相似的男人们,但她何曾不是像卢佩塔一样,也是父权制的卫道士呢?一次她去卢阿尔多家里,发现他家里有一双女式的拖鞋,她怀疑卢阿尔多找了别的女人,但是出乎意料的是,她并不埋怨卢阿尔多,而是将所有的罪责都加诸那个没有露面的、不知名的女人身上:

> 虽然与卢阿尔多生活的那些年他给她带来的都是伤害、痛苦,然而德洛利斯却总是忍耐他、原谅他。在她眼里、家人眼里、上帝眼里,她是他的妻子。即使离婚也改变不了这个事实。……他是你的父亲,你要爱的人,虽然他是一个失败者。他很脆弱。女人们才是恶棍,那些不知名的、未露面的傻子们,她们潜伏在阴影中、藏在床下。应该责怪的是她,只有她。是她的错。(Chávez,1994:51)

卢佩塔和德洛利斯就是这样的女人,索维达对祖母的评价,正是一切像卢佩塔和德洛利斯一样的奇卡纳女性所扮演的角色:"后来我发现卢佩塔从来没有真正想成为修女。……当她的母亲看她的时候，她看到了她额头上写着的看不见的字：女人、妻子、母亲、殉道者。"（Chávez，1994：63）这是很多奇卡纳女性的真实写照，她们像圣母瓜达卢佩一样，隐忍、慈爱、宽容地生活，扮演着女人、妻子、母亲的角色，她们像殉道者一样悲壮。她们的悲壮不仅伤害了自己，也伤害了别人，而玛拉就是卢佩塔和德洛利斯"殉道者"思想的受害者。因为她们把所有的错误都归咎于她，归咎于她因为发育而变得吸引男性眼光的身体，玛拉因此深受伤害，最后不得不离家出走。

玛拉出走二十五年之后，卢阿尔多去世，卢佩塔也因此而病入膏肓。当她躺在病榻上回顾自己的人生时，突然对自己的人生大彻大悟，这种彻悟尤其表现在她与男性与女性的关系方面。她最牵挂的是被她逼走的玛拉。她告诉索维达玛拉名字的含义：摩西带领以色列人出埃及时，走到荒野之中，三天没有找到水。他们来到一个名叫"玛拉"的地方发现这里有水，但是水是苦涩的，不能饮用。人们对摩西说：我们喝什么呢？摩西询问上帝，上帝将一棵树丢在水里，水变成了甜的。"玛拉"的喻义可以解释为由苦变甜。感觉自己将不久于人世，卢佩塔表达了自己想见到玛拉的强烈愿望："只有一个人我必须要见，那就是玛拉。即便她是洛埃拉（Loera）①家族的人，我也不在乎。即便她不想见我，我也不在乎，我想见她。"（Chávez，1994：406）"我祈祷玛拉在我死前能够回来看我。她回到黑水镇的时候，她的苦难就会变成甘泉。"（Chávez，1994：410）这句话喻义非常深刻，卢佩塔想表达的意思是，如果她们能够再次团聚，曾经在她这里遭受了很多磨难的玛拉会感受到爱所带来的甘甜。很显然，在这里，卢佩塔想表达她对玛拉的愧疚和爱。养育了玛拉十几年，虽然她之前对她有很多刻薄之处，但她对玛拉还是有深厚感情的。

卢佩塔让索维达在《圣经》的索引部分找到"玛拉"一词，读

---

① 玛拉姓 Loera，卢佩塔一直对 Loera 家的人抱有成见。

出它的含义:"玛拉:希伯来语,意为苦难/怨恨(bitterness);娜奥米自称'玛拉'。"(Chávez,1994:407)娜奥米的故事也出自《圣经》,讲的是:娜奥米与她的丈夫从伯利恒移居到摩押(Moab),之后的几十年,她的丈夫和两个儿子相继死去,只剩下两个儿媳俄珥巴(Orpah)和露丝(Ruth)陪伴在她的身边。一天,娜奥米将两个儿媳叫到身边告诉她们:我要回伯利恒了,你们也各自回到自己的家里吧。三个女人抱头痛哭,因为这么多年来,她们彼此已经成为最亲的亲人和最好的朋友。在娜奥米的劝说下,俄珥巴回到了她自己的家。但是,无论娜奥米如何劝说,露丝都不肯回家,她坚定地要陪伴在娜奥米的身边。她对娜奥米说:"不要让我离开。你去哪儿我就去哪儿,你待在哪儿我就待在哪儿,你的朋友就是我的朋友,你的上帝就是我的上帝。"(Chávez,1994:407)卢佩塔告诉索维达:"我就是娜奥米,你的妈妈就是我的露丝。"(Chávez,1994:407)这是一件非常神奇的事情,三个女人——卢佩塔、德洛利斯和玛拉——在《圣经》中原来是相互关联的,而在现世之中,她们三个又如藤与树一样纠缠在一起:娜奥米自称"玛拉",而娜奥米和露丝的关系就像卢佩塔和德洛利斯的关系。显然,卢佩塔上面所说的那句话是要表达她和儿媳妇德洛利斯之间的亲密关系。她想说这么多年来德洛利斯尊重她、甚至敬畏她,她们之间早已超越了婆媳关系,而变成亲密的母女关系。事实上,德洛利斯也是这么做的:当婆婆生病之后,她将婆婆接到自己的家里供养。其实这对婆媳之间以前也是有很多积怨的,就像在前面德洛利斯对索维达所说,嫁男人之前一定要先看他的母亲,看他的母亲是如何教养他的。从这段话可以看出,德洛利斯在心里对卢佩塔的怨恨,她的儿子卢阿尔多成长为一个不负责任、猥琐、无耻的男人是因为他的母亲没有把他教育好。而婆婆卢佩塔对儿媳德洛利斯也有很多成见,她甚至对德洛利斯整个家族的人都抱有成见,德洛利斯改嫁,嫁给了一个白人男性,这是婆婆所不能容忍的,再嫁已经让她无法接受了,嫁给一个白人更是让她气愤。但当她病重,德洛利斯将她接来奉养之后,她铁石一样的心肠也融化了。在她对上帝的内心独白中,她说:

她跟我很亲,是一个好女人。如果我要是更坚强一些,我也会离开普罗费①(Profe),就像她离开卢阿尔多一样。莱尔登(Reldon)②是一个好男人,虽然他是个白人。他爱德洛利斯。他对我好,尊重我,就像孩子尊重长辈一样,我的孩子们就从未像他那样尊重过我。提醒我告诉德洛利斯这些。她需要知道。提醒我感谢她,请求她原谅我这些年从未喜欢过她和她的家族,尤其是玛拉。(Chávez,1994:410)

在病榻上与上帝对话的时候,卢佩塔还回顾了她的一生,她和男人们的关系,他们像她的噩梦一样,而真正给她平静和温暖的,是她的女性朋友:

我的一生过得不容易,虽然今天看起来我过得很舒适。虽然我的房子很大,但却是一幢不快乐的房子。你给了我一个丈夫,他却不是我期望的样子。……虽然我也不知道他到底应该是什么样子,或许是一个不打女人的男人。……普罗费认为他做什么都是对的。谢谢你给了我索维达,我的其他孙子们;谢谢你给了我朋友,奥蕾莉亚(Oralia)。③当她端着花草茶进来的时候,我会让她坐下来。有很多事情我想对她说。我要感谢她,她是唯一爱我如我所望之人。我会怀念她的吻。(Chávez,1994:409)

她终于看清了一生中最爱她的人、她最牵挂的人,就是时刻陪伴在她身边默默关爱她的女性们:她的儿媳德洛利斯,她最爱的孙女索维达,她一生的朋友和心灵伴侣、她的仆人奥蕾莉亚。她们之间的关系承受了时间的考验。俗话说,人之将死,其言也善。在将要走到人生尽头的时候,倔强的她才承认她过得不快乐,男人们就像她

---

① Profe 是卢佩塔的丈夫,索维达的祖父。
② Reldon 是德洛利斯后来嫁的白人丈夫。
③ Oralia 是祖母的女仆,同时也是她一生的朋友,下文笔者将会详细阐述。

的噩梦一样,她对索维达说:"你的父亲是一个没有信仰的人。这个家里的男人们都是脆弱的。从你的祖父开始,到卢阿尔多,到赫克托(Hector)。①"(Chávez,1994:402)

虚惊一场之后,卢佩塔并没有死。在病床之上,她对自己的人生,对自己与身边亲人的关系重新进行了梳理,认清了它们的实质,她的身体逐渐恢复了健康,而她的精神在这场大病之后,也奇迹般地康复。"祖母身上发生了巨大的变化,她从一个强大、痛苦的女人变成了一个柔和、睿智、依然强大的、盼望宽恕的母亲。"(Naranjo-Huebl,2007:66)在小说快结尾的时候,已经与玛拉失去联系的索维达接到了玛拉的电话,玛拉说:"或许哪天我会回去看看。你告诉祖母我要回去看她。"(Chávez,1994:460)这句话说明在外漂泊多年后,玛拉终于原谅了祖母。

小说的结局是:怀孕三月的索维达决定搬回祖母的住处,一幢蓝色的房子。卢佩塔、德洛利斯、索维达、索维达的钟点工查太(Chata)一起在祖母的房子里享用午餐。考普在《奇卡诺和奇卡纳文学对北美边界的重写》中研究了安扎尔杜瓦、莫拉加、卡斯蒂略、西斯内罗斯等几位奇卡纳作家的作品,认为她们的作品都遵循了离家(离开父权制的家庭)—归家的模式。确实如考普所说,很多奇卡纳作家的作品都遵循了离家—归家的模式,例如西斯内罗斯的《芒果街上的小屋》和查维兹的《最后的菜单女孩》,两部作品有很大的相似性,都以成长小说的模式记录了两个女孩成长的心路历程,并且都展现了离开(父权制的奇卡诺社区),然后更好地归家(以知识分子或艺术家的身份返回到社区,即奇卡诺文化中,改变奇卡纳女性的生存状态)的范式。《天使的面孔》也遵循了这种模式:索维达离开家庭,去追寻自己精神上的成长,在经历了外面世界的重重磨难之后,她懂得了很多,成长了很多,最后她又回到家里,与女性的亲人、朋友们聚在一起,互相扶持、其乐融融。有学者认为:"查维兹以搬入新家——祖母的蓝色房子进行改造之后的房子——结

---

① Hector 是索维达的弟弟。

尾，象征着索维达没有完全抛弃她的传统，而是将它进行了改进，用她所学到的东西来教育她的孩子。"（Naranjo-Huebl，2007：68）

## 第二节 爱情与婚姻之伤

19世纪末20世纪初，弗洛伊德从心理学角度进行了创伤研究，他将其定义为重大事件，尤其是暴力事件对人的精神伤害和情感冲击。心理学家凯西·卡鲁斯（Cathy Caruth）对创伤的定义是：创伤是对一个（或一些）意外的或者极度暴力事件的反应，当这个（这些）事件发生时，（经历者）并没有完全意识到其伤害性，但它们之后会不断地通过闪回、梦魇和其他一些形式重复出现在经历者脑海中。（Caruth，1996：91）可见，心理创伤给人造成的伤害并不是立时显现的，而是通过长久的心理反刍，让人不断地回忆，像梦魇一样不断地侵袭人的心灵，给人的心灵造成持续不断的、难以抹平的伤痕。因此，心理学家们更加关注创伤给人带来的后遗症。1980年，美国精神病联合会将创伤给个体造成的心理伤害称为"创伤后精神紧张性障碍"（Post-Traumatic Stress Disorder，简称PTSD）：暴露于极具创伤性的刺激因素时，就会引发其典型症状。刺激因素包括如下个体经历：真实或威胁性的死亡、严重伤害或其他对肉体完整性的威胁事件；或者亲眼目击死亡、伤害或威胁他人肉体完整的事件；或者得知某一家庭成员或其他关系亲密之人的意外或暴力死亡、严重受伤害、死亡威胁、受伤。（American Psychiatric Association，1994：424）美国精神病学会（APA）制定的《诊断与统计手册：精神障碍》第四版中列出了经历创伤性事件时人的反应：恐惧、无助或惊骇。（American Psychiatric Association，1994：424）由创伤性事件引起的创伤应激后遗症则表现为如下症状：不断重新经历创伤性事件、不断避免与创伤性事件相关的刺激、综合反应能力麻木、不断表现出反应性增高（increased arousal）的症状。（American Psychiatric Association，1994：424）

小说中，男性给索维达及其他女性们带来了身体上和心理上的创伤，成为女性们心灵中挥之不去的阴影。索维达这样评价她的父亲："我知道他爱我，就如他知道我爱他；他也知道我从来没有赞同过他的生活方式；他知道我从未想过要像他一样：没有理智。但是他是我的父亲。他用他的无爱（lovelessness）教给我什么是爱，他缺乏忠诚、信任，让我知道什么是忠诚、信任。或许我们从那些我们不理解的人身上学到了最有价值的东西。"（Chávez, 1994: 403）小说中，不仅是父亲，几乎所有的男性角色都给索维达或其他的女性带来伤害——身体上和心理上的创伤。他们也是索维达的老师，他们用无爱教会了索维达什么是爱；用不忠教会了索维达什么叫忠诚；用不负责任教会了索维达什么是责任；他们作为"服务"的接受者教会了索维达什么叫"服务"。

在索维达的成长过程中，最初给她带来心理创伤的是她的父亲卢阿尔多。在小说中，有一个未解之谜。玛拉在告诉索维达卢阿尔多性骚扰她后，问索维达卢阿尔多晚上是否也进过她的房间，索维达回答："我不确定。但是我总是害怕黑暗或者黑暗中有人触摸我。"（Chávez, 1994: 53）在小说的第五章，德洛利斯和卢阿尔多的对话中，卢阿尔多说："你怀疑我做了那个事。我从没做过。我不会对自己的孩子做那种事。"（Chávez, 1994: 24）因为索维达对此一直讳言，因此读者很难从索维达的叙述中得到确切的答案，只能找到一些蛛丝马迹。每次提到童年的经历，索维达似乎总是在回避着什么，那么她回避的是什么？为什么对于这件事情她总是语焉不详、闪烁其词？

荣格认为当个体遭遇到创伤性事件后，引起个体精神创伤的事件会从记忆中消失，进入到个体的无意识中。心理学家的研究也发现创伤经历会影响记忆的编码和唤回，造成"曾经完整、相互协调的意识、记忆、身份认同或环境感知等功能的失调"（Wilkinson, 2005: 484），最终造成"正确"记忆的缺失。"这些经历不能够储存在大脑中形成清楚的或叙事的记忆（narrative memory），而是被含蓄性地编码储存于大脑和身体中，当受害者再次遇到威胁时，这些经历就会被记起,从而给受害者发出警告。"(Wilkinson,2005:487)从心理学家的论述中,我们可以看出创伤与记忆的关系:创伤使得受害者对创伤性经历失去清楚的记忆,或者说,创伤使得受害者失去叙事记忆。心理学家还发现:"极度的创伤可以导致(受害者)失去言语,因为语言不足以描述其经历。""理智记忆(intellectual memory)可以用言语表达,……而深刻记忆(deep memory)① 不能,因为这种情况下语言被创伤撕扯得七零八落。"(Van der Merwe & Gobodo-Madikizela,2007:6)"心理创伤是不能叙述的(antinarrative),因为受害者不能将他们身上发生的事用语言表达出来。"(Baelo-Allué,2012:66)因此,创伤经历具有"难以接近性"(inaccessibility)和"不可言说性"(Visser,2011:274)。《诊断与统计手册:精神障碍》罗列出的创伤后精神紧张性障碍的症状之一是:不断避免与创伤性事件相关的刺激。"与创伤相关的刺激不断地被回避。经历者通常努力避免与创伤事件有关的想法、感受或谈话;避讳会引起回忆的行动、情形或人物。"(American Psychiatric Association,1994:425)或许是因为卢阿尔多给索维达造成的心理创伤使得她对父亲有没有猥亵她这件事失去了叙事记忆或确切的记忆,或许是因为卢阿尔多给她带来的心理创伤使得她失去了语言描述的能力,或许是索维达刻意避免提及此事,以免再次受到刺激,总之,读者从索维达对这件事情闪烁其词的描述中可以得出结论:卢阿尔多给她带来了深刻的心理创伤。她在小说快要结尾的地方有一句自白,说:"我记得他伤害玛拉,然后是**我**。"(Chávez,1994:402)虽然索维达语焉不详,读者并不能得出确切的结论,卢阿尔多如何伤害了她。但是这些都不再重要了,重要的是我们知道卢阿尔多给索维达带来了伤害,或许是因为他伤害了玛拉,或许是因为他伤害了祖母和母亲,或许是因为他的不负责任,或许是因为他总是跟不同的女人发生关系。在小说的第十四章,祖母给玛拉举行了驱魔仪式,后来又给索维达也举行了这个仪式。神职人员和祖母、母

---

① 心理学家将创伤性记忆看作深刻记忆(deep memory)。

亲让索维达说:"上帝(Father),让我痊愈吧!"(Chávez,1994:91)索维达说:"不。不!……你们都走,都走。上帝不是个男人,是个女人。女人!……不是父亲(Father),不是父亲。母亲。母亲。上帝母亲。"(Chávez,1994:91)这里的"father"有双重含义:既指上帝,也指索维达自己的父亲。可能是因为父亲给她和玛拉带来的伤害,她不愿提及父亲一词,也不愿意提及代表着父亲及父权制的上帝,她宁愿相信,上帝是女人,"拒绝承认卢阿尔多是她的父亲(因为这意味着承认他乱伦的猥亵行为),拒绝将上帝看作一个父权式的形象,是索维达的叛逆行为"。(Socolovsky,2003:195)总之,卢阿尔多是索维达质疑父权制、质疑男性上帝的启蒙者。

创伤使得经历者失去了语言描述的能力,因而具有了不可言说性。创伤的不可言说性使得创伤叙事变得充满了"不确定性和不可能性"(Visser,2011:274),因此我们可以理解索维达对于父亲是否猥亵自己这件事一直语焉不详。但是,创伤叙事具有双重性:一方面它会导致经历者对创伤经历的描述充满不确定性,另一方面它具有治疗的作用,当创伤经历者说出他的经历时,就使得他能够"克服心理障碍"(working through),从而最终治愈心理创伤。(Visser,2011:274)索维达在接近小说结尾的时候,终于有勇气承认:卢阿尔多伤害了她。这说明她的心理越来越成熟,她的内心已经具备了强大的力量,使得她可以面对自己的心理创伤,说出来自己一直避讳的东西,让自己卸下心理的沉重负担,同时也宽容父亲犯下的错误。

索维达的同事曾经给她看过手相,说她生命中将会有一个孩子、经历很多次爱情。(Chávez,1994:168)事实正是如此。索维达经历了好几个男人,他们教会了索维达很多。索维达 17 岁的时候,遇到了她的第一个男友——杰斯特(Jester)。起初在索维达看来,杰斯特"在我心里,根本不是男朋友之选"(Chávez,1994:115)。他们两家家境悬殊,"我(索维达)就像公主,受人仰慕,超凡脱俗,不食人间烟火,来自曾经很富有,现在依然很堂皇的多撒门德斯家族"。(Chávez,1994:116)而杰斯特却来自贫穷的墨西哥移民家庭。

这样悬殊的家庭背景，让索维达觉得在她和杰斯特的关系中，自己应该占据主导地位，然而相反，索维达说："我喜欢他总是多过他喜欢我。那是我们关系中非正式的部分。正式的部分是：他从未承认他在乎我，从未跟我说过他爱我，而他又把我介绍给他的母亲和祖母。"（Chávez，1994：115）从这里可以看出，杰斯特不爱索维达，那他为什么要跟她在一起？主要有两个原因：一、索维达是"公主"，跟索维达在一起可以满足他的虚荣；二、他把索维达当成满足欲望的工具。小说中讲述与杰斯特关系的一章开头第一句话就是："你的乳房真小。"（Chávez，1994：114）这是杰斯特对索维达的评价。将这句话放在章节的第一句，可见这是本章中最重要的一句话。从这句话中我们不难理解杰斯特与索维达的关系：索维达完全被物化，杰斯特只是将她看作了一个女人，一个可以使用的女人，一个满足他欲望的工具。当一次杰斯特想让索维达帮他自慰，但索维达由于羞涩而做得并不让他满意的时候，他露出了真面目，他将索维达甩下自己开车回了家，让索维达在深夜走了一个街区才回到家里。索维达深深地受到了伤害，她回到家里，看着窗外的夜空："那里什么都没有，只有寂静。夜空下的一切都看起来那么无助、渺小、微不足道。"（Chávez，1994：121）这里索维达事实上是指杰斯特带给自己的感受，与他的关系让索维达感觉自己渺小、微不足道，她的自我价值感深受挫折。索维达说："我现在意识到杰斯特教会了我很多。他让我学会如何面对那些粗鲁的、没有教养的、不知羞耻的男人们，他们利用女人，之后将我们弃之不理。"从查维兹为这个人物起的名字中我们也可以看到他在索维达的成长过程中扮演什么样的角色：杰斯特，意为小丑。在人生旅途中，他只不过是一个跳梁小丑式的人物，是索维达生命中的匆匆过客，他扮演了索维达成长路上的"好"老师，教她更好地认识男性，参悟人生。

22岁的时候，索维达认识了伊万，她把自己的处女之身交给了他。她觉得她与伊万是灵与肉的完美结合，因此义无反顾地嫁给了他。但是，祖母在他们的婚礼上告诉索维达："我在伊万身上闻到了硫黄的味道。"（Chávez，1994：156）暗含伊万是魔鬼之意。伊万是索维达政治和阶级意识的启蒙老师,他称自己为"奇卡诺",而在此之前,索维达从未听说过这个词语。在加州接受了高等教育,受到了那里轰轰烈烈的奇卡诺运动的影响,他是一个满怀政治抱负的年轻人,他告诉索维达:"你不知道这个世界上发生着什么事情。我看到了生菜地里劳作的季节工们累折了腰;我看到了被大型农业机械拆散的家庭;我看到了被杀虫剂戕害的孩子们。我知道塞萨尔·查维兹(César Chávez)领导的斗争,我甚至亲眼见过他。我想把那里的斗争带到新墨西哥来。我想为我家乡的人做些事。不只是谈谈平等,而是真正地为这里的生活带来改变。"(Chávez,1994:130)伊万英俊的外貌、良好的教养、满怀的政治激情,使得索维达将他奉若神明。她自己承认:"如果说我们两人中有一个人做得不好,肯定是我,不是伊万。我总是觉得他在不远处观察着我,我时时想象着他就藏在树后面,观察我的一举一动。想得时间长了,我就觉得很害怕,怕自己所作所为令他不满意。"(Chávez,1994:143)从索维达的自白可以看出,在他们的关系面前,索维达完全迷失了自我。她将伊万捧得太高,相比之下自己则相形见绌。她对于伊万盲目的崇拜让她自我价值感完全丧失,她完全失去了对事物的判断能力,任何事情都要听取伊万的意见,伊万说对的才是对的。结婚后,伊万甚至让索维达辞去了她最喜欢的餐馆服务员的工作,让她待在家里做家庭主妇。索维达说伊万"想让我做自己,他给了我世间男人能给女人最好的礼物。自由。他说我是自由的。他是自由的"。(Chávez,1994:144)伊万对索维达所说的这段话听起来冠冕堂皇,颇像一个受过高等教育的、接受自由思想的人的言辞,但是他后面的一句话——"他是自由的"——事实上是在为自己后来的胡作非为埋下伏笔。伊万是一个典型的奇卡诺,热衷于奇卡诺运动,热衷于墨西哥裔的平等、自由,却将女性放在次要的位置,他们并不将女性看作与他们同一战壕的战友,而是坚持认为她们应该在家相夫教子,继续做好她们作为妻子、母亲的本职工作,这就是对他们的最好支持。伊万就是千千万万持有这种思想的奇卡诺中的一员,他们致力于寻求种族、阶级平等,却忽略性别平等。伊万频频出轨,甚至把女人带回自己家里，让索维达伤心之至，她对伊万的一段评论显示她逐渐恢复了理性，对被她捧上神坛的伊万有了客观的认识，她说："他身上从来没有味道。他从不喝醉。他从不打我。他是一个很好的舞者。他缺乏的是道德准则。一遇到女人，他就变得不知羞耻、伤风败俗。"（Chávez，1994：190）索维达最后搬出了和伊万一起生活的房子，结束了五年的婚姻。这五年的婚姻，以华丽炫目开始，以惨淡收场告终，索维达不仅经历了心理上的折磨，而且还遭受了身体上的创伤。在小说后面的章节中，索维达谈论女性的疾病，提到了伊万带给她的身体创伤："伊万的女朋友们一个接一个，通过我身体的病症我就可以判断出来：感染、发烧、乏力、过敏。"（Chávez，1994：386）

索维达的第二段婚姻也以悲剧告终。她在洗衣店洗衣服时与白人男子维瑞尔（Veryl）相遇并且一见钟情，在他们最初相识时，索维达就感觉到他"总是忽略我，有时候他热情有爱，有时候他又冷落冰霜"（Chávez，1994：227）。在他们的婚姻中，维瑞尔一直是这样的一种状态，他就像一个谜一样让人难以捉摸。索维达在交往的时候就知道维瑞尔是性无能，"从开始我就知道维瑞尔不能像我期望的那样爱我。但是，我会以自己渴望得到的关怀来关爱他"。（Chávez，1994：228）一年后，索维达嫁给了维瑞尔，她说："维瑞尔说一切都会好起来的。我想相信，我知道我们之间永远不会正常，但是我可以接受。"（Chávez，1994：229）在婚姻中，索维达逐渐看到了维瑞尔的缺陷，他不仅仅生理上无能，在心理上也是无能的。索维达患了严重的流感，不但得不到维瑞尔的丝毫关心，为了省钱，他还把家里的暖气调到很低的温度，更加不可思议的是，他对索维达不闻不问，自己独自睡一张床，防止索维达把感冒传染给他。他还非常厌恶索维达生病，好像她是故意生病来传染给他。从这里可以看出维瑞尔是一个非常自私的人，他只知道索取爱，却丝毫不懂得关心、爱护别人。病榻之上的索维达冷在身上，寒在心里，她意识到："维瑞尔永远不会如他大声宣誓的那样去做：我承诺去爱、尊重、服从，无论疾病还是健康。"（Chávez，1994：256）"在生病期间，我第一次看到了维瑞尔病得有多严重，从那天开始，我就好起来了。"（Chávez，1994：257）这并不是说维瑞尔身体上的病，而是指他心里的病，他身体上的无能索维达是可以理解、可以忍受的，索维达甚至决定用自己的一生去爱护他，但她的爱是得不到回报的，可能是身体上的无能导致了他心理上的无能。他冷漠、自私、无爱，跟他生活在一起，索维达是看不到希望的，因此，索维达"好起来了"，她知道自己不能依靠、指望维瑞尔，只有依靠自己去爱护自己。可以说，维瑞尔让她变得更加独立、坚强。如果索维达与维瑞尔的故事到此结束，我们也许会为索维达唏嘘，但不会那么长久地为她悲伤。然而，事情到这里并没有结束。特别让人震撼的是：维瑞尔在他们结婚六个月纪念日那天，毫无征兆地自杀。索维达回到家里，发现他用塑料袋套着脑袋，将塑料袋紧紧地绑在脖子上，死在卧室的床上。索维达将他的头托在手里，轻声地问他："为什么？……他是那么漂亮，太漂亮了。我摇晃着他，将他抱在我怀里，就像抱着一个孩子。……我的心变得像石头一样坚硬。"（Chávez，1994：260）

如果说伊万带给索维达的是身体创伤和短暂的心理创伤，索维达通过努力工作、变得更加独立可以忘掉这种伤痛，那么维瑞尔带给索维达的是一生都难以忘怀的心理创伤。自己的爱人自杀已经让人一生都有阴影了，更何况维瑞尔还是毫无征兆地自杀，更加让人难以接受的是，他竟然选择了他们的结婚纪念日。可以说，维瑞尔的自杀是一种恶意的行为，他的目的就是让索维达记忆深刻。

可怜的索维达实在难以理解维瑞尔自杀的原因，她夜夜因此噩梦，他就像一个魅影，纠缠着她，使她窒息。小说中有一段话描写维瑞尔带给她的悲痛：

> 维瑞尔的死对我是一个巨大的打击。我觉得可耻、丑陋。我感到他欺骗了我和他自己。谁都不知道他为什么自杀。他套在塑料袋里的脸时时纠缠着我。我永远都忘不了那个时刻，它给我带来巨大的不确定感和永远无法忘怀的恐惧，为了解开袋子，我的手指和手变得血肉模糊。我的噩梦里都是各种各样的脸：

有一些满脸是血，一些挂着汗珠，一些僵冷如冰，全都闭着眼睛。我每次都会从无声的尖叫中醒过来，意识到我的噩梦是真实的。睡觉不能给我带来任何的缓解；事实上，我害怕睡觉，因为维瑞尔会出现在我的梦里。……总是有什么不完整。我想看到他，跟他说话的时候，他总是可望而不可即。他待在另一个屋子里，在一个朦胧的帘布后面，我的脚就像石头一样沉重，无法移步。（Chávez，1994：262）

这段话中可以看出维瑞尔对索维达的伤害之深。卡鲁斯认为"创伤并不存在于个体过去经历的暴力事件中，而是由于其未被同化的本质——它并不是在经历事件的第一时间就能被感知得到——不断地在幸存者脑海中浮现"。（Caruth，1996：19）创伤的具体症状表现为"重复的幻觉、噩梦、闪回、躯体反应、由创伤事件引起的行为、麻木"（Van der Kolk & Van der Hart，1995：173）。从索维达的表现可以看出：维瑞尔的死给她造成了巨大的心理创伤，他死亡时的景象一遍一遍地出现在她的噩梦之中，不断地折磨她。他自杀时脸的样子时刻缠绕着索维达，让她噩梦连连。她的心灵感受到巨大的悲伤和恐惧。"无声的尖叫"是一个很好的词语，非常形象地形容了索维达那种恐惧却又压抑的心情，如果能够尖叫出来，也许可以获得释放，但她只能发出"无声的尖叫"说明这件事在她心里的沉重，她永远无法释放。不仅这种恐惧缠绕着她，更让索维达无法释怀的是他毫无征兆、毫无理由的自杀，索维达觉得他"可耻、丑陋"，因为他欺骗了她。他既然跟她结婚，就应该如婚礼上的誓言一样不离不弃，而这种没有原因的离弃当然会给人带来巨大的伤害，最让人痛苦的是人能够感受到这种伤害，但却是莫名的。索维达如果知道维瑞尔自杀的原因，可能可以给自己的伤害找到一个缓释的出口，缓解这种伤痛，但是维瑞尔这种卑鄙无耻的行径却让索维达永远生活在猜测和痛苦之中。

索维达四处辗转，试图寻找维瑞尔自杀的原因。两年后的一天，她突然明白："他想死。遇到我、恋爱、结婚，这些只是短暂地改变了他的计划。或许我的出现只是加速了他的终结。他最后找到了一个人,可以让他放心、舒服地去死。他知道我会料理一切。他跟我结婚,只是在等待自杀的时机。"(Chávez,1994:297)在爱情中,人们总是会纠结于一个问题:他/她到底爱不爱我?索维达也曾深深地被这个问题纠缠,最后她找到了答案:维瑞尔并不爱她,他只爱自己。他跟索维达结婚只是为了给自己找一个可以放心地让她料理后事的人,可以看出维瑞尔是一个多么自私、无情、卑鄙、无耻的男人。两年后的一天,当她意识到这些的时候,她看着镜子里自己的脸,她已经不是两年前的索维达了:"两年前我眼睛里的神采开始消失。那年维瑞尔自杀了。我永远不会忘记那一年。从那年开始,很多东西都不对劲儿了。……两年前,我哭得太多,这让我变了一个人。"(Chávez,1994:297)

维瑞尔让索维达变得更加成熟,经过了几次婚姻和爱情,她早已不是当年青涩的女孩,而是懂得了更多,越来越明白了女性独立的重要性:她不仅在两性关系上越来越成熟有主见,也追求事业的发展,她在餐馆的工作一直是她追求"服务"的真谛的重要组成部分。与此同时,她还明白应该用更多的知识来武装自己,才会更有力量。为此,她报了夜校,选修了一些与奇卡诺研究相关的课程。在夜校学习,让她不仅有了更强烈的政治意识,而且她的学术修养在教授的指导下也获得提高,更加值得一提的是:她在这里还获得了爱情。她与夜校的教授 J.V.相爱了。但他并不是她真正理想的恋爱对象,他的眼神总是那么深邃,索维达从来看不到它们的表情,他完全不是索维达能够了解的。在一次家庭聚会时,索维达认识了教授的弟弟特奇奥(Tirzio),他清澈的眼睛与他哥哥的眼睛形成了鲜明的对比,一下子吸引了索维达,他们很快坠入情网。但是,特奇奥是有家庭的,他有妻子和两个女儿。他的妻子生完第二个女儿后切除了子宫,因此他们的婚姻并不幸福。在一个大雨瓢泼的夜晚,他们发生了关系。因为维瑞尔的性无能,索维达的第二次婚姻是无性的。与特奇奥的这次性经历,让索维达感慨良多:"他是一个简单的男人,有着简单的需要,我们的性爱自然得就像一场突如其来的暴风雨，突然到来，又戛然而止。我觉得自己得到了洗礼，我又变得完整了。我就像一片巨大的沙漠，遇到了甘霖。"(Chávez，1994：354)这次经历之后，因为受到内心道德准则的谴责，他们都互相回避对方，直到索维达发现自己怀孕了。她找到特奇奥，把消息告诉了他。特奇奥听到这个消息的反应是：

怀孕了！真不敢相信。
…………
相信我。是真的。
你告诉J.V.了吗？
还没有。
对不起。我紧张。你打算怎么做？你不打算堕胎吗？
我想要这个孩子。
总会有办法的。我不知道。谁知道呢，或许一两年，过一段时间——或许我会帮你。你需要钱吗？
你告诉我你不会离开帕奇（Patsy，特奇奥的妻子）。我不指望你那么做。我需要的也不是钱。(Chávez，1994：456)

他们的对话里有很多潜台词。特奇奥问索维达"你不想堕胎吗"，其实是建议索维达去堕胎。但听到索维达坚决要生下孩子后，他无法给索维达任何承诺，只是轻描淡写地问索维达是否需要钱。索维达说"钱并不是我需要的"，意思是说她真正需要的是特奇奥，需要他来关心她，需要他来跟她一起抚养孩子，承认他是孩子的爸爸，担负起父亲的职责。但是特奇奥却做不到这些。他看似是个有责任心的男人，对自己的家庭、妻子和女儿们负责，但是他伤害了另一个女人和孩子，无法承担他对他们的责任。索维达这次真正看清了特奇奥："特奇奥靠在椅子上，看起来更弱小了，他跟以往比起来显得一蹶不振。他是一个困惑、迷失的人，而我永远不可能像他这样。他是一个爱孩子的男人，但是他却不能爱这个孩子。他是一个相信家庭责任的人，但是他却不能对这个家庭负起责任。"

（Chávez，1994：456）从这段话可以看出来，在索维达的心中，特奇奥的形象变得非常渺小，在她眼中，他是一个敢做不敢当的懦夫，而自己虽然是女人，但是相对于他，却更加敢于担当。她知道了永远不可能指望特奇奥承认这个孩子，于是她做了决定：做一个单亲妈妈，搬回到祖母的家中，与她的女性亲人、朋友们一起生活。因为她们不会给她伤害，带给她的是鼓励、智慧和无限的温暖。

## 第三节 谦卑而又高贵的"服务者"

"答应我，索维达，你要听女人们讲给你的故事。她们是你应该记住的人。否则，你怎么能够懂得人心呢？"（Chávez，1994：137）

这是索维达的祖母——卢佩塔——的仆人奥蕾莉亚（Oralia）对索维达所说的话，她虽然是仆人，但是在祖母的家里充当了非常重要的角色，她是祖母一生最亲密的朋友，是晚辈们敬重的长者、智者，同时也是在奇卡诺文化中扮演重要角色的"巫医"（curandera）。她一生谦卑、隐忍，兢兢业业地尽着自己仆人的职责，同时也是身边女性智慧的来源，她或许就是索维达一直在追求的"服务"真谛的最好诠释者。小说还刻画了另一位女性人物：索维达的钟点工——查太（Chata），在她身上索维达看到了一种不卑不亢的精神，她以自己的工作为荣，她也帮助索维达在成长的过程中理解了她一直探求的"服务"的真正内涵。对这两个女性人物的刻画表现了查维兹对于阶级问题的态度：人并不以阶级出身区分贵贱尊卑，而是以精神的力量来体现尊贵和卑贱的。查维兹在采访中说："我关注尊严、平等和正义问题。"（Brown-Guillory，1999：41），从对上述两位女性人物的刻画中，我们可以看出查维兹关注的尊严和平等问题。

奥蕾莉亚曾经是索维达曾祖母的仆人，后来又做了祖母的仆人，她出身于下层阶级：父亲是印第安人，母亲是墨西哥人。她称自己为"梅斯蒂扎"。她是一个有着虔诚宗教信仰的老人，她的信仰里包含着印第安土著宗教的元素与天主教的元素。在索维达的心目中：

"奥蕾莉亚比家人更像家人。她绝不仅仅是一个仆人,她比管家更加尽力。她是洗衣女工、清洁女工、厨师、洗碗工、保姆,但她绝不是奴隶。"(Chávez,1994:306-307)瑞博莱多曾说:"年老的女人们提供给年轻的女人们知识,诸如月经、生存的秘密等。她们也为年轻女人提供暴力或强奸危险下的慰藉。"(Rebolledo,1995:108)奥蕾莉亚就是这样一个年老的女人,她已经八十多岁,一生恪尽自己仆人的职守,从未离开过厨房和花园这两个属于她的世界。她用这两个小小的世界制作和养育出来的东西,从身体上、精神上,滋养着她挚爱的人们。"她不足四英尺六英寸(1.37米),穿着老式的黑鞋子,身上总是裹着围裙,她像小女孩一样娇小的身躯站在奇迹般的火炉前。她是我的世界。她轻柔的声音就像婆娑的树叶,她的手就像手套,充满慈爱和呵护,在你需要温暖的时候安慰你。我真的相信你吃她的食物会变成一个更美好的人。她的小厨房是祖母房子的心脏。"(Chávez,1994:142)"我总是将奥蕾莉亚与食物联系在一起,与她厨房里的味道连在一起:热油、小茴香、牛至叶、肉桂。你不能把它称作祖母的厨房,因为,虽然这是祖母的房子,但是厨房却属于奥蕾莉亚。"(Chávez,1994:140)瑞博莱多认为"传统中女性的空间之一就是厨房,奇卡纳文学中充满着积极准备食物的女人们的形象。……奇卡诺厨房里都是祖母们、母亲们、妻子们、女儿们,她们将食材混合,准备饭食。女人被刻画成身体上和象征意义上的抚养者"(Rebolledo,1995:130),"在奇卡纳写作中,食谱都采用传统的墨西哥/奇卡诺/印第安食材。烹调因此表达了一种身份政治,代表传统、打破传统、理解传统"。(Rebolledo,1995:133)其他的学者也认为"食物的重要性体现在其对传统的保留和传承上,它比其他正在消失的文化标志——如语言——有着更为重要的地位。虽然移民的后代在学校只能说英语,家庭却通过食物仪式将文化很好地保留下来"。(Sandoval-Sánchez & Sternbach,2001:133)奥蕾莉亚是墨西哥/印第安传统的继承者,她一直用最传统的民族食物滋养着她爱的人们,并且是这些传统的坚决拥护者。一次,索维达拒绝跟她学习如何做玉米粉蒸肉(tamale),她说:"谁还做这个？我们是美国人。"奥蕾莉亚严肃地跟她说："索维达,让我看看你的手。把它们转过来。你的小手指可能看起来像美国人,但是你手上其他部分是棕色的,像我的一样。那就意味着你也跟我一样是印第安人,虽然卢佩塔可能不同意,但她也有印第安血统,她知道,只是不承认而已。"(Chávez,1994:139)在厨房这一片小天地里,她用自己的人格魅力把女人们团结在一起,如瑞博莱多所说,祖母们、母亲们、女儿们一起在厨房里准备食物,既是对传统的继承,也形成了一个女性的天地,就像一个"女儿国",女人们在这里被代表着传统的食物紧密地联系起来,变得更加亲密。

奥蕾莉亚是奇卡纳女性精神性的最好体现。她虔诚地信仰上帝、圣母,同时她又实践着她的土著宗教。奥蕾莉亚是一个"医者",或者也可以叫作"巫医"。①"巫医"这个词语在奇卡诺/墨西哥文化中并不是一个贬义词。它源自西班牙语中的动词 curar,意为治疗。"巫医之术(curanderismo)包含家常的草药治疗到精细的精神、心理或象征性的医疗手段,来疏通阻塞的筋络、治疗癌症甚至艾滋病等疾病。总的来说,巫医之术是前特伦托宗教会议时期(pre-Tridentine)②天主教、西班牙-摩尔(Spanish-Moorish)③医术、古中美洲医术和宗教的结合体。"(León,2008:298)安娜·卡斯蒂略在《屠杀梦想者》中指出:"我们发掘出了我们墨西哥-美洲印第安(Mexic Amerindian)祖先的传统,这些传统被我们的梅斯蒂索长辈,尤其是女性,以'巫医之术'的形式保留下来。"(Castillo,1994:145)瑞博莱多在《雪中歌唱的女人们》一书中论述了"女巫

---

① curandera,英语翻译为 healer,这里分别翻译为女巫医和医者,两种含义是相同的。
② 特伦托宗教会议是罗马天主教廷于 1545 至 1563 年期间召开的会议,是罗马天主教宗教改革的重要事件。
③ 摩尔人是中世纪伊比利亚半岛(今西班牙和葡萄牙)、马格里布和西非的穆斯林居民。历史上,摩尔人主要指在伊比利亚半岛的伊斯兰征服者。711 年,摩尔人入侵伊比利亚半岛,即今天的西班牙和葡萄牙。经过八年征战,摩尔人征服了南部大半个西班牙。几十年内摩尔人统治了北非以及西班牙除西北部和比利牛斯山区的巴斯克地区外的其他地区。摩尔人对西班牙的入侵和统治一直持续到 1492 年,将近 800 年。因此,摩尔人的穆斯林文化对西班牙影响极大。

医"，她是奇卡纳精神性（spirituality）重要的组成部分，她是土著宗教、天主教与萨满教结合的产物。她的名字 *curandera* 中包含了两重含义：医者（healer）和巫师（witch），因此她具有了亦正亦邪的特质，她既可通鬼神，又兼及医药。就如安扎尔杜瓦所阐述的"蛇裙女神"一样，她也是具有生和死、光明和黑暗、正义和邪恶等双重特质的。在奇卡诺文学作品中，她一直扮演着非常强大的角色，她在有些文学作品中是"预言家"，能够指引人们的行动；她具有抗争邪恶的能力，如果必要，她们甚至可以毁灭邪恶；她具有调解土地与精神的能力，因此拥有治愈的力量；她还有改变的能力，能将病人治愈，也能让不忠的男人重新忠实于妻子。"女巫医"已经成为奇卡诺／奇卡纳文学的一个经典形象，几乎在所有的奇卡诺文学作品里都有这个形象出现，其中最为著名的要数奇卡诺文学的奠基者之一、著名奇卡诺作家鲁道夫·阿纳亚（Rudolfo Anaya）的小说《保佑我吧，乌尔蒂玛》（*Bless Me, Ultima*）中的女巫医乌尔蒂玛。卡斯蒂略和西斯内罗斯的作品中也有对这个形象的刻画。瑞博莱多认为："或许当代奇卡纳文学最鲜明的女性原型形象就是女巫医／接生婆，她们同时也是巫师。……总的来说，女巫医／接生婆具有正面的含义，指的是一个致力于治疗（healing, curing）和帮助的女人，这些特质是与圣母玛利亚相联系的。"（Rebolledo, 1995：83）

阿兹特克文化的一个重要特征是二元对立集于一种事物当中，例如前面曾经论述的女性神祇"蛇裙女神"，她集生死、黑暗和光明于一身，还有阿兹特克神话中的最高神祇——奥梅提奥托（Ometeotl）[①]——就是集男性和女性于一身，等等。墨西哥／奇卡诺文化中的巫医之术也认为人的身体包含热和冷两种特质，如果身体中这两种对立的特质处于平衡状态，人则健康；如果受到外界刺激，身体的冷热平衡被破坏，人则要生病。而巫医治疗的过程不仅

---

① 奥梅提奥托在阿兹特克神话中被称为"双神"，是阿兹特克神话中太初的第一位神祇。他是一个双性体：男性面相名为奥梅堤库特里，女性面相名为奥梅希瓦托。这"两位神"生有四子——泰兹卡特里波卡、奎策尔夸托、威齐洛波契特里以及西佩托堤克。这四位神祇各据一方，后来更创造了天地诸神。一般将奥梅堤奥托视为诸神的创造者。

仅旨在寻求将身体恢复平衡，而且要将人的灵魂也恢复平衡。在美国，墨西哥裔/拉美裔中很多人都较为贫穷，去医院看病需要花费不少的金钱，因此他们宁愿去寻求巫医的帮助；此外，美国还有很多的非法移民，去医院看病非常不便，因此他们也愿意找巫医看病；墨西哥裔/拉美裔美国人认为有些病症是由超自然因素引起的，而这是现代医学无能为力的，因此，很多人愿意找巫医治疗；除此之外，巫医还提供塔罗牌算命及精神净化方面的服务，而这些都是非墨西哥裔/拉美裔所不能做到的。上述这些因素使得美国（尤其是南部及西南部）的巫医现象较为兴盛。在巫医治疗的病症中，"中邪"（susto，loss of soul 之意）是最为常见的一种。为了治疗这种病症，巫医会进行招魂/净化仪式。进行仪式时，巫医通常会左手持一个工具从"病人"身上扫过，这样身体里的"负能量"即被吸走，邪恶力量被驱赶到巫医手持的工具中去。巫医最常用的"净化"工具是鸡蛋、柠檬或者是用绳子绑到一起的一束草药。因此，鸡蛋、蛋白和草药在巫医的医术中是非常重要的治疗工具。小说中，有一段对奥蕾莉亚行医过程的描述。

  奥蕾莉亚是一个出色的伴侣。在寒冷的冬日，她在黄色的厨房里边安静地剥豆子，边讲她那些精彩的故事；在炎炎夏日的午后，她给我们做玉米饼，配上她自制的柠檬水。当你生病的时候，她会端着她用蛋白自制的潘趣酒（punch）出现。对于她来说，蛋白有着神奇的治愈力量。有一次，我被壁炉烫伤了小腿，她用蛋白给我进行了治疗，在我受伤的部位滚动鸡蛋，告诉我这样不会留下伤疤。果然没有。
  奥蕾莉亚的草药茶是非常出名的，尤其是她自己自制的一种混合茶。这种茶里面的草药都是她在自己的小花园里种出来的。
  她还是一个出色的按摩师。没人能像她一样给人按摩得那么深入、舒服，她用温暖、强壮的手指，给人按、压、带走疼痛。她坚信 Absorbine, Jr.①，各种肌肉疼痛她都要使用这种搽剂，这是她使用的为数不多的20世纪的东西。(Chávez, 1994：141)

小说中还有一段维瑞尔死后，奥蕾莉亚为似乎丢了魂的索维达举行招魂／净化仪式的描写：

你站在屋子中间，面朝东方。闭上你的眼睛，在你的心中默想你心里所有的负担。你将他们唤起，将他们丢在一边，就像放下一个幼小而又沉重的孩子。然后，你让圣母和其他的圣灵进入你的内心，将这些孩子想象成天使。每一个模样都不一样，就像太阳和月亮那么不同。看着这些天使，感谢他们，他们就会一个接一个地离开。如果有一个没有离开，问他想要什么。静静地听，不要大声说出来。一旦他们都离开，请求他们的原谅，并且再次感谢他们。我会围着你转，当我手拿松香走到你面前时，深呼吸，就像你吸入了新生命一样。然后，你就可以睁开眼睛了。做这些的时候不要看着我，就把我当作你背后的一阵清风或者一阵蜂鸣。安静地用舒服的姿势站着，如果你感觉眩晕就睁开眼睛，注视你面前的一个点。不要太严肃，要柔软，就像盯着远山。我离开你身边后，你就可以躺下了。我给你盖上毯子。休息之后，来厨房把这种草药茶喝了。然后我们开始聊天。(Chávez, 1994：265)

奥蕾莉亚对索维达进行的就是巫医的净化仪式，从这里可以看出，这种仪式是关乎内心的，充满着神秘主义的色彩。奥蕾莉亚让索维达把所有的痛苦都幻想成天使，感谢他们，感谢苦难，她才能放下它们，获得新生。在奥蕾莉亚的眼里，即使负担、苦难也是有生命的，只要沉下心来，与他们对话，他们是可以与人达成谅解的。索

---

① 美国一种按摩产品的牌子。

维达并没有告诉我们奥蕾莉亚有没有治愈她的疾病,她只用了这样一种比喻来形容经过治疗之后她的感受:"这是泥土沉降的开始。它沉降下来,不是因为它选择这样做,而是必须得这样做。太阳使它硬化,雨水将它洗刷,清除了废物杂质,筛选出精华,软化成土壤,冒出了青青的嫩芽。"(Chávez,1994:265)句中的"泥土"比喻索维达的心灵,"杂质"比喻心中的痛苦,在这个净化仪式之后,她几近荒芜的内心又重新生长出了希望。奥蕾莉亚利用继承自印第安土著祖先的治疗方式治愈了索维达身上的病症和伤痛。对这样一个勤劳、善良而又充满神性的老人来说,她的花园就是她的一个小世界,因为那里种植着她给人治愈疾病的药草,同时也是她与自然和神灵沟通的地方。她的一生,除了尽心地照顾自己的主人之外,就是侍弄那片承载着她精神世界的小花园。她临死之际,依然念念不忘自己的小花园:

> 她说她的母亲给了她种子让她播种,她现在依然有那些种子的种子,她很幸福。她说它们是"女儿们的女儿们。或许偶尔有一两个儿子。他们是我的孩子"。有时,在她的房间外,她停下来,慈爱地看着我。她告诉我她会想念她的花园。……她让我给她的植物们浇水。"夏天时它们会很渴。中午、下午三点和晚饭后我总会看看他们。(Chávez,1994:413)

从奥蕾莉亚的话中,我们可以看到她万物有灵论的世界观。在她的眼里,一粒沙就是一个世界,一朵花就是一个天国,万物——无论是动物,还是植物,甚至没有生命的物体——都是有生命的,有灵性的。

奥蕾莉亚没有接受过教育,无法用高深的词汇表达她丰富而又高尚的精神世界,她只用非常简单的语言,道出了她活着的意义:为了每个人都知道要有归属(to belong),要尽心竭力地做一件事情,要全心全意地对待一个人,每个人都要知道他们都是兄弟姐妹、父亲母亲。(Chávez,1994:311)正如索维达对奥蕾莉亚的评价:

> 她是印第安和墨西哥混血。因此，她能够连接她的两个世界：印第安土著的万物有灵论、自然的信仰以及因之而生的土地仪式——所有生命精神上的交互连接（interconnection）——和天主教及其自我牺牲、无私及长久忍耐的苦难的信仰。
>
> 虽然她生活在现代世界，却依然与古老的世界保持联系。她是不同文化、语言和信仰之间的桥梁。她是业已逝去的"服务"理想的代表。服务，是一个过去的事情，在现代高度个性化的社会里，它只会偶尔地被人想起。（Chávez, 1994: 306）

从奥蕾莉亚这位智者质朴的话语中，我们可以看到索维达苦苦追寻的"服务"的真谛：努力去做一件事，真心对待每个人，是为了实现自己活着的意义和价值。在奥蕾莉亚的这句话里，还可以看到她自我牺牲、博爱宽容的天主教信仰及万物平等、万物有灵的土著宗教信仰结合的宗教精神。这样一位老人，一位最朴实、来自最"底层"的劳动者，却拥有着最为圣洁、最为高尚的灵魂，她用自己几十年的实际行动，为索维达诠释了服务的真谛，告诉了索维达活着的意义，成了她精神上的导师和她人生道路上的指引者。

小说中，还有另一位"底层"的劳动者，她与奥蕾莉亚一样，也是一个服务者，但同时也是一个有着高贵心灵的人。她叫查太，是一个清洁女工，她为多撒门德斯家四代工作过，从索维达的曾祖母到卢佩塔到德洛利斯，最后到索维达。她们地位是悬殊的，索维达是"主"，而查太是"仆"，但索维达说"我们两个是亲近的朋友"（Chávez, 1994: 211），"我不觉得我比查太强，也不觉得我比查太差：我们是平等的"。（Chávez, 1994: 215）查太教会了她"什么是工作，每个女人应该如何工作，即使是在最糟糕的境遇中"。（Chávez, 1994: 217）查太并不因为她的工作——为别人服务——而觉得自己低人一等，她是一个有尊严的、有高傲灵魂的人。她告诉索维达"绝不要给一个不舍得让你吃饱的人工作。他们需要的只是一个木讷的动物，不是一个可以帮助他的人。……我清洁你的卫生间并不意味着我不是个女人、我不喜欢跳舞。……清洁的房子是一种美德"。

（Chávez，1994：214）索维达如此形容查太的手：

> 查太的手就像毕加索的手。它们很厚。它们无所畏惧、勇往直前；它们既能温柔地安抚孩子，也能从卫生间排水管中拽出纠缠的头发团；它们一点也不畏惧酸腐的食物和肮脏的泥团；无论是尖锐的还是粗糙的、温暖的还是冰冷的物体，它们都敢去碰；无论是软塌塌的烂肉还是肮脏、到处是蟑螂的角落，它们都敢面对；火炉上无论是干的通心粉还是黏糊糊的油渍，它们通通会去清除。它们从来都不需要戴手套。（Chávez，1994：211）

查太认为："戴手套干什么呢？我戴上手套，就什么都感觉不到了！……上帝最好的发明之一就是手指。……上帝在发明手指的时候知道**她**在做什么。上帝一定是女的，才能发明出手指。只有女性的上帝才能发明出手指。没有手指我们能做什么？……如果你让我戴上手套，我就什么也感觉不到了。"（Chávez，1994：211-212）清洁已经融入了查太的生命，这已经不仅仅是她谋生的手段，而是成了她活着的目标：用自己的手、手指清除污秽，重新创造一个洁净的环境。手指成为她心目中最神圣的身体部位，她敬畏它们，甚至赋予了它们神性和灵性。有学者认为："通过让身体（手、手指）自己言说，查太能够探索她没有言说的身体部位。……查维兹通过查太的感官经历想表达她女性蕴含着神性的思想。通过将查太的手描写成完美的象征，查维兹想说明通过勤勉和卓越可以达到女性的神性。……查维兹将查太的卓越展现成一种完美，她的清洁工作可以理解为一种礼拜仪式（divine service）。"（Lee，2006：167）确实是这样，查维兹有意将查太刻画成与奥蕾莉亚相似的圣徒式的人物，将查太的清洁工作与奇卡纳精神性联系在一起，将清洁升华到了一种宗教仪式的高度，清洁不再是清除尘世间的污垢，而是变成了对于灵魂的净化。因此，索维达认为："每周一（即查太来清洁的日子）都充满着秩序、宁静。查太是一个承沐天恩的女人。"（Chávez，1994：217）

## 第四节 成长与奇卡纳女性精神性的寻求之旅

### 一、"通俗崇高"与奇卡纳精神性

精神性是一个非常宏大又非常精细的概念，它的含义似乎虚无缥缈，因此很难给它下定义，也难以确切给出精神性所包含的内容。不同的学者对于精神性有不同的界定。美国学者特丽莎·德尔加迪略（Theresa Delgadillo）在她的《精神性混血：当代奇卡纳叙事中的宗教、性别、种族和国家》一书中给出了她对精神性的定义：

> 从某些方面，"精神性"与"宗教"有共同的起源；然而，"精神性"一词在当代词典里指的是非西方信仰和生命体系，及与非物质现实的非体制的或有机的联系形式（non-institutional or organic forms of engagement with nonmaterial realities）。因此，在书中，我用"宗教"一词指涉西方思想中有组织的、体制化的、传统的宗教，而"精神性"一词指涉**非西方的、非体制化的、与神圣事物的联系形式**。（Delgadillo，2011：3）

玛丽·芭娄（Mary Ballou）界定了精神性的范畴，她认为："精神性存在于我们日常生活经历、意识状态、与他人关系、与自然和生命模式的协调及存在状态之中。"（Ballou，1995：14）美国学者尤娜·李（Euna Lee）在她的博士论文中也探讨了精神性的内涵，她认为宗教信仰与精神性就像身份一样，处于不断的建构之中，宗教／精神性话语也因此一直不断地与之协商，处于变化之中。

有学者将宗教分为正统宗教和流行宗教。正统宗教指的是德尔加迪略所谓的"有组织的、体制化的、传统的宗教"，而流行宗教则如艾伦·麦克拉肯（Ellen McCracken）所说："通俗宗教实践重视正统宗教的教义和仪式，忽视正统宗教中的一些元素，而赋予正宗教所忽略的其他信仰、仪式和行为以中心地位。通俗宗教并没有完全放弃正统宗教的符号（symbols），而是与正统宗教拥有共同的母题、精神气质和基本的人物及事件。"（McCracken，2008：243）而尤娜·李则认为："虽然通俗宗教在与天主教对抗中起到了作用，帮助人们——尤其是贫穷、黑色皮肤①和女性——争取自由和尊严，但是通俗宗教却不足够为他们提供知识和洞察力以帮助他们发现和面对自我、他者和现实。"（Lee，2006：23）于是，她提出了"通俗崇高"（popular sublime）这一概念，来弥补"通俗宗教"在关系到贫穷、少数族裔及女性问题时显露出的不足。

  郎吉努斯、伯克和康德等思想家都曾对"崇高"进行过论述。郎吉努斯主要论述了语言和修辞引起的崇高感，他认为如果演讲者能够让听众的思想产生升华、引起听众的激情，他的演讲就带来了崇高感。他指出："我们的灵魂被真正的崇高所升华；它骄傲地飞翔，充满欣喜与自豪。"（Longinus，1965：72）他的论述告诉我们当崇高感产生时，主体和客体会融为一体，不分彼此。伯克则认为崇高来自恐惧感，他说："能够引起痛苦和危险感的事物，也就是说，无论是什么能够引起任何形式恐惧感的东西，……都是崇高的来源。"（Burke，1958：36）因此，他认为："所有缺失的东西都是伟大的，因为它们是可怕的：空虚、黑暗、孤独和宁静。"（Burke，1958：65）伯克认为在经历"崇高"时，自我在面对远远强大于它的事物时"萎缩"，变得渺小，并且会有"**湮灭**"（annihilation）的感觉，达到一种近乎身心崩解（disintegration）的境地。（Burke，1958：63）当然，伯克所说的恐惧是崇高的来源，并不是指所有让人感觉到危险和痛苦的事物都能引起人的崇高感，他指出："当危险或痛苦靠人太近时，它们不可能给人以任何快乐，只是单纯的恐惧；但是在一定的距离之外，经过一些修饰之后，它们可能变得让人快乐。"（Burke，1958：40）伯克事实上是在强调用巨大的恐惧所带来的崇高感冲抵人类平庸的生活所带来的冷漠感。康德则将崇高与自然之美进行了对比，

---

① 原文为"darker-skinned"，指非白色皮肤的人种。

他认为:"自然之美与物体的形式相关,它是有固定的疆界的。而崇高,只能在无形的事物中找到,因此它是无疆界的,但是你的思想中却可以感觉到它的完整性。"(Kant,1973:82)可以看出,康德将"**无形**""**无疆界**"与崇高联系在了一起,他还指出,崇高感"**是超越我们表达能力**的"。(Kant,1973:83)最终,康德认为崇高是一种精神觉醒(moral consciousness),可以为人们带来理智,驱散那些"不可理解的黑暗"。

尤娜·李大致总结了"崇高"含义,她认为:"宽泛地说,传统的崇高观是与恐惧、害怕等元素相关联的,那些宏大的、无边无际的物体,超越了寻常感官的感知能力,带来了精神升华与敬畏等混杂的情感。……简单地说,崇高大致等同于高贵、尊严和悲怆(pathos)等品质,这些品质充满于人的精神世界之中。"(Lee,2006:2-5)借用崇高这个词,李提出了"通俗崇高"这个概念,她说:"我用'通俗崇高'来作为正式天主教之外的宗教(religiosity)选择。"(Lee,2006:2)她认为一些奇卡纳作家的作品中展现了"通俗崇高",因为"这些(奇卡纳)作家们想要找到一种精神性的东西,能够让她们达到介于自我湮灭(self-annihilation)与自我升华(self-exaltation)之间的空间中。这就要求她们有一种近似于敬畏或恐惧的态度,但是这种态度是社区群体共同拥有的,而非个人所有的。社区群体渴望从看似矛盾的——不可名状却又熟悉的——事物中获得精神上的超越"。(Lee,2006:24)她强调"通俗崇高"的几个要素:自我湮灭、自我升华/精神超越、迷醉(transport①)、群体态度,这几个要素是"通俗崇高"不可或缺的。自我湮灭,就是伯克曾经论述过的在面对强大或者宏大的事物或场景时的敬畏心情,会让人感觉到自我的渺小和自我的湮灭;自我升华/精神超越,类似于康德所说的精神觉醒,指的是在经历了崇高的事物给人带来的精神洗礼之后,人在精神和道德上的提升;迷醉,"对'通俗崇高'来

---

① transport,在词典中的解释为:a state of being carried away by overwhelming emotion,其确切含义应为:由剧烈的情感引起的激动、迷醉、狂热、失去自控力等行为。在文中,为了方便,笔者暂将其翻译为"迷醉"。

说，指的是一种自我否定（self-denial）与自我认知（self-recognition）的矛盾结合"（Lee，2006：8）；李还强调社区共同获得的敬畏态度，因为她提出的"通俗崇高"是针对少数族裔女性的（尤其是针对奇卡纳女性的），因此，与传统的"崇高"强调个人感受和个人经历不同，"通俗崇高"强调"在自己的社区内因文化亲缘（cultural affinity）而共同获得的'崇高'的经历"。（Lee，2006：24）从李对社区共同经历的强调中，可以看出社区对于少数族裔精神性的重要性。李认为："'通俗崇高'包含爱、牺牲、服务等价值观，除此之外，还与'迷醉'相关，'迷醉'使得所有的世俗想法变得庸俗、狭隘。"（Lee，2006：23）

精神性，是研究族裔文学时经常要探究的一个问题。在探讨奇卡纳文学时，我们也无法回避精神性这个问题。精神性之旅是拉丁美洲文学的一个传统，学者琳达·克拉夫特（Linda Craft）在她的文章《墨美女性叙事和精神性的重新发掘》中指出：

> 精神性，致力于神性的发掘，总是与各级天使有着剪不断的联系。信仰之旅自从西班牙入侵之后一直是拉美诗歌、小说和非小说的主题。17世纪，伟大的墨西哥作家胡安娜·伊内斯·德·拉·克鲁兹（Sor Juana Inés de la Cruz）写了很多作品来抒发她的反抗和痛苦，这些作品反映了天主教对她才智、精神及身体的殖民，为我们留下了丰厚的文学遗产。她之后的作家都继承了她的衣钵。这就是现今墨西哥女性的精神性及文学遗产，拉丁美洲和美国的拉美裔也继承了这个文学传统。（Craft，1999：32）

什么是奇卡纳精神性？美国学者特丽莎·德尔加迪略（Theresa Delgadillo）认为安扎尔杜瓦的边土理论是一种精神性混血（spiritual mestizaje），她认为："精神性充满了《边土》这部作品的每一个层面，它涉及主体性、认识论和转换（transformation）。①其中包含对神圣事物的论述，对于家庭宗教和治愈仪式的回忆，对灵魂出窍经历的描述，对土著神祇重要性的思考和研究，对爱、激情和正义的探索。"（Delgadillo，2011：6）从这段话中，我们可以看出德尔加迪略对奇卡纳精神性的理解：神圣事物、家庭宗教仪式、治愈仪式、灵魂出窍经历、土著神祇等都可以理解为奇卡纳精神性的组成元素。艾伦·麦克拉肯则将奇卡纳精神性定义为正式天主教与源于印第安土著宗教的"通俗宗教"的结合体。其中"既包含正统宗教的符号和实践，例如圣母瓜达卢佩，连续祷告（novena②），也包含通俗宗教的符号和实践，例如祭品（ofrenda③）、奇迹木雕（milagrito④）、祭坛装饰（retablo⑤）"。（McCracken，2008：244）

笔者认为，奇卡纳精神性除了包括德尔加迪略和麦克拉肯所阐述的正式天主教、通俗宗教（印第安土著宗教）教义、仪式、符号等之外，还应该包括尤娜·李所论述的精神上的"崇高感"。因此，综合上述三位学者的观点，笔者将《天使的面孔》中与天主教、通俗宗教教义、仪式、符号相关的行为及宗教所带来的精神"崇高感"都归结到奇卡纳精神性的范畴之中。除此之外，还应该注意的是，笔者同意李的观点，奇卡纳精神性中还有一个重要元素，即社区女

---

① 笔者认为在这里，"transformation"指的是在《边土》中，安扎尔杜瓦有许多对墨西哥/奇卡诺文化中原型形象的阐述，这些阐述颠覆了她们以前固有的形象，例如"蛇裙女神"，在安扎尔杜瓦的阐述下不再是丑陋的女人、死亡的象征，而是拥有了无限力量的女性主义榜样。她在《边土》中还重新阐述了圣母瓜达卢佩、马林奇和"哭泣的女人"等等形象，因此这些都是"转换"。

② novena 是拉丁语，本意为"九"，是罗马天主教的一种宗教仪式，指的是为准备大节日、大圣人庆日或圣灵降临节所做的连续九天的祈祷。

③ 一些墨西哥或美国奇卡诺家庭中，有为圣母瓜达卢佩或者其他的一些圣人设立的家庭祭坛。家庭祭坛较为方便，不用去教堂就可祷告。这些家庭中的人们，尤其是女性，经常会向圣母或圣人许下自己的愿望，并且许下若帮助他们实现愿望后他们的回报。在这些祭坛前，人们通常会供奉一些祭品。

④ milagrito，指用木头雕成的形象，如手、脚、人耳等形象，象征奇迹。后文中会详细论述。

⑤ retablo 与英语中的 reredos 含义相似，指的是祭坛背后的装饰，通常画的是一些宗教的形象，如圣母瓜达卢佩等。

性的公共认知，群体中所有女性精神上的超越及道德上的升华。

## 二、成长、"服务"的真谛与奇卡纳女性精神性的寻求

丹尼斯·查维兹是一个在作品中深刻挖掘奇卡纳精神性的作家。在采访中，当被问及什么是精神性时，她回答："政治对我来说就是一个精神性的东西。它与基本人权有关，无论是男人、女人还是孩子的人权。因此当我将自己界定为奇卡纳作家时，它就成为我生命的血脉，成为我的精神。我不会将自己的精神、情感和身体分离开来，我是所有这些事物的混合体，这就是奇卡纳精神。"（Blake et al., 1994: 14）她认识到除了正统天主教之外的土著宗教对奇卡诺文化的影响："在现在的奇卡诺社区里仍旧有根深蒂固的神秘主义与精神性的迹象，这些与宗教无关。天主教是一种仪式性的宗教，因此非常吸引人。这里还有另外一种影响：即土著印第安宗教。"（Ikas, 2002: 59）查维兹的《天使的面孔》是一部女性成长小说，确切地说，是一部奇卡纳女性追求精神性，并且与社区其他女性共同获得精神和道德上的超越的小说。

小说的主人公索维达从小就开始思考人生的意义和她将来想成为什么样的人。她曾自问："小小的索维达，想做一个圣人，而不是想成为一个圣人。每个人都有可能成为圣人。我的成长之路将会是怎样的呢？命运将会让我承担怎样的事业？我会有怎样的苦痛？它们什么时候开始？"（Chávez, 1994: 58）在她十二岁时写的"自传"里，她思考了自己是要做圣人还是罪人的问题。很小的时候，祖母每天带她去教堂做弥撒。在祖母的影响下，她那时是非常虔诚的天主教徒，笃信天堂、炼狱、地狱，努力让自己做一个道德完美的人。但是，随着年龄的增长，她发现这个世界并不像她小时候眼里的世界那么简单，随着身体的发育，她有了越来越多的所谓"世俗"的、"罪恶"的想法，青春期孩子正常的性成熟和对异性的渴望让她深负罪恶感，她的自我因此"在天堂和地狱间挣扎"（Chávez, 1994: 77），有时候她觉得自己就是天使，有时候她又想做"罪人"——真实的自己，一个有血有肉、有欲望的女孩。她的自传一方面反映出天主

教对人性，尤其是女性的压抑；另一方面也反映出索维达对自己人生的思考：自己未来是要成为道德上完美的圣人，还是要成为拥有世俗的欲望的"罪人"？如果索维达所说的"圣人"是天主教宣扬的那些道德楷模，而"罪人"是有欲望的正常人，那么小说的最后，索维达成了一个既是圣人也是罪人的人，或者确切地说，成了一个思想高尚，又有正常欲望的女人。

前文中笔者已经详细论述过社区中的女性们及男性们对她精神上的成长所起到的巨大的推动作用。奥蕾莉亚和查太用自己的"服务"教会了索维达什么是奇卡诺的文化传统，什么是真正的高贵，什么是牺牲，什么是爱；祖母和母亲让索维达看到了男性带给女性的暴力、伤害，她也与她们一起成长，最终共同获得了精神和道德上的升华，建立了一个女性的社区，在这里没有暴力与伤害，只有互相之间的关怀和爱护。索维达的父亲、她的三任丈夫及其他的一些男性，用他们的无爱、冷酷和自私教会了索维达什么是爱，什么是温暖，什么是无私，同时，他们也开启了索维达性的觉醒之路，让她从十二岁时候对自己因为身体发育、性意识萌芽而"在天堂和地狱间挣扎"到追求灵与肉完美结合的性和爱。这些都是家庭带给索维达的成长。查维兹说，她一直对"服务"这个命题非常感兴趣："服务于人意味着什么？被人服务意味着什么？我们存在于世上是服务于人还是接受服务？"（Brown-Guillory，1999：39）《天使的面孔》探讨了这个问题。除此之外，索维达还经历了事业上、政治上的成长、宗教上的成长，而这些成长，都让她越来越明白"服务"的真谛。她寻求"服务"意义的过程，也是她寻求奇卡纳女性精神性的历程。查维兹在采访中提到《天使的面孔》时候说："索维达·多撒门德斯一直在寻求一种难以言表的慈悲状态。她想成为一个好女人，因此必须经考验和磨难以找到更深、更高层次的自我，或者说天使式的自我。"（Brown-Guillory，1999：39）

除了女性们扮演着索维达精神导师的角色之外，引领索维达成长的还有她事业上的"导师"，她的导师们通过在餐馆中为顾客的服务诠释着服务的意义。索维达十七岁的时候，进入餐馆当了一名服务员。她的"老师"米莉亚（Milia）引领她进入服务的世界，手把手地交给她应该如何为顾客服务，并且预言索维达未来一定能成为非常出色的服务者。小说在叙述索维达的故事的同时，还插入了索维达自己写的《服务之书》，她的《服务之书》看似是写给餐馆里一位年轻的女服务员，事实上是在阐释她自己对于"服务"、对于生活的理解。在《服务之书》的第一章，索维达阐述了"服务的信条"。她说："这是一本写给餐馆女服务员的指南，但事实上，这是我对生活的理解。"（Chávez，1994：168）在这一章中，她阐明了自己对于服务的理解：

> 还是孩子的时候，我就被灌输了这样的观点：生命的目的就是服务。为上帝服务，为国家服务，为男人服务。
> 在我们家里，男人的重要性排第一位，其次是上帝和国家。国家排最后。
> ……
> 字典中对服务的解释是：提供帮助，使自己有价值。
> ……
> 还有"神圣的服务"（divine service，礼拜），即通过虔诚、驯顺的行为服务于上帝。
> ……
> 儿童为他们的父母服务，父母则服务于他们的工作、家庭、上帝。生存于地球之上的几乎每个人都首先为自己服务。而一些人，包括有权的、富有的、孤单的、纠缠不断的爱人、圣人等等，都通过服务别人来服务自己。他们看似是为别人服务，最终其实是为自己服务。
> 生命最终是服务，无论我们身处何种情境之中。（Chávez，1994：171-172）

小说中索维达所写的《服务之书》总共有十四章，总结了她几十年餐馆服务员生涯所体会到的作为服务者要注意的方方面面，例如着装、仪态、如何应对不同的顾客、如何得到更多的小费等等。在索维达看来，餐馆服务员不仅仅是一个被动地给人服务的工作，工作不仅仅是她谋生的手段，她把自己的生命都融入了工作之中，她用自己的生命体验着服务和服务所带来的快乐。就像她在《服务之书》中的感悟：人都是通过为别人服务来服务于自己的。她为别人服务，服务带给她的快乐和成就感让她获得了巨大的精神满足，也收获了巨大的幸福感，因此，她为别人服务其实也是在为自己服务。如索维达自己所说："女侍者既是观察者也是被观察者，她们因食物而神圣。为人服务之后是巨大的幸福感。……好的侍者会忘了自己身体的存在，你变成手势、颜色、机器、动作。"（Chávez，1994：271）索维达从未想过服务员是一个低人一等的职业，相反，她非常享受自己的工作，把成为最优秀的服务员、为顾客完美地服务当作自己一生所追求的事业。当玛拉批评索维达胸无大志，一辈子都只是一个餐馆服务员的时候，索维达回答她："你错了。她们不是奴隶，她们是为别人服务的女人。这两者是不同的。你不明白。"（Chávez，1994：270）

索维达起初思考的是服务对于人——无论是男性还是女性——的意义，后来，作为女性，她更加关注的是服务对于女性的意义。索维达在《服务之书》的第十四章提出了"为什么女性的服务不同于男性的服务？"（Chávez，1994：451）的问题。在《天使的面孔》中，所有的女性角色——包括索维达、祖母、母亲、奥蕾莉亚、查太及其他女人——都经历了生活的重重磨难，像苦行僧一样地生活，将自己的生命献给"服务"——为上帝、男人、家庭、主人等等服务，她们"以圣母为偶像，为她所代表的仁爱而献身，展示了她们忍耐的力量，痛苦、磨难、被剥夺权力等状态下的生存"。（Madsen，2000：146）查维兹塑造的这些女性人物和她所提倡的"爱""服务"等观点引起了学界的争论：一部分学者认为这是"为父权制社会中女性的传统角色镀金"（Sanchéz，1997：354），"对于女性被动、自我牺牲的角色，和她们被贬嫡于私人、家庭空间的接受"（Keating，2002：76）；而另一些学者，例如昆塔纳则认为查维兹提倡的是一种玛利亚精神（Marianismo），"查维兹聚焦于玛利亚精神，玛利亚精神认为女性具有半神性，道德上和精神上优越于男性。这种思想以基督教信仰为基础：做一个玛利亚主义者（Marianist）就要将圣母玛利亚看作偶像，按照她的方式去做事，勇于自我牺牲，成为精神上卓越的母亲"。(Quintana，1996：101)

　　笔者同意昆塔纳的观点，查维兹/索维达倡导女性的服务，并不是提倡女性的被动、自我牺牲、低贱、顺从，并不是强化父权制意识形态，她一直思考"女性的服务与男性服务的不同之处"的问题，最终认识到女性以自己温柔、关爱的特质去为别人服务，从而获得精神上的优越感。可见，查维兹已经将服务上升到了精神性的高度，服务于人，可能是痛苦的、辛劳的，但是所获得的道德上的满足是任何物质的、身体的满足都无法与之媲美的。瑞博莱多在评价《天使的面孔》时，也认为"做一个侍者的艺术超越了赋格曲①，变得神圣而充满精神性"。(Rebolledo，1999：48)索维达一直追求服务的真谛，是奇卡纳精神性的重要组成部分。服务，成了索维达/查维兹的精神追求，它所带来的"幸福感"就像哲学家们所论述的"崇高感"，带给人高贵、尊严、精神震撼的感觉，可以说这种崇高感正是尤娜·李所说的"通俗崇高"。笔者认为，与前面论述的两位作家相比，查维兹是最为温和的。因为她不像安娜·卡斯蒂略那样旗帜鲜明地批判父权制和宗教，甚至直接向教堂宣战，也不像桑德拉·西斯内罗斯那样直接塑造出马林奇式的女性来反抗父权话语对于女性的言说。查维兹强调的是女性的服务：为别人服务，从而最终为自己服务，让自己获得精神上的幸福感和优越感。她强调的这些虽然与父权制对于女性的要求看似契合，但其内核却是截然不同的。因此，我们可以将查维兹的写作态度定义为一种"温柔的反抗"。

　　事业帮助索维达更加清楚服务的真谛，她还经历了政治意识上的成长。她在餐馆工作之余，选修了夜校的《奇卡诺研究》及《社

---

① 索维达在小说中说当餐馆的服务员就像一首赋格曲。在《服务之书》的第六章，索维达说"世界上没有比餐馆服务员的赋格曲更同步的合奏了"。

会学》课程。前面曾经论述过,嫁给伊万后,她的政治意识有了初步的觉醒,从以前从没听说过"奇卡诺"这一词语到知道了奇卡诺运动。在学习"奇卡诺研究"课程后,她对奇卡诺文化有了更深刻的认识。小说里还附上了她选修这门课程时写的两篇学术论文,虽然在她的老师(后来成为她的男友)看来,这些都是幼稚的主观论述,而远非学术性论文,但是从中我们可以看到索维达最朴素的政治意识的表达。索维达给第一篇论文起的标题是《古老奇卡诺社区的口述历史》。在这篇论文中,她记录了对奥蕾莉亚的采访。① 从这篇论文中可以看出她意识到在盎格鲁文化语境中保持奇卡诺文化的重要性,她还看到了奇卡诺文化的精髓是其混血性,即墨西哥文化、印第安土著文化与盎格鲁文化的结合。在奥蕾莉亚的影响下,她意识到印第安土著文化是奇卡诺文化的重要组成部分,是奇卡纳精神性的重要元素。如果说从这篇论文可以看到索维达种族、阶级意识的觉醒,在第二篇论文中我们可以看到她性别意识的觉醒。在经历了自己的三次婚姻后,在目睹了祖母、母亲的经历之后,她看到了女人们在家庭中所遭受的肉体上和精神上的虐待和暴力。她找到了虐待和暴力的根源,并且提出了自己的对策。这篇论文的题目是《母亲们,教给你们的儿子》,她在论文中梳理了自己的墨西哥祖先被西班牙侵略、后来又被盎格鲁文化侵略的历史,指出奇卡诺文化中的男性因为备受压迫,又无法反抗,从而只能将愤怒转嫁到自己文化中的女性身上,在女性身上,他们才能感觉到自己是强者:"他们不能提高他们沉重的声音去抱怨、轻视、谴责任何人。我们的男人们,现在被踩在脚下,身上承担着过重的负担,对所有的事情都不满意,他们殴打、虐待他们身边的女人,因为他们觉得这些女人反映出了他们自己的恐惧、愤怒和悲伤。"(Chávez, 1994: 316)索维达已经拥有了如激进的奇卡纳女性主义者安扎尔杜瓦和莫拉加一样的意识,她们都认识到是女人们助长了男性的气焰,是女人们

---

① 索维达这篇论文的大致内容在前面论述奥蕾莉亚时已经讨论过,笔者在论述奥蕾莉亚时的引用大多来自这篇论文。

使得奇卡诺文化中的父权制传统一代一代地传承下去,她说:

> 是谁写下了那些背叛所有的女人的文字?是男人。是谁许可了这些背叛(的文字)?是女人。是谁使得这些背叛经久不衰?是母亲们。当然,她们是好意,因此才那样教育她们的儿子。……我们教会我们的孩子要强大,我们教他们自给自足,我们教他们压迫别人、无视生命、助长浪费和腐败之风,教会他们爱情也包含谎言和欺骗。……(奇卡诺文化中男人对女人的)虐待之风盛行,这种虐待是心灵上的、情绪上的、身体上的、精神上的、性关系上的。……女人们也参与了这个过程,她们用自己所谓的充满爱的、"母性"的行为容忍男性,自觉地承担对于父亲(丈夫)和儿子的责任。……被压迫者中的压迫者,这就是我们的男性。我了解他们,他们就是我的父亲、兄弟、表兄弟。……是女人们助长了这个神话的延续,使得她们在每个时代都成为自己仁慈的受害者。被征服的男人需要征服(女人)。被征服的女人却别无他法。(Chávez,1994:317-319)

索维达不仅意识到女人是助长奇卡诺文化中大男子主义的推手,她还找到了女性应对父权制压迫之道。在论文中,她说:"(压迫者)就是我的父亲、兄弟、表兄弟。但他绝不会是我的儿子。"(Chávez,1994:318)她还说:"在女性们伟大的觉醒到来之际,我们互相帮助,向那些愿意对我们伸出友谊之手的人伸出双手,紧握它们。"(Chávez,1994:319)显然,索维达在这里期待着女性们的互相依偎、互相帮助,以期在黑暗之中找到光明,在寒冷之中找到温暖。在小说的最后,索维达确实实践了她的这种想法,她怀孕之后,经过一番心理的挣扎,最终决定独自承担起抚养孩子的重任,她说要给她的孩子取名为"奇迹"。我们可以将奇迹理解为索维达对未来的美好期待:也许是奇卡诺不再受到压迫,也许是女性不再受到男性的虐待,也许是她的家庭能够幸福安康,等等。不仅如此,正如她在论文里设想的美好未来,多撒门德斯家族的女人们彼此伸出援手,建立一个女性的社区，在这里，没有压迫、虐待、殴打，只有快乐、幸福和希望。在论文的最后，索维达还附上了一段话，她告诉J.V.，她现在在一个叫作"家庭暴力幸存者之家"（F.O.S.A. Family of Survivors of Abuse）的组织工作。可以看出，索维达不仅自己获得了强烈的女性意思，而且还主动承担起自己能尽的职责去帮助别人，唤醒其他女性的性别意识，让她们获得力量，使她们彻底从男性压迫的泥沼中解放出来。

索维达不仅经历了政治意识上的觉醒，还经历了宗教上的觉醒。父权制的天主教是压迫奇卡纳/墨西哥女性的主要元凶：它阉割了圣母瓜达卢佩，使得她变得没有性别，将她树立为女性的榜样。安扎尔杜瓦批判了天主教和父权制将身体和心灵对立起来的传统，认为无论是身体还是灵魂对于奇卡纳女性都是必不可少的，奇卡纳女性的精神性蕴含在她的性属中，奇卡纳女性的精神性是无法与她们的性属分割的。小说中好几次提到上帝是女性：在祖母为索维达进行驱魔仪式之时，教堂的神职人员让索维达说"圣父（God the Father）保佑"之时，她拒绝这么说，一直在心里呼喊"上帝母亲，上帝母亲"；查太在与索维达聊天时，也认为上帝是女性的；在小说将要结束之时，索维达遇到了儿时的姐妹莉齐（Lizzie），她又一次提到了女性上帝。莉齐是一位激进的修女，她不仅将自己的生命献给了慈善事业，用自己的爱周济众生，她还是一位"女性主义同性恋修女"（Chávez，1994：440）。安扎尔杜瓦在论述奇卡纳女性曾经的处境时候，认为过去的奇卡纳女性大致只有三条道路可走：要么做修女，要么做荡妇，要么做母亲。而莉齐是一个很好地将前两种角色结合起来的女性，她既是修女，又是奇卡诺文化中所谓的"荡妇"。她勇敢地追求自己的爱情和性，并不因为自己走进了修道院而将自己的欲望禁锢起来。在她的字典里，并没有将性与道德联系起来。一方面，她追求着自己的精神生活，"她追寻着自己的事业，寻求社会公正和平等；她在大学时期就现身于轰轰烈烈的学生运动；她曾将成百上千吨的旧衣服送到墨西哥和拉丁美洲的穷困家庭里。莉齐为这个世界服务着"。（Chávez，1994：444）另一方面，她大胆地追求自己的爱和性。她的上帝与别人的上帝是不同的，她的上帝不是那个严肃的、苛刻的男性，而是"上帝母亲"。这是小说中第三次提到上帝是一位女性。莉齐对索维达说："我感谢上帝母亲，是她让我做我自己。我的上帝是一个充满了希望和可能性的上帝。她不是那个从来都只会说'不，不'的上帝。她不是那个皱着鼻子、小心眼的老男人，整天兜售着他的救世之道，而且让别人只能遵循他一人的意旨。一个神圣的上帝不会创造出地狱来惩罚我们，只因为我们做了非常美妙和有意义的事情，比如性。"（Chávez, 1994: 445）这是对父权制的上帝的强烈批判。男性的上帝总是对人们，尤其是对女性说着"不，不"，她们不准这样，不准那样，人性在他的清规戒律之下受到压抑。他刚愎自用，为人们划定了各种条条框框，只允许人们按照他规定的去做，稍有违背，他就给人扣上"叛徒""异教徒""荡妇""妓女"的罪名。莉齐不再把这个不苟言笑的上帝当作自己信仰的最高神灵，相反她用女性的上帝替代了男性的上帝，因为同为女性，她更能理解女性，不再会压抑女性，她能允许一个修女去做最美妙、最有意义的事情，寻找自己的爱和性。听到莉齐的一番话，索维达心中充满了敬佩之情，回顾自己和周围女性的人生，她发现莉齐"是我所知道的唯一活得自由的女人"（Chávez, 1994: 446）。从索维达的反应中，我们可以看出她对于莉齐这番话的认可。她幼年时期就有朦胧的寻求女性上帝的渴望，直到这个时候，莉齐戳穿男性上帝的面目，道破女性与女性上帝的亲缘关系之后，索维达才对于上帝有了更清醒的认识，才明白自己当时为何渴望一个女性的上帝。这个时候，我们看到了索维达宗教意识的觉醒，以及被宗教压抑的女性性意识的觉醒。索维达、查太、莉齐等这些女人对于一个女性上帝的呼唤是"对女性主体性的消亡的一种反抗性话语，她们需要创造一个新的神性的符号使得女性变得自由、自主、至高无上"。（Lee, 2006: 132）索维达这次所获得的宗教上的觉醒，我们可以将之称为又一次的"通俗崇高"感，因此，索维达在追求奇卡纳女性精神性的道路上又前进了一步。

## 三、小说形式与成长主题

小说的形式与内容完美结合,在讲述索维达一步步成长的过程之时,查维兹设计了对应的小说形式与内容巧妙地结合起来。查维兹将《天使的面孔》整个小说分为九大部分,每一部分以一级天使命名,与小说的关键词"天使"对应。小说根据天使从低到高的级别分为:天使(angels),大天使(archangels),权天使(principalities),能天使(powers),德天使(virtues),主天使(dominations①),座天使(thrones),小天使(cherubim),六翼天使(seraphim)。在接受采访时,查维兹说:"在《天使的面孔》中,我所提到的天使既是普遍意义上的天使,也是天主教思想中的天使。……我将小说按照天使的级别分为九大部分,按照从最低级别的天使到最高级别的天使排序。在小说的结局,我真的认为索维达获得了她以前不曾有过的领悟。我们每个'服务者'都在我们的朝圣之路上。"(Brown-Guillory, 1999: 39)整部小说所寻求的奇卡纳精神性一直坚持正统宗教与通俗宗教的结合。小说的形式也巧妙地表现了这两种宗教传统的结合。小说除每部分的标题冠以一级天使的名称之外,还在每部分的题目下面印有一个印第安传统宗教中的"奇迹木雕"的形象:天使对应的形象为一只耳朵,大天使对应一个身穿长袍、跪地祈祷的女性,权天使对应一只脚,能天使对应一只手,德天使对应一颗心,主天使对应一双眼睛②,座天使对应一条腿,小天使对应一个女性的头部③,六翼天使对应一座房子。德尔加迪略认为:"天使的级别是基督教神学的观点,而木雕的形象是墨西哥及奇卡诺通俗宗教的实践。这两种宗教的结合使得我们关注到小说的混血精神性(spiritual mestizaje)④及小说对墨西哥、奇卡诺宗教的呈现。"(Delgadillo, 2011: 59)查维兹呈现给读者的这些奇迹木雕全部是

---

① 主天使既可是 dominations,也可是 dominions。
② 还有一说为一个面具。
③ 还有一说为一张脸。
④ 前文中笔者将 spiritual mestizaje 翻译为精神性混血,在这里为强调其关键词"精神性",特将其翻译为混血精神性。

人身体的部分，对此，德尔加迪略认为："这些奇迹木雕象征被肢解的女性身体的重新建构——或许是当代对柯约莎克（Coyolxauhqui）①的重新建构。"（Delgadillo，2011：55）德尔加迪略的看法是非常正确的，除此之外，还应该加上一点，这些奇迹木雕还象征着对被肢解的女性自我的重新建构。

小说的第一部分题目为"天使"，在基督教中，天使是与人类最接近的上帝的信使，他们是人类的向导、保护者，同时也会倾听人们的祈祷，并且将这些祈祷传递给上帝。因此，与这部分相对应的是一只耳朵。在这部分，索维达发出了呼喊："我祖母的声音几乎没人能听得到，那是低语，是呻吟，谁听到了？我母亲发出了愤怒和痛苦的呼喊，谁听到了？我的声音非常响亮，那是呼吸、新生命、歌声，谁能听到？"她是在质问上帝，为什么他的耳朵聆听不到女性的声音。第二部分题为"大天使"，主要聚焦于玛拉的故事。大天使与天使相似，与人类的关系很近，但是他们有比天使更为重要的任务，在历史上的关键时刻，他们都充当了信使的角色。在《圣经》中，他们参与了与魔鬼撒旦的战争。与之相对应的奇迹木雕是"祈祷的女人"。这两个意象象征了祖母和母亲，她们爱玛拉和索维达，却又是父权制的卫道士，她们以爱的名义伤害了女孩们。"权天使"具有拯救、保护、防卫的职责，与人职业上的升迁相关，并且与人类的性欲相关。（Chase，2002：29-30）这部分主要聚焦于索维达职业上的发展、她的初恋及她与伊万的婚姻。"能天使"有时候以勇士的形象出现，负责与邪恶的精灵做斗争，努力防止邪恶战胜正义。这部分中索维达就是与邪恶斗争的勇士，她最终离开出轨的丈夫伊万，重新投入为了婚姻而放弃的事业中。"德天使"负责保护正义，帮助人们战胜诱惑、打败邪魔、降临祝福（Chase，2002：28），这

---

① 柯约莎克，阿兹特克神话中的月亮女神，她两次被砍去头颅，是一个叛逆者和失败者的形象。在墨西哥出土了刻有柯约莎克形象的浮雕，称为"柯约莎克浮雕"。浮雕呈椭圆形，大约作于1469年，重约十吨。女神头上插着羽毛，戴着耳环，面部饰有金铃。在浮雕中，她的头被砍下，身体也被肢解，显示出叛逆者的悲惨下场。奇卡纳女性主义理论家认为这是阿兹特克父权中心主义对女性形象的扭曲，她们重新对她进行了阐释，把她扶上了与蛇裙女神等女性神祇同等重要的位置。

部分相对应的是一颗心，象征着圣母玛利亚无暇的心灵，奇迹木雕中的心灵碎裂，象征悲伤。这部分主要讲述索维达与维瑞尔不幸的婚姻，及这段婚姻带给索维达的巨大痛苦。奥蕾莉亚成了索维达的德天使，用她的关爱和她的巫术拯救了索维达，使她重新拥有面对生活的勇气。"主天使"拥有指挥能天使和德天使的权威，他们象征着领导力，负责调控、建立、维持秩序，并且对之进行监督。（Chase，2002：28）与这部分对应的奇迹木雕是一双眼睛。在这部分，索维达变得成熟、有思想、有领导力，她对事业和爱情的认识越来越深刻。丰富的生活经历让她有了一双犀利的眼睛，看出 J.V. 的冷漠，从而理智地选择放弃他。在这部分，她已经成为餐馆的灵魂人物，当餐馆遇到一些混乱的时候，都是在她的指挥之下才恢复秩序的。"座天使"主要掌管正义，与上帝末日审判时所坐的宝座有关，他们是守护在宝座旁边的天使。对应的奇迹木雕是一条腿的形象。这部分最重要的情节是索维达的父亲卢阿尔多的死亡。查维兹似乎是想告诉我们，对玛拉（或许还有索维达）做过无耻勾当的卢阿尔多遭遇了末日审判，他由于酗酒的恶习导致中风，中风恢复之后又酗酒，引发了第二次中风，因此最后付出了代价。而一条腿的奇迹木雕的意象也让读者自然与卢阿尔多中风瘫痪、失去行动能力联系起来。这部分有些与佛教所宣扬的因果报应（Karma）相似。卢阿尔多种下了恶的因，必会获得恶的果。"小天使"和"六翼天使"都是围绕在上帝宝座周围、保护上帝荣光的天使。小天使来自希伯来文，意为"充满知识"，他们"能够于近处瞻仰上帝之荣光"，并且能够将上帝的智慧和教化带给芸芸众生。与这部分相对应的奇迹木雕是一个女性的头部，象征着索维达获得的智慧及她周围充满智慧的女性长者，如奥蕾莉亚、祖母和查太。在这部分，索维达已经对于她一直追寻的"服务"的意义及女性之间息息相关、血脉相连的亲缘关系有了深刻的体会和认识。六翼天使"围绕在上帝的宝座旁边，闪烁着激情与爱的火焰"（Naranjo-Huebl，2007：66）。这部分的奇迹木雕是一座房子。这两个意象的象征意义十分明显。它们想要传达这样的思想：索维达完成了自己的成长之旅，同时也完成了自己离家—归家的成长仪式，回到了奇卡纳女性精神家园的象征——祖母的房子，与智慧、慈爱的女性们生活在了一起。

## 小　结

查维兹曾说："我感到自己与其他的（奇卡纳）作家休戚相关——切丽·莫拉加、桑德拉·西斯内罗斯、安娜·卡斯蒂略，还有其他一些作家。……我想我们关注的问题是同样的。我们关注性、边界、身份、自由、女权等问题。因此我感觉到我们之间的团结一致。"（Blake，2008：14）然而，或许是因为出身于中产阶级家庭，抑或是由于生长在边境城市，查维兹并没有体会到像生长在芝加哥的卡斯蒂略和西斯内罗斯一样深刻的种族和阶级歧视，因此丹尼斯·查维兹的作品相较卡斯蒂略和西斯内罗斯多了一些温和，也较两位作家多了一些普遍性。卡斯蒂略的作品自始至终让人感觉边界是一个充满对抗、冲突的所在，西斯内罗斯的作品也给人如是感觉，虽然后期她也体会到了接受边界的流动性和变化性的现实带给人心理上的舒适和安宁。而边界对于查维兹来说，始终是个舒服的所在。她也如其他两位作家一样，关注奇卡纳女性面对的种族、性别、性及阶级等问题，但她将女性向内——即通过自我的道德完善——作为生存的策略，而非与外部世界激烈的对抗。她书写**生活、爱和苦难后的蜕变，还有服务的意义**，认为女性可以通过精神及道德上的成长，获得一种"玛利亚精神"来取代奇卡诺文化中的"大男子主义"，在道德方面超越男性。

查维兹对奇卡纳女性性别问题的关注主要体现在她对女性之间关系的探讨上。如评论家瑞博莱多所说，女性之间的关系——如母女、女性朋友、干亲等等——是奇卡纳文学作品中重要的题材之一，卡斯蒂略与西斯内罗斯在她们的作品中也将此作为重点关注的对象，例如卡斯蒂略在《米斯基亚瓦拉书简》中就塑造了两位女性挚友——特丽莎与艾丽西亚，她们是旅伴、挚友，但同时也爱恨纠缠。

查维兹在作品中主要探讨了奇卡纳女性之间的情谊对于奇卡纳女性成长的重要性。对于奇卡纳女性，甚至是所有少数族裔女性来说，女性之间的情谊都是帮助她们对抗种族、父权制、宗教等等压迫的有力武器。她在《爱上佩德罗·因方特》中塑造了特雷西纳和厄玛两位女性，厄玛在特雷西纳的成长过程中起着重要的作用，让她看清楚自己，同时也看清她与男性的关系。在《天使的面孔》中，查维兹则塑造了索维达、祖母、母亲、表姐、仆人奥蕾莉亚及钟点工查太等女性群像。在作品开始的部分，家里的女性（除了奥蕾莉亚及查太）处于一种矛盾交织的生活状态，她们之间互相怨恨，而引起她们怨恨的源头则主要是男性（如索维达的父亲卢阿尔多）。彼此的怨恨让她们的心灵渐行渐远，但是祖母的一场大病让她意识到女性之间情谊的珍贵，在她的努力之下，家里的女性们终于重新欢聚在一起。与此同时，索维达也完成了自己离家的成长之旅，重新回归到只有女性的家庭，与其他女性一起，获得了精神上的升华。

女性们让索维达成长，男性也在索维达的成长过程中起到了很大的作用，他们作为反面教材，让索维达明白什么是爱、责任、义务。将灵与肉结合起来，才能成为一个完整的女性自我。索维达在追求心灵和精神上升华的同时，也在追求着寻找灵魂伴侣和身体的快乐。但是她所经历的所有的男性都为她带来了痛苦和心理创伤。在经历三段婚姻和一段无疾而终的爱情之后，她领悟到只有女性们才能带给她心灵上的宁静。于是她怀着身孕，带着对未来的无限期待回到了祖母的家中，重新与女性们生活在一起。

查维兹在《天使的面孔》中塑造了如圣徒一般的女性智者——奥蕾莉亚。她是祖母家的女佣，同时也是祖母一生的朋友，她虽然出身低微、肤色黝黑，在墨西哥的等级制度中，她属于最下层的阶级，但就是这样的一位女性，查维兹却赋予了其女主人公精神导师的角色，她是奇卡纳女性精神性的集中体现。是她指引索维达前行的道路，传递给她作为奇卡纳女性应该传承的墨西哥文化。查维兹曾说过，她的文学作品探讨的主题之一是"平等"。奥蕾莉亚虽身为仆人，在精神上却与她的"主人们"是平等的，甚至更为高贵，而这正是查维兹的阶级观：人并不以阶级划分贵贱尊卑，而是以精神的力量来体现尊贵和卑贱的。小说还颂扬了另一位女性人物：女主人公的钟点工查太。查维兹将查太的清洁工作与奇卡纳精神性联系在一起，将清洁升华到了一种宗教仪式的高度，清洁不再是清除尘世间的污垢，而是变成了对于灵魂的清洁。

《天使的面孔》与其他两位作家的代表作品一样，也是一部奇卡纳女性的成长小说。女主人公索维达的成长之旅就是她对奇卡纳女性精神性的追寻之旅。索维达很小的时候就开始思考人生的意义，是做罪人还是圣人？她一直纠缠于这个问题。待到长大之后，她又思考做"服务者"的意义及女性"服务者"的特殊使命。她的人生理想就是做一个"服务者"，服务于人，从而获得精神上的愉悦和"崇高感"。她在自己的工作中实践着自己的人生理想，同时也在婚姻、家庭中实践着这一理想。在追求"服务"的真谛的漫漫长途中，索维达还经历了政治意识——包括奇卡诺意识和女性意识——的觉醒和宗教上的觉醒。她对墨西哥裔在美国的处境及女性在奇卡诺文化中受压迫的地位获得了深刻的认识，并且亲身参与了帮助女性从家庭暴力中解脱出来的实践。她提出了奇卡纳女性应对种族、性别压迫的策略，即女性们互相帮助，伸出友谊之手，握紧它们。她最后实践了自己的策略，完成了归家的仪式，从而也完成了自己的奇卡纳女性精神性追求之旅，与女人们生活在一起，并且共同获得了精神及道德上的升华，构建了精神上的"玛利亚主义"，与"大男子主义"进行对抗。

# 结　语

奇卡纳女性主义理论家萨尔迪瓦-胡尔指出奇卡纳有着种族、性别及阶级剥削的特殊历史，因此奇卡纳女性主义应由奇卡纳女性的自身体验开展性别、阶级及种族的女性主义论题（feminist agenda）（Saldívar-Hull，2000：47-48）。阿拉尔孔认为"奇卡纳书写是以文化意识与社会变革为焦点的自我铭刻（self-inscription），同时交织着奇卡纳主体的种族、性别、族裔与阶级等矛盾困境"。（Alarcón，1996：41）莫拉加批判了激进女性主义只注重性别压迫，而忽略种族、阶级问题的谬误，认为有色人种妇女所受的阶级与种族和性别压迫一样严重（Moraga，2000：128）。三位作家在自己的作品中都关注了奇卡纳女性种族、性别、性属及阶级交错杂糅的复杂身份，从这四个角度观照了奇卡纳女性的生存状态。她们作品中的女性形象都有奇卡诺文化中的"三位母亲"——圣母瓜达卢佩、马林奇和"哭泣的女人"——的影子，她们重新塑造并且阐释了这些女性的原型形象，试图颠覆父权制文化和宗教对女性的束缚和压迫；她们对父权制文化和宗教对女性身体和性欲的控制进行了反抗，在她们的作品中都有对身体、欲望的大胆言说；她们的作品反映了墨西哥裔女性困窘的经济状况及她们所遭受的资本主义、殖民主义的剥削；她们深刻地感知到墨西哥裔女性杂糅的文化身份和她们被多种文化、两种语言、两个世界撕裂的破碎的自我及处于种族、阶级、性别等多重压迫之下的艰难处境，并且试图在她们的作品中反映墨西哥裔女性在如此境遇之中对于自我、身份认同等的探索和追求。

同为奇卡纳作家，三位作家的关注点基本一致，因此在主题方面有不少的共性。但是，作为不同的个体，她们的写作又有着自己的个性，如安娜·卡斯蒂略所说："我们所做的就是对我们的特殊困境,用我们特别的视角发出我们自己的声音,但我们的方式却有所不同:切丽·莫拉加与桑德拉·西斯内罗斯不同;桑德拉·西斯内罗斯与海伦娜·维拉蒙特斯不同;海伦娜·维拉蒙特斯与玛丽·海伦·庞斯不同;……。"(Saeta & Castillo, 1997: 143)。作为奇卡纳作家,三位作家与其他少数族裔作家一样将身份作为写作中主要关注的问题,因此她们的作品中都具有身份追寻的元素。除了身份追寻之外,安娜·卡斯蒂略的写作主要体现了愤怒与激烈的反抗,卡斯蒂略曾经说过,要**不惧怕言说**。她的作品也确实反映了她的这种写作态度:猛烈的抨击及大胆的对抗。相较于其他两位作家,她有着更为强烈的反抗意识。同为重要的奇卡纳作家,卡斯蒂略与西斯内罗斯是惺惺相惜的朋友,但她们之间也有一些不同的观点。西斯内罗斯经历了早期作品《芒果街上的小屋》中埃斯佩朗莎较为软弱无力的反抗到《喊女溪》中克里奥费拉迈出勇敢的反抗步伐再到《卡拉米洛披肩》中拉拉最终理解并且坦然接受奇卡纳女性杂糅身份的过程,桑德拉·西斯内罗斯的作品既有反抗也有包容。总的来说,西斯内罗斯用自己的写作实践了她**"为了那些无法走出去的人们"**的誓言。相较于前两位作家,丹尼斯·查维兹更为温和。在她的作品中找不到卡斯蒂略作品中愤怒的批判与激烈的对抗,她作品中的奇卡纳女性通过女性自身精神世界的丰富和道德的升华来得到幸福与快乐,她提倡的是女性以道德上的崇高来对抗奇卡诺文化中的"大男子主义"。她也如其他两位作家一样,关注奇卡纳女性面对的种族、性别、性属及阶级等问题,但她强调以女性向内——即通过自我的道德完善——作为生存的策略,而非与外部世界激烈的对抗。她致力于书写**生活、爱和苦难后的蜕变,以及服务的意义**。本书从性别、性属、阶级及身份四个方面分别对三位作家进行了考察,她们对这四个问题有不同的态度。

在性别方面,卡斯蒂略在作品中塑造了很多具有强烈反叛精神的女性,她们敢于直面父权制并勇于批判其对女性的束缚。她们跨越众多社会道德、规范,如资本主义、殖民主义、种族主义及父权制强加在墨西哥裔女性身上的重重束缚,挑战及颠覆男/女、好女人/坏女人、贞女/荡妇等等二元对立思想。在奇卡纳女性人物的塑造上，西斯内罗斯的写作思想经历过重大的转变。从她写作的中期开始，以《喊女溪故事集》为代表，她开始变得越来越犀利，她在其中塑造了一些叛逆的女性形象，表达了对造成奇卡纳女性多重边缘化境况的体制的批判。如果说埃斯佩朗莎在《芒果街上的小屋》中想要为了那些走不出芒果街的女人们而走出去的理想是远大的，而她的行动力却是有所欠缺的，那么在《喊女溪》中，克里奥费拉已经开始迈出行动的步伐，而《不要跟墨西哥人结婚》中的克莱门西亚则完全走向了叛逆的马林奇之路，她不仅完全抛弃了父权制强加在女性头上的偶像——圣母瓜达卢佩，甚至拥有更加强大的力量，彻底颠覆并扭转了奇卡纳女性与男性和白人的权力关系。查维兹在对待性别问题上较前两位作家更为温和，她并没有塑造叛逆的、马林奇式的女性，也没有猛烈抨击压迫奇卡纳女性的美国社会及奇卡诺文化，她对奇卡纳女性性别问题的关注主要体现在她对女性之间关系的探讨上。查维兹在作品中主要探讨了奇卡纳女性之间的情谊对于奇卡纳女性成长的重要性。她坚信对于奇卡纳女性，甚至是所有少数族裔女性来说，女性之间的情谊是帮助她们对抗种族、父权制、宗教等等压迫的有力武器。

在性属这一问题上，三位作家有相似也有不同。她们都提倡奇卡纳女性精神、心灵和身体的统一，尤其痛恨宗教和文化中的父权制对女性身体的控制，反对精神/身体的二元对立，认为身体和心灵都是奇卡纳女性精神性的重要组成部分。卡斯蒂略曾说，"我们（女性）的精神性完全被制度化的宗教习俗颠覆"，因此她曾豪迈地放言："我（写作）的目标之一就是让教皇把我所有的作品都列为禁书。"她在理论著作《屠杀梦想者》中阐述了女性气概的概念，认为女性气概将奇卡纳女性精神性与性完美地统一起来，使奇卡纳女性获得完整的自我。卡斯蒂略在作品中塑造了一些有同性情结的女性，同性间的忠贞恋情成为她热情歌颂的对象，这点是西斯内罗斯与查维兹在作品中很少关注的。西斯内罗斯与卡斯蒂略一样，都颠覆了西方传统思想中心灵/身体的二元对立。她在文章中曾将圣母瓜达卢佩视为性女神，彻底颠覆了圣母无性的／中性的形象，她还宣布"用阴部书写"。查维兹虽然在作品中也有一些关于女性身体、欲望的描写，但却远没有西斯内罗斯来得那么直白。她在作品中更多地关注男性与女性灵与肉的关系，探讨了女性在婚姻中的困境与破茧而出时获得的精神上的成长。

阶级问题是三位作家都非常关心的问题。卡斯蒂略关注了奇卡纳女性的经济状况和她们所遭遇的剥削，与其他两位作家不同的是，她在作品中特别关注了奇卡诺社区的环境问题，揭露了奇卡诺社区深受美国环境种族主义之害的现实，尤其是奇卡纳女性成为环境非正义最大的受害者。阶级问题也是西斯内罗斯关注的一个重要问题。她笔下的女性小主人公——如埃斯佩朗莎和拉拉——与她幼时一样，总是处于颠沛流离的生活状态之中，因此她们强烈地渴望拥有一幢自己的房子。正是因为西斯内罗斯挥之不去的"房子情结"，她在作品中对阶级问题的关注要更多于其他两位作家。另外，除了"房子情结"，西斯内罗斯在作品还关注墨西哥裔内部的等级问题。她的《不要跟墨西哥人结婚》就是墨西哥裔内部等级／阶级歧视的一个表现。她对此问题的看法也展现了她的"新混血女性意识"，她认为：无论是何出身，无论是何肤色，无论来自哪个地方，只要他们曾经是墨西哥人，或者后来成了墨西哥人，他们最终都是墨西哥人。查维兹与卡斯蒂略和西斯内罗斯有着不同的阶级观，或许是因为出身于中产阶级家庭，抑或是由于生长在边境城市，查维兹并没有体会到像卡斯蒂略和西斯内罗斯一样深刻的种族和阶级歧视，因此丹尼斯•查维兹的作品相较卡斯蒂略和西斯内罗斯多了一些温和，也较两位作家多了一些普遍性。她并不像前两位作家一样揭露和批判奇卡纳女性在美国社会所遭受的阶级压迫，在阶级问题上，她更关心的是人类打破阶级界线的精神上的平等。查维兹曾说过，她的文学作品探讨的主题之一是"平等"。她认为人的贵贱尊卑并不以阶级来划分，而是以精神的力量来体现。

身份问题是三位作家的作品中最重要的主题之一。评论家认为卡斯蒂略的作品都是在寻求身份，她承认这点，她认为"作为生活在自我分裂世界中的奇卡纳女性，我们都在寻求身份"。卡斯蒂略的作品旨在探寻奇卡纳女性的历史和传统以"找到我们是谁和我们从哪里来"的线索。她在《屠杀梦想者》题为"没有国度的女人"一节中说出了墨西哥裔美国人在美国社会中的尴尬处境，她认为墨西哥裔在美国人的眼中是完全被忽略的，而让他们更为痛苦的是：墨西哥裔美国人自己的祖国墨西哥也不接受他们。在这样的痛苦挣扎中，卡斯蒂略认为奇卡纳女性应该回归自己的土著传统，才能找到自己的身份归属。西斯内罗斯与卡斯蒂略一样，将奇卡纳女性的身份追寻作为作品中最重要的主题。她的作品反映了典型的奇卡纳女性身份追寻之旅。奇卡纳女性在面对自己被不同的种族、阶级、文化撕扯得支离破碎的自我时，会为自己找到一种什么样的身份归属？西斯内罗斯认为想要找到一种确定的身份归属是不可能的，就像传统的卡拉米洛披肩，采集了来自世界各地的材料，经纬交织地编织在一起，奇卡纳女性的身份将不同的种族、阶级、文化杂糅在一起，奇卡纳女性应该接受自己杂糅的身份。西斯内罗斯后期的作品完美地阐释了安扎尔杜瓦的"新混血女性意识"。与前两位作家不同的是，查维兹更加关注奇卡纳女性精神性在奇卡纳女性身份建构过程中的重要作用。在身份问题上，如果说前两位作家关注的是奇卡纳女性"向外"寻求自己的身份，那么查维兹关注的是奇卡纳女性"向内"追寻生命的价值和意义。她构建了精神上的"玛利亚主义"，提倡以奇卡纳女性精神及道德上的升华，来与奇卡诺文化中的"大男子主义"进行对抗。

笔者在本书中对三位作家进行了研究，但是对于奇卡纳文学的研究，还有很大的可开拓空间。例如玛丽·海伦·庞斯、海伦娜·玛利亚·维拉蒙特斯等作家已经引起了评论界的关注，但对她们的研究还相对较少。除了作家之外，还有一些奇卡纳女诗人，如卡斯蒂略、西斯内罗斯，她们除了小说之外，还创作了很多诗歌。此外，还有帕特·莫拉、洛娜·迪伊·塞万提斯等女诗人。在戏剧方面，奇卡纳女性主义理论家切丽·莫拉加也颇有建树。除了研究奇卡纳文学之外，美国文学研究者们还可以将研究范围扩大到奇卡诺文学、美国拉美裔文学等领域。

另外还值得一提的是,奇卡纳文学中作家和作品众多,每位作家的写作风格及关注焦点不尽相同;即使是同一位作家,写作风格或者关注焦点也在不断变化。因此,想要为奇卡纳文学总结出一些固定的写作模式难免会有以偏概全的危险。本书只尝试以三位奇卡纳作家为研究目标,并且以她们的几部代表作品为研究对象,试图总结出她们在这些作品中所表现出的写作思想及她们对种族、性别、性属及阶级等问题所持的态度,从而起到抛砖引玉的作用,笔者也希望能够通过管窥三位作家写作之一斑而知奇卡纳文学之全豹。

# 引用文献

**作品文本：**

Castillo, Ana. *The Mixquiahuala Letters*. New York: Anchor Books, 1992.
—. *So Far from God*. New York:Norton, 1993.
Chávez, Denise. *Face of an Angel*. New York: Farrar, Straus and Giroux, 1994.
—. *Loving Pedro Infante*. New York: Farrar, Straus and Giroux, 2001.
Cisneros, Sandra. *Caramelo*. New York: Knopf, 2002.
—. *The House on Mango Street*. New York: Vintage Books, 1994.
—. *Woman Hollering Creek and Other Stories*. New York: Random House, 1991.

**批评文献：**

Abel, Elizabeth. " (E) merging Identities: The Dynamics of Female Friendship in Contemporary Fiction by Women." *Signs* 3 (1981) :413-435.
Alarcón, Norma. "Anzaldúa's *Frontera*: Inscribing Gynetics." *Displacement, Diaspora, and Geographies of Identity*. Ed. S. Lavie & T. Swedenburg. Darham: Duke University Press, 1996: 41-50.
Alarcón, Norma. "The Theoretical Subject (s) in *This Bridge Called My Back* and Anglo-American Feminism." *Making Face, Making Soul:*

*Haciendo Caras*. Ed. Gloria Anzaldúa. San Francisco: Aunt Lute, 1990: 356-369.

American Psychiatric Association. *Diagnostic and Statistical Manual of Mental Disorder*. 4$^{th}$ ed. Washington: APA, 1994.

Anzaldúa, Gloria. *Borderlands/La Frontera: The New Mestiza*. San Francisco: aunt lute books, 1987.

—. "Doing Gigs: Speaking, Writing, and Change." An Interview with Debbie Blake and Carmen Abrego. *Interviews/Entrevista: Gloria E. Anzaldua*. Ed. Analouise Keating. New York: Routledge, 2000: 211-233.

—. *Interviews/Entrevistas*. Ed. Analouse Keating. New York: Routledge, 2000.

—. "To (o) Queer the Writer—Loca, escritora y chicana." *Living Chicana Theory*. Ed. Carla Trujillo. Berkeley: Third Woman Press, 1998.

Baelo-Allué, Sonia. "9/11 and the Psychic Trauma Novel: Don DeLillo's *Falling Man*." *Journal of the Spanish Assoication of Anglo-American Studies* 34.1 (June 2012) : 63-79.

Ballou, Mary. "Women and Spririt: Two Nonfits in Psychology." *Women's Spirituality, Women's Lives*. Eds. Judith Ochsborn & Ellen Cole. Binghamton: The Haworth Press, 1995.

Bennett, Tanya Long. "No Country to Call Home: Epistolary Mediation in Ana Castillo's *The Mixquiahuala Letters*." *Style* 30 (1996) : 462-478.

Bhabha, Homi. *The Location of Culture*. London: Routledge, 1994.

Blake, Debbie, Doug Anderson, and Rosalva Ray. "An Interview with Denise Chávez." *Iowa Journal of Cultural Studies* 13 (1994) : 13-20.

Blake, Debra J. *Chicana Sexuality and Gender: Cultural Refiguring in Literature, Oral History, and Art*. Durham: Duke University Press,

2008.

Brackett, Virginia. *A Home in the Heart: The Story of Sandra Cisneros*. Greenboro: Morgan Reynolds, 2005.

Brown-Guillory, Elizabeth. "Denise Chávez: Chicana Woman Writer Crossing Borders: An Interview." *South Central Review* 16.1 (Spring 1999) : 30-43.

Bruce-Novoa, Juan. *Retrospace: Collected Essays on Chicano Literature, Theory and History*. Houston: Arte Público Press, 1990.

Bullard, Robert. "Anatomy of Environmental Racism." *Toxic Struggles: The Theory and Practice of Environmental Justice*. Ed. Richard Hofrichter. Philadelphia: New Society Publishers, 1993:25-35.

Burke, Edmund. *A Philosophical Enquiry into the Sublime and Beautiful*. London: Routledge, 1958.

Caminero-Santangelo, Marta. "'The Pleas of the Desperate': Collective Agency Versus Magical Realism in Ana Castillo's *So Far From God*." *Tulsa Studies in Women's Literature*. 24.1 (Spring 2005) : 81-103.

Carson, Benjamin D. "The Chicana Subject in Ana Castillo's Fiction and the Discursive Zone of Chicana/o Theory." *Bilingual Review* 28.2, 2004: 109-126.

Caruth, Cathy. *Unclaimed Experience: Trauma, Narrative, and History*. Baltimore: Johns Hopkins University Press, 1996.

Castillo, Ana, ed. *Goddess of the Americas: Writings on the Virgin of Guadalupe*. New York: Riverhead Books, 1996.

Castillo, Ana. "Introduction." *My Father Was a Toltec and Selected Poems, 1973-1988*. New York: W.W.Norton, 1995.

—. *Massacre of the Dreamers*. New York: a Plume Book, 1994.

Castillo, Debra A. and María Socorro Tabuenca Córdoba. *Border Women: Writing from La Frontera*. Minneapolis: Unviersity of Minnesota Press, 2002.

Chase, Steven. *Angelic Spirituality: Medieval Perspectives on the Ways of Angels*. New York: Paulist Press, 2002.

Chavis, Benjamin F. "Foreword." *Confronting Environmental Racism: Voices from the Grassroots*. Ed. Robert D. Bullard. Boston: South End, 1993: 3-5.

Cisneros, Sandra. *Loose Woman: Poems*. New York: Knopf, 1994.

Cixous, Hélène. "The Laugh of the Medusa." *Feminisms: An Anthology of Literary Theory and Criticism*. 2nd ed. Ed. Robyn R. Warhol and Diane Price Herndl. New Brunswick: Rutgers University Press, 1997.

Craft, Linda. "Goddesses at the Borderlands: Mexican-American Women's Narrative and the Rediscovery of the Spiritual." *Language and Literature* 24 (1999) : 31-42.

Cypess, Sandra M. *La Malinche in Mexican Literature: from History to Myth*. Austin: Unviersity of Texas Press, 1991.

De la Garza, Roduolph O. "The Politics of Mexican Americans." *The Chicanos: As We See Ourselves*. Ed. Arnulfo D. Trejo. Tucson: Unviersity of Arizona Press, 1979.

Delgadillo, Theresa. "Forms of Chicana Feminist Resistance." *Modern Fiction Studies* 44.4 (1998) : 888-916.

Delgadillo, Theresa. *Spiritual Mestizaje: Religion, Gender, Race, and Nation in Contemporary Chicana Narrative*. Durham: Duke University Press, 2011.

De Rivero, Oswaldo. *The Myth of Development: The Non-Viable Economies of the Twenty-First Century*. London: Zed Books, 2001.

Di Chiro, Giovanna. "Nature as Community: The Convergence of Environmental and Social Justice." *Uncommon Ground: Rethinking the Human Place in Nature*. Ed. William Cronon. New York: W. W. Norton, 1996: 298-320.

Dickey, Rosemary. *Progressive Turns to the Past: a New Medium for*

*African American and Chicano Modern Identity Formation*. Diss. The University of Wisconsin-Milwaukee, 2001.

Doyle, Jacqueline. "Haunting the Borderlands: La Llorona in Sandra Cisneros's 'Woman Hollering Creek'." *Frontiers: A Journal of Women Studies*. 16.1 (1996) : 53-70.

Du Bois, W.E.B. *The Souls of Black Folk*. 1903. New York: New American Library, 1982.

Elliot, Gayle. "An Interview with Sandra Cisneros." *The Missouri Review* 25.1 (2002) : 97-109.

Espinosa, Gastón and Mario T. Carcía, eds. *Mexican American Religions: Spirituality, Activism, and Culture*. Durham: Duke University Press, 2008.

Esquibel, Catrióna Rueda. *With Her Machete in Her Hand: Reading Chicana Lesbians*. Austin: Unviersity of Texas Press, 2006.

Eysturoy, Annie O. "House Symbolism in *The House on Mango Street*." *Bloom's Guides: Sandra Cisneros's The House on Mango Street*. Ed. Harold Bloom. New York: Infobase Publishing, 2010.

Flores, Francisca. "Editorial." *Regeneracíon*. 1:10 (1971b) .

Freire, Paulo. *Pedagogy of the Oppressed*. Penguin: 1996.

Greenblatt, Stephen. *Renaissance Self-Fashioning: From More to Shakespeare*. Chicago: Unviersity of Chicago Press, 1981.

Hall, Stuart. "The Question of Cultural Identity." *Modernity and Its Futures*. Ed. Stuart Hall, David Held and Tony McGrew. Cambridge: Polity Press, 1992: 274-316.

Heredia, Juanita. *Transnational Latina Narratives in the Twenty-first Century: The Politics of Gender, Race, and Migrations*. New York: Palgrave Macmillan, 2009.

Herrera, Cristina. "Comadres: Female Friendship in Denise Chávez's *Loving Pedro Infante*." *Confluencia* 27.1 (fall 2011) : 51-62.

Herrera, Cristina. *Mothers and Daughters in Contemporary Chicana*

*Literature.* Diss. Claremont Graduate University, 2008.

Hofrichter, Richard, ed. *Toxic Struggles: The Theory and Practice of Environmental Justice*. Philadelphia: New Society Publishers, 1993.

hooks, bell. *Feminist Theory: From Margin to Center*. Cambridge: South End Press, 2000.

—. *Reel to Real*. New York: Routledge, 1996.

Houston, Pam. "Talks with Toni Morrison." *Toni Morrison: Conversations*. Ed. Carolyn C. Denard. Jackson: University Press of Mississippi, 2008: 228-259.

Huggan, Graham and Helen Tiffin. *Postcolonial Ecocriticism: Literature, Animals, Environment*. New York: Routledge, 2010.

Huntington, Samuel P. *Who Are We?: The Challenges to America's National Identity*. New York: Simon & Schuster, 2004.

Ikas, Karin Rosa. *Chicana Ways: Conversations with Ten Chicana Writers*. Reno: University of Nevada Press, 2002.

Irigaray, Luce. "The Laugh of the Medusa." *Feminisms: An Anthology of Literary Theory and Criticism*. 2nd ed. Ed. Robyn R. Warhol and Diane Price Herndl. New Brunswick: Rutgers University Press, 1997.

Johnson, Kelly Lyon. "Violence in the Borderlands: Crossing to the Home Space in the Novels of Ana Castillo." *A Journal of Women Studies* 25.1 (2004) :39-58.

Kadetsky, Elizabeth. "High-Tech's Dirty Little Secret." *The Nation (*April 19, 1993) : 517-520.

Kant, Immanuel. *The Critique of Judgment*. Trans. James Creed Meredith. Oxford: Oxford University Press, 1973.

Kaup, Monika. *Rewriting North American Borders in Chicano and Chicana Narrative*. New York: Peter Lang, 2001.

Keating, AnaLouise. "Towards New Politics of Representation?

Absence and Desire in Denise Chávez's *The Last of the Menu Girls*." *We Who Love to Be Astonished: Experimental Women's Writing and Performance Poetics*. Ed. Laura Hinton and Cynthia Hogue. Tuscaloosa: University of Alabama Press, 2002: 71-80.

Kevane, Bridget. "Portrait of a Barrio." *Bloom's Guides: Sandra Cisneros's The House on Mango Street*. Ed. Harold Bloom. New York: Infobase Publishing, 2010.

Kolchin, Peter. *American Slavery 1619-1877*. New York: Hill and Wang, 1993.

Lanza, Carmela Delia. "Hearing the Voices: Women and Home and Ana Castillo's *So Far from God*." *MELUS* 23.1 (Spring 1998) : 65-79.

Larkin, Lesley. "Reading as Responsible Dialogue in Ana Castillo's *The Mixquiahuala Letters*." *Multi-Ethnic Literature of the U.S.* 37. 3 (Fall 2012) : 141-165.

Lee, Euna. *Spiritual Revival: The Popular Sublime in Pat Mora, Demetria Martínez and Denise Chávez*. Diss. Ithaca: Cornell University, 2006.

León, Luis D. "Borderlands Bodies and Souls: Mexican Religions Healing Practices in East Los Angeles." *Mexican American Religions: Spirituality, Activism, and Culture*. Ed. Castón Espinosa and Mario T. García. Durham: Duke University Press, 2008.

Liu, Kai-ling. *The Unsent/Unanswered Letter in Epistolary Fiction by Modern Writers of Color*. Diss. The Pennsylvania State University, 1994.

Longinus. *On Sublimity*. Trans. Bertrand Russel. Oxford: Clarendon, 1965.

Luna, Eduardo. "How the Black/White Paradigm Renders Mexicans/Mexican Americans and Discrimination Against Them Invisible." *Berkeley Raza Law Journal*. Vol. 14 (2003) : 225-253.

Madsen, Deborah L. *Understanding Contemporary Chicana Literature*.

Columbia: University of South Carolina Press, 2000.

Mae Ryan, Marya. *Gender and Community: Womanist and Feminist Perspectives in the Fiction of Toni Morrison, Amy Tan, Sandra Cisneros, and Louise Erdrich*. Diss. Urbana: University of Illinois, 1995.

Marrujo, Olivia T. Ruize. "Women, Migration, and Sexual Violence: Lessons from Mexico's Borders." *Human Rights Along the U.S.-Mexico Border: Gendered Violence and Insecurity*. Eds. Kathleen Staudt, Tony Payan, and Z. Anthony Kruszewski. Tucson: University of Arizona Press, 2009.

Maxwell, Marilyn. *Male Rage, Female Fury: Gender and Violence in Contemporary American Fiction*. Lanham: University Press of America, 2000.

McBryde, Latanya D. *The Unbroken Bond: a Qualitative Study of Sisterhood among African American Women*. Minneapolis: Capella University, 2010.

McCracken, Ellen. "Voice and Vision in Chicana Religious Practice: The Literary Re-elaborations of Mary Helen Ponce, Denise Chávez, and Sandra Cisneros." *Mexican American Religions: Spirituality, Activism, and Culture*. Eds. Gastón Espinosa & Mario T. García. Durham: Duke University Press, 2008.

Mermann-Jozwiak, Elisabeth. *Postmodern Vernaculars: Chicana Literature and Postmodern Rhetoric*. New York: Peter Lang, 2005.

Michaelsen, Scott and David E. Johnson, eds. *Border Theory: The Limits of Cultural Politics*. Minneapolis: University of Minnesota Press, 1997.

Milligan, Bryce and Ana Castillo. "An Interview with Ana Castillo." *South Central Review* 16.1 (Spring 1999) : 19-29.

Minh-ha, Trinh T. *Woman, Native, Other. Writing Postcoloniality and Feminism*. Bloomington: Indiana University Press, 1989.

Mirandé, Alfredo and Evangelina Enríquez. *La Chicana: The Mexican American Woman*. Chicago: University of Chicago Press, 1979.

Mora, Pat. "Legal Alien." Qtd.in Tey Diana Rebolledo. *Women Singing in the Snow*. Tuscon: University of Arizona Press, 1995.

Moraga, Cherríe L. *Loving in the War Years*. 2nd ed. Massachusetts: South End Press, 2000.

Mueller, Carol, Michelle Hansen, and Karen Qualtire. "Femicide on the Border and New Forms of Protest: the International Caravan for Justice." *Human Rights Along the U.S.-Mexico Border: Gendered Violence and Insecurity*. Eds. Kathleen Staudt, Tony Payan, and Z. Anthony Kruszewski. Tucson: University of Arizona Press, 2009.

Muhs, Gabriella Gutiérrez. "Sandra Cisneros and Her Trade of the Free Word." *Rocky Mountain Review of Language and Literature* 60.2 (2006) : 23-36.

Mulvey, Laura. *Visual and Other Pleasures*. New York: Macmillan, 1989.

Naranjo-Huebl, Linda. "Faith, Hope and Service in Denise Chávez's *Face of an Angel*." *Rocky Mountain Review of Language and Literature* 61.1 (Spring 2007) :51-72.

Oliver-Rotger, Maria A. *Battlegrounds and Crossroads: Social and Imaginary Space in Writings by Chicanas*. Amsterdam: Rodopi, 2003.

Oliveras, Julián. "Entering the House on Mango Street." *Teaching American Ethnic Literatures: Nineteen Essays*. Eds. John R. Maitino and David R. Peck. Albuquerque: University of New Mexico Press, 1996: 209-235.

Ostriker, Alicia. *Stealing the Language: The Emergence of Women's Poetry in America*. Boston: Beacon, 1986.

Paz, Octavio. *The Labyrinth of Solitude: Life and Thought in Mexico*. Trans. Lysander Kemp. New York: Grove Press, 1962.

Peña, Daniel. "Introduction." *Chicano Culture, Ecology, Politics: Subversive Kin*. Tucson: University of Arizona Press, 1998: 3-21.

Pérez, Emma. "Sexuality and Discourse: Notes from a Chicana Survivor." *Chicana Lesbians: The Girls Our Mothers Warned Us About*. Ed. Carla Trujillo. Berkeley: Third Woman Press, 1991: 159-184.

Peterson, Jeanette Favrot. "The Virgin of Guadalupe: Symbol of Conquest or Liberation." *Art Journal* 51 (1992) : 39-47.

Petty, Leslie. 'The 'Dual'-ing Images of la Malinche and la Virgen de Guadalupe in Cisneros's *The House on Mango Street*." *MELUS*. 25.2 (Summer 2000) : 119-132.

Platt, Kamala. "Ecocritical Chicana Literature: Ana Castillo's Virtual Realism." *Ecofeminist Literary Criticism: Theory, Interpretation, Pedagogy*. Eds. G. Gaard and P.D.Murphy. Urbana: University of Illinois Press, 1998: 139-157.

Portales, Marco. *Crowding out Latinos: Mexican American in the Public Consciousness*. Philadelphia: Temple University Press, 2000.

Quashie, Kevin Everod. "The Other Dancer As Self: Girlfriend Selfhood in Toni Morrison's *Sula* and Alice Walker's *The Color Purple*." *Meridians: Feminism, Race, Transnationalism* 1 (2001) : 187-217.

Quintana, Alvina E. *Home Girls: Chicana Literary Voices*. Philadelphia: Temple University Press, 1996.

Rebolledo, Tey Diana. "The Tools in the Toolbox: Representing Work in Chicana Writing." *Genre* 32 (1999) :41-52.

—. *Women Singing in the Snow*. Tuscon: University of Arizona Press, 1995.

Rich, Adrienne. "Compulsory Heterosexuality and Lesbian Existence". *Women: Sex and Sexuality Vol5 (No.4)* (Summer, 1980): 631-660.

Ricoeur, Paul. *Oneself as Another*. Chicago: University of Chicago Press, 1994.

Roberts-Camps, Traci. *Gendered Self-Consciousness in Mexican and Chicana Women Writers: The Female Body as an Instrument of Political Resistance*. Lewiston: The Edwin Mellen Press, 2008.

Rodriguez, Ralph E. "Chicana/o Fiction from Resistance to Contestation: The Role of Creation in Ana Castillo's *So Far from God*." *MELUS* 25.2 (Summer 2000) : 63-82.

Roth, Benita. *Separate Roads to Feminism: Black, Chicana, and White Feminist Movements in America's Second Wave*. Cambridge: Cambridge University Press, 2004.

Rubenstein, Roberta. *Toni Morrison: Critical Perspectives Past and Present*. Eds. Henry Louis Cates, Jr. and K.A. Appiah. New York: Amistad, 1993.

Russel, Diana and Roberta A. Harmes, eds. *Femicide in Global Perspective*. New York: College Teachers Press, 2001.

Saeta, Elsa and Ana Castillo. "A MELUS Interview: Ana Castillo." *MELUS* 22.3 (Autumn 1997) : 133-149.

Saldívar-Hull, Sonia. *Feminism on the Border: Chicana Gender Politics and Literature*. Berkeley: University of California Press, 2000.

Salvucci, Mara. "'Like the Strands of a Rebozo': Sandra Cisneros, Caramelo and Chicano Identity." *RSA Journal 17/18*, 2018: 163-199.

Sanchéz, Rosaura. "Postmodernism and Chicano Literature." *Aztlán*. 18.2 (Fall 1987) :1-14.

—. "Reconstructing Chicana Gender Identity." *American Literary History* 9.2 (1997) : 350-363.

Sandoval, Chela. *Methodology of the Oppressed*. Minneapolis: University of Minnesota Press, 2000.

Sandoval-Sánchez, Alberto and Nancy Saporta Sternbach. *Stages of Life: Transcultural Performance Identity in U.S. Latina Theater*. Tucson: University of Arizona Press, 2001.

Saur, Michael. "'I Want to Write like a Good Jazz Musician': Interview with Toni Morrison." *Toni Morrison: Conversations*. Ed. Carolyn C. Denard. Jackson: University Press of Mississippi, 2008: 224-227.

Schoeffel, Melissa. Maternal Conditions: Reading Kingsolver, Castillo, Erdrich, and Ozeki. New York: Peter Lang, 2008.

Sen, Amartya. *Development as Freedom*. New York: Anchor, 2000.

Sirias, Silvio and Richard McGarry. "Rebellion and Tradition in Ana Castill's *So Far From God* and Sylvia Lopez-Medina's *Cantora*." *Multi-Ethnic Literature of the United States* 25. 2 (2000) :83-100.

Socolovsky, Maya. "Narrative and Traumatic Memory in Denise Chávez's *Face of an Angel*." *MELUS* 28.4 (Winter 2003): 187-205.

Soja, Edward W. Thirdspace: Journeys to Los Angeles and Other Real-and-Imagined Places. Oxford: Blackwell, 1996.

Spener, David and Kathleen Staudt, eds. *The U.S.-Mexico Border: Transcending Divisions, Contesting Identities*. Boulder: Lynne Rienner Publishers, Inc., 1998.

Torres, Hector A. *Conversations with Contemporary Chicana and Chicano Writers*. Albuquerque: University of New Mexico Press, 2007.

Trujillo, Carla. "Chicana Lesbians: Fear and Loathing in the Chicano Community." *Chicana Critical Issues*. Eds. Norma Alarcón, et al. Berkeley: Third Woman Press, 1993.

Van der Kolk, Bessel A. and Onno van der Hart. "The Intrusive Past: The Flexibility of Memory and the Engraving of Trauma." *Trauma: Explorations in Memory*. Ed. Cathy Caruth. Baltimore: Johns Hopkins University Press, 1995: 158-182.

Van der Merwe, Chris N. and Pumla Gobodo-Madikizela. *Narrating Our Healing: Perspective on Working Through Trauma*. Newcastle: Cambridge Scholars Press, 2007.

Vila, Pablo. *Border Identifications: Narratives of Religion, Gendr, and Class on the U.S.-Mexico Border.* Austin: University of Texas Press, 2005.

Visser, Irene. "Trauma Theory and Postcolonial Literary Studies." *Journal of Postcolonial Writing*. 47.3 (July 2011) : 270-282.

Walker, Alice. *In Search of Our Mother's Gardens*. New York: Harcourt Brace Jovanovich, 1983.

Walter, Roland. "The Cultural Politics of Dislocation and Relocation in the Novels of Ana Castillo." *Multi-Ethnic Literature of the United States* 23.1 (1998) : 81-97.

Warhol, Robyn R. and Diane Price Herndl. *Feminisms: An Anthology of Literary Theory and Criticism*. 2nd ed. New Brunswick: Rutgers University Press, 1997.

Weedon, Chris. *Identity and Culture*. Maidenhead, England: Open University Press, 2004.

Welchman, John C., ed. *Rethinking Borders*. Minneapolis: University of Minnesota Press, 1996.

Wilkinson, Margaret. "Undoing Dissociation: Affective Neuroscience: A Contemporary Jungian Clinical Perspective." *Journal of Analytical Psychology* 50.4 (Sep. 2005) : 483-501.

Wyatt, Jean. "On Not Being La Maliche: Border Negotiations of Gender in Sandra Cisneros's 'Never Marry a Mexican' and 'Woman Hollering Creek'." *Tulsa Studies in Women's Literature*. 14.2 (Autumn 1995) : 243-271.

Yarbro-Bejarano, Yvonne. "Deconstructing the Lesbian Body." *Chicana Lesbians: The Girls Our Mothers Warned Us About*. Ed.Carla Trujillo. Berkeley: Third Woman Press, 1991: 143-155.

爱德华·泰勒：《原始文化：神话、哲学、宗教、语言艺术和习俗发展之研究》，连树声译。上海：上海文艺出版社，1992。

本尼迪克特·安德森：《想象的共同体：民族主义的起源于散布》，吴叡人译。上海：上海人民出版社，2003年。

陈榕：《凝视》，赵一凡编，《西方文论关键词》。北京：外语教学与研究出版社，2006年，第349-361页。

程名望，史清华，刘晓峰：《中国农村劳动力转移：从推到拉的嬗变》，《浙江大学学报（人文社会科学版）》2005年11月第6期，第105-112页。

福柯：《规训与惩罚》，刘北成、杨远婴译。北京：三联书店，1999年。

韩颖：《安扎杜尔"新梅斯蒂扎意识"的理论嬗变》，《国外文学》2013年第1期，第55-62页。

贺玉高：《霍米·芭芭的杂交性理论与后现代身份观念》，首都师范大学博士学位论文，2006年。

黄华：《权力，身体与自我：福柯与女性主义文学批评》。北京：北京大学出版社，2006年。

黄心雅：《奇哥娜·边界·阶级》，《欧美研究》2005年第35卷第2期，第279-322页。

金莉，李芳：《中国美国文学研究三十年——基于〈外国文学〉杂志的个案分析》，《外国文学》2012年第1期，第45-54页。

李保杰：《从墨西哥女性原型看桑德拉·西斯奈罗斯小说中女性形象的嬗变》，《天津外国语学院学报》2010年第4期，第50-56页。

李保杰：《当代奇卡诺文学中的边疆叙事》。北京：中国社会科学出版社，2011年。

李毅峰：《西斯内罗斯〈卡拉米洛披肩〉中的"新混血女性意识"》，《外国文学》2015年第3期，第53-60页。

刘玉：《种族、性别和后现代主义——评美国墨西哥裔女作家格洛丽亚·安扎尔杜和她的〈边土：新梅斯蒂扎〉》，《当代外国文学》

2004 年第 3 期，第 154-158 页。
卢俊：《解构蝴蝶夫人：论黄哲伦的文化策略》，《美国华裔文学研究》，程爱民编。北京：北京大学出版社，2003 年，第 227-236 页。
吕娜：《当代奇卡纳代表作家研究》，吉林大学比较文学与世界文学专业博士论文，2009 年。
生安锋：《霍米·巴巴的后殖民理论研究》，北京语言大学博士论文，2004 年。
石平萍：《开辟女性生存的新空间——析桑德拉·西斯内罗斯的〈芒果街的房子〉》，《外国文学》2005 年第 3 期，第 25-29 页。
罗西纳·M. 贝塞拉：《美国的墨西哥人家庭》，翟德平译，《民族译丛》1993 年第 1 期，第 32-42 页。
马英：《浅析佛教哲学中的辩证法思想》，《华北水利水电学院学报（社科版）》1994 年第 3 期，第 51-52 页。
钱皓：《美国西裔移民研究：古巴、墨西哥移民历史及双重认同》。北京：中国社会科学出版社，2002 年。
乔治·拉伦：《意识形态与文化身份：现代性和第三世界的在场》，戴从容译。上海：上海教育出版社，2005 年。
斯图亚特·霍尔编：《表征》，徐亮等译。北京：商务印书馆，2003 年。
宋鸥：《美国墨西哥移民问题研究》，吉林大学博士论文，2009 年。
陶家俊：《身份认同导论》，《外国文学》2004 年第 2 期，第 37-44 页。
王军：《帕斯与〈孤独的迷宫〉》，《外国文学》1994 年第 5 期，第 82-88 页。
汪民安：《身体、空间与后现代性》。南京：江苏人民出版社，2005 年。
王烺烺：《托尼·莫里森〈宠儿〉〈爵士乐〉〈天堂〉三部曲中的身份建构》，厦门大学博士学位论文，2007 年。
王宁：《文化研究中的身份问题研究》，《外国文学》1999 年第 4 期，第 48-51 页。

王小文:《美国环境正义理论研究》,南京林业大学博士论文,2007年。

张莉:《桑德拉·希斯内罗丝文学作品中的奇卡纳身份建构》,山东大学博士学位论文,2013年。

周维贵,赵莉华:《〈芒果街上的小屋〉的空间表征与身份建构》,《当代外国文学》2016年第3期,第37-43页。

# 后　记

此书成书于我的博士学位论文基础之上。

此书能够付梓，首先要感谢我的导师郭棲庆教授。他对我的毕业论文和此书都进行了认真的阅读和修改，大到宏观理论、框架的把握，小到每个标点符号，老师总是认真推敲、仔细琢磨、逐字修改，他做人和做学问严谨认真的态度对我的教学、科研和生活都产生了莫大的影响，让我终生受益无穷。

感谢我人生之路上的另一位导师，同时也是我的博士论文答辩组成员，金莉教授。我有幸聆听了她两个学期的课程，她广博的知识，严谨、认真、负责的治学态度深深地震撼和影响了我。

感谢我的博士论文答辩组的马海良教授（北京外国语大学）、陈世丹教授（中国人民大学）、陈永国教授（清华大学）及李晋教授（首都师范大学），他们为我的博士论文提出了许多宝贵的修改意见。

感谢张中载、侯毅凌教授，在北外读博期间，能够聆听他们的课程是我的一大幸事。他们的教学让我在我的教学生涯中受益匪浅。

感谢山东大学的李保杰教授。非常幸运的是，在刚决定博士论文要写奇卡纳文学之时，我恰巧碰到了在美国拉美裔文学研究领域已经硕果累累的李老师，她为我推荐了一些美国奇卡纳作家、一些重要的奇卡纳文学作品及重要的奇卡纳文学评论著作。她还为我的论文提出了宝贵的修改意见。

感谢我的工作单位天津商业大学外国语学院院长王占斌教授和其他同事对我工作和学业的支持。

感谢我的同窗好友宋赛南、许晶，我的大学同学柴瑞琴，她们帮我从美国带回我需要的资料。感谢我的同事田冬梅，她阅读我的论文和书稿并提出了宝贵建议。

2020 年 3 月于天津